广西科学实验（中国－东盟研究）中心课题（20120123）成果
广西沿边沿海经济开放发展协同创新中心成果

后金融危机时代中国－东盟能源投资合作研究

刘志雄　著

中国财富出版社

图书在版编目（CIP）数据

后金融危机时代中国—东盟能源投资合作研究／刘志雄著．—北京：中国财富出版社，2014.12

ISBN 978-7-5047-5482-0

Ⅰ.①后…　Ⅱ.①刘…　Ⅲ.①能源工业—对外投资—经济合作—研究—中国、东南亚国家联盟　Ⅳ.①F426.2②F433.062

中国版本图书馆CIP数据核字（2014）第274074号

策划编辑　颜学静　　　　责任印制　方朋远
责任编辑　白　昕　颜学静　　　　责任校对　梁　凡

出版发行　中国财富出版社
社　　址　北京市丰台区南四环西路188号5区20楼　　邮政编码　100070
电　　话　010-52227568（发行部）　　010-52227588转307（总编室）
　　　　　010-68589540（读者服务部）　　010-52227588转305（质检部）
网　　址　http://www.cfpress.com.cn
经　　销　新华书店
印　　刷　北京京都六环印刷厂
书　　号　ISBN 978-7-5047-5482-0/F·2278
开　　本　710mm×1000mm　1/16　　版　　次　2014年12月第1版
印　　张　17　　印　　次　2014年12月第1次印刷
字　　数　296千字　　定　　价　45.00元

前　言

在全球经济快速发展的背景下，投资合作已经成为经济合作的重要方式之一。2008 年爆发的国际金融危机对世界能源行业产生了重大影响，世界各国都在积极加强能源国际合作。我国能源供给不足，能源缺口非常严重，能源缺口已经成为影响我国经济长远发展的关键因素。在后金融危机时代，加强能源国际合作已经成为解决我国能源短缺的重要途径，我国需要积极开拓海外能源市场，而加强与东盟国家能源投资合作则具有明显的战略地位。

本书在后金融危机时代背景下，分别从理论部分和实证部分探究中国与东盟能源投资合作。在理论部分，主要通过文献分析与梳理，从区域经济合作理论、国际直接投资理论、投资效应研究和能源投资博弈四个层面展开，并利用这些理论来分析中国与东盟能源投资合作问题。在实证部分，本书首先研究了中国能源投资“引进来”与“走出去”战略，回顾中国能源对外投资的历程（包含对外投资历程），在此基础上从资源基础、经济基础、相互直接投资基础、贸易基础、技术基础和社会基础六个层面来研究中国与东盟能源投资合作的基础，表明中国与东盟能源投资合作并不是孤立的，而是与各方因素相互结合的统一体。其次，研究 2008 年国际金融危机前后中国对东盟国家的能源投资状况，对两个不同时期的能源投资进行比较，同时研究东盟国家对中国的能源投资。再次，研究中国与东盟能源投资合作的效应，分别从经济增长效应、就业效应、技术外溢效应和福利效应四个角度展开。最后，研究中国与东盟能源投资合作存在的主要问题以及加强中国与东盟能源投资合作的相关建议。

翻阅众多关于中国与东盟经贸关系的学术研究作品，现有学者对中国与东盟双边贸易、双边投资等问题研究得比较深入，但系统地研究中国与东盟能源投资合作问题的却非常少。《后金融危机时代中国－东盟能源投资合作研究》将全面而深入地研究中国与东盟能源投资合作，为中国政府未来能源对外投资战略的实施及学术界提供有价值的参考。

本书撰写过程中，作者付出了大量的心血。然而，由于作者本身的学术水平所限，在研究过程中对相关问题的探讨难免有不妥之处。作为学术研究，仅算一家之言，存在的问题有待在未来继续深入探讨。在此，敬请各位专家及读者批评指正。

作者

2014 年 8 月

目　录

1　绪言 …… 1
1.1　研究背景 …… 1
1.2　问题提出 …… 6
1.3　研究意义 …… 7
1.4　研究方法 …… 8
1.5　研究内容及结构框架 …… 9

2　理论分析 …… 12
2.1　区域经济合作理论 …… 13
2.2　国际直接投资理论 …… 25
2.3　投资效应研究 …… 43
2.4　能源投资博弈问题研究 …… 47
2.5　本章小结 …… 50

3　中国能源投资“引进来”与“走出去”战略 …… 53
3.1　中国投资“引进来”与“走出去”战略 …… 54
3.2　中国能源投资战略 …… 65
3.3　中国对东盟能源投资的战略 …… 86
3.4　本章小结 …… 94

4　中国与东盟能源投资合作的基础 …… 96
4.1　资源基础 …… 97

4.2 经济基础 …… 112
4.3 相互直接投资基础 …… 126
4.4 贸易基础 …… 148
4.5 技术基础 …… 152
4.6 社会基础 …… 154
4.7 本章小结 …… 158

5 金融危机前后中国与东盟能源投资合作 …… 160
5.1 金融危机前中国对东盟能源投资 …… 162
5.2 金融危机后中国对东盟能源投资 …… 170
5.3 金融危机前后中国对东盟能源投资比较 …… 180
5.4 东盟对中国能源投资 …… 183
5.5 本章小结 …… 184

6 中国与东盟能源投资合作的效应 …… 185
6.1 中国与东盟能源投资合作的经济增长效应 …… 185
6.2 中国与东盟能源投资合作的就业效应 …… 189
6.3 中国与东盟能源投资合作的技术外溢效应 …… 191
6.4 中国与东盟能源投资合作的福利效应 …… 196
6.5 本章小结 …… 202

7 中国与东盟能源投资合作存在的问题分析 …… 203
7.1 能源约束影响经济增长 …… 203
7.2 能源投资合作存在博弈 …… 218
7.3 其他存在问题 …… 224
7.4 本章小结 …… 229

8 加强中国与东盟能源投资合作的相关建议 …… 231
8.1 加强新能源投资解决能源约束 …… 232
8.2 加强能源技术研发，提高能源利用率 …… 236

8.3 积极支持新能源发展，加强新能源国际投资合作 …… 238
8.4 构建能源投资特区，加强能源投资合作 …… 239
8.5 本章小结 …… 241

9 结束语 …… 242
9.1 主要结论 …… 242
9.2 研究展望 …… 243

参考文献 …… 245

后　　记 …… 262

1 绪言

着眼于增强全球油气供应能力，发挥我国市场和技术优势，深入开展与能源资源国务实合作。继续加强海外油气资源合作开发，积极推进炼化及储运业务合作。支持优势能源企业参与境外煤炭资源开发，开展境外电力合作。依托境外能源项目合作，带动能源装备及工程服务“走出去”。

——《能源发展“十二五”规划》

1.1 研究背景

纵观整个人类历史，经济增长无不贯穿历史发展的整个过程。自20世纪后半叶以来，全球经济一体化趋势越来越明显，各国经济开放程度不断提高，世界各国不断加深了彼此之间的联系，形成相互联系、相互依赖的有机体。著名的经济学家萨缪尔森和诺德豪斯高度重视经济增长问题，认为经济增长是一国潜在的 GDP 或国民产出的增加，即当一国生产可能性边界①曲线向外移动时，便实现了经济增长（保罗·萨缪尔森，威廉·诺德豪斯，2007）②。世界经济快速增长（见表 1-1），2013 年世界经济总量达到 739821.38 亿美元，比 2012 年增长 3.17%，经济总量是 1980 年的 6.83 倍。

① 生产可能性边界，即生产可能性曲线，也称为转换线，是用来表示经济社会在既定资源和技术条件下所能生产的各种商品最大数量的组合，反映资源稀缺性与选择性的经济学特征。

② 保罗·萨缪尔森，威廉·诺德豪斯. 经济学［M］. 北京：人民邮电出版社.

表1-1 主要年份世界经济总量

年份	1980	1990	2000	2005	2010	2011	2012	2013
总额（亿美元）	108284	219014	322127	456207	619634.3	700116.8	717073.02	739821.38
增长率（%）	—	3.22	4.81	4.57	5.11	4.0	2.42	3.17

注：2013年的经济总量数据来自国际货币基金组织于2014年4月8日所公布，2011—2012年的数据来源于国际货币基金组织网站，其余数据来源于《国际统计年鉴》各期。

世界经济的快速增长得益于全球各国不断加强的经济合作，其中跨国公司的作用功不可没。随着世界经济发展和科技进步，跨国公司不断成长，越来越成为主导世界经济发展的核心力量。据统计，2011年跨国公司的外国分支机构在世界各地雇用的员工总数约为6900万，创造销售额28万亿美元，附加值7万亿美元，比2010年高出9%①。2012年，跨国公司的外国子公司创造的销售额价值达到26万亿美元（其中的7.5万亿为出口额），比2011年增长7.4%；子公司贡献的附加值达6.6万亿美元，比2011年增长5.5%；跨国公司的外国子公司雇员总人数为7200万，比2011年增加5.7%②。可见，跨国公司的国际化生产程度进一步提升。跨国公司是经济全球化的重要推动力量，其所实施的全球经营战略是加快经济全球化进程的重要基础，而所进行的国际性投资，则是加快经济全球化进程的有利条件。根据联合国贸易和发展会议发布的《2014年世界投资报告》数据显示③，2013年全球外国直接投资（FDI）达到1.45万亿美元，比2012年增长9%。其中，发展中经济体在全球外国直接投资流动中继续保持领先地位。流向发达经济体的外国直接投资达5660亿美元，占全球总流量近四成；流向发展中经济体的外国直接投资再创新高，达到7780亿美元，占总流量的54%。此外，流向转型经济体的外国直接投资达到1080亿美元。在外国直接投资流入量全球前20名的国家和地区中，发展中经济体和转型经济体占半数。从地区来看，亚洲发展中经济体吸收的外国直接投资保持全球第一，远超欧盟。流入其他主要发展中地

① 数据来源于《2012年世界投资报告》。

② 数据来源于《2013年世界投资报告》。

③ 联合国贸易和发展组织.2012年世界投资报告——迈向新一代投资政策［M］. 北京：经济管理出版社，2012.

区的外国直接投资均出现增长，非洲比2012年增长4%，拉美和加勒比地区增长6%。2013年从发展中经济体流出的外国直接投资达历史最高水平。来自发展中经济体的跨国公司越来越多地收购发达经济体设在发展中经济体的子公司，发展中经济体和转型经济体对外投资达5530亿美元，占全球外国直接投资流出量的39%。预计2014年全球外国直接投资将增至1.6万亿美元，2016年有望增至1.8万亿美元。总之，跨国公司在国际化生产、投资和贸易等方面都具有非常重要的作用，扮演着重要角色。

在全球经济一体化的不断深入和跨国公司快速发展的推动下，国际经济合作越来越重要。在国际经济合作中，不同主权国家的政府、国际经济组织和超越国家界限的自然人与法人为了共同的利益，在生产领域中以生产要素的移动与重新配置为主要内容，进行长期的经济合作。国际经济合作的典型代表为区域经济合作，欧盟、北美自由贸易区和中国－东盟自由贸易区是全球三大区域经济合作的典型代表。区域经济合作是经济全球化的重要产物和表现，体现了世界生产社会化和经济国际化发展的历史必然趋势。以中国－东盟自由贸易区为例，当前中国与东盟的区域经济合作领域越来越广泛。在投资方面，目前中国已与东盟签署了包括《投资协议》在内的一系列自贸区协议，中国与东盟双边的投资屡创新高。截至2013年年底，中国企业累计在东盟国家的非金融投资总额为293.4亿美元。其中，2013年新增直接投资57.4亿美元，比2012年增长29.8%。东盟国家来华累计实际投资854.9亿美元，占中国吸引外资总额的6%。其中，2013年新增直接投资83.5亿美元，比2012年增长18%。中国企业对东盟投资增速明显快于东盟对华投资增速，中国投资占比在扩大[①]。东盟是中国对外投资增长最快的地区之一，也是中国吸引外资的重要来源地。东盟已成为中国企业对外投资的第一大目的地，东盟国家对华直接投资前三位分别是新加坡、马来西亚和泰国。另外，中国在东盟十国直接投资按数额排在前三位的国家分别是新加坡、柬埔寨和老挝；按投资增幅排在前三位的国家分别是越南、柬埔寨和老挝。近年来，中国通过设立中国－东盟投资合作基金、优惠信贷等多种形式，向东盟提供资金支

① 肖莹莹．中国－东盟双向投资已超千亿美元，中国占比扩大［N］．中国新闻网，2013－02－05.

持，对促进东盟国家经济发展起到积极作用。在贸易方面，中国与东盟双边贸易发展迅速。2013 年，中国与东盟双边贸易额达到4436 亿美元，中国连续五年成为东盟的第一大贸易伙伴，东盟继续成为中国的第三大贸易伙伴。在其他领域的合作方面，中国与东盟双边合作也进一步加大。2012 年 6 月 1 日，中国商业联合会商品交易市场专业委员会与中国－东盟中心签订的《促进中国－东盟贸易、投资、文化、旅游及教育合作备忘录》，旨在进一步深化中国与东盟在多领域的交流合作。

众所周知，我国是一个典型的能源消耗大国，能源资源表现出鲜明的特点：一是水能、煤炭资源较丰富，石油、天然气贫乏；二是人均能源资源远低于世界平均水平；三是能源资源的地区分布不均；四是能源资源的开发难度较大。从我国资源禀赋与经济发展水平来看，呈现出能源分布与现有生产力发展状况“错位”，国内能源保障能力弱化的问题仍然突出（张磊，2012）①。1991 年之前，我国基本不存在能源供需缺口，能源生产总量足以满足当年的能源需求总量，但能源生产总量与能源消费总量两者之间的差额越来越小。1978 年，我国能源生产总量比当年能源消费总量多 5626 万吨标准煤，1991 年两者差额缩小到 1061 万吨标准煤（见表 1－2）。随着经济的快速增长，我国能源消费也在不断增加，但由于受到能源供给的制约，能源供需缺口越来越大，缺口数额从 1992 年的 1914 万吨标准煤增加到 2013 年的 35000 万吨标准煤。其中，缺口类型最大的是石油，2005 年之后的石油供需缺口大于当年的能源供需缺口。可见，我国能源供给不足，能源缺口非常严重，能源缺口已经成为影响我国经济长远发展的重要因素。

表 1－2　　主要年份我国能源供需及其缺口状况　　单位：万吨标准煤

年份	能源消费总量	能源生产总量	能源供需缺口	石油供需缺口	天然气供需缺口
1978	57144	62770	5626	1904.8	－8.3
1980	60275	63735	3460	2692.0	43.5
1990	98703	103922	5219	3360.5	5.7
1991	103783	104844	1061	2383.2	21.2

① 谭喆，熊聪茹．中国能源国际合作形势面临更多挑战［N］．新华网，2012－09－03.

续 表

年份	能源消费总量	能源生产总量	能源供需缺口	石油供需缺口	天然气供需缺口
1992	109170	107256	-1914	1166.6	70.9
1995	131176	129034	-2142	-1536.2	90.5
2000	145531	135048	-10483	-9079.6	444.6
2005	235997	216219	-19778	-20781.1	350.6
2011	348002	317987	-30015	-35791.6	-3726.7
2012	361732	331848	-29884	-38471.1	-4540.60
2013	375000	340000	-35000	—	—

注：2013 年的能源消费总量和能源生产总量的数据来源于国家统计局网站；石油和天然气所占比例数据均来自于《中国统计年鉴》，石油和天然气的总量数据根据比例数据计算得到，根据总量数据可以计算得到能源供需缺口，能源供需缺口 = 能源消费总量 - 能源生产总量。

为了解决我国能源短缺问题，我国不断增加了能源进口（见表 1-3）。我国综合能源的进口量从 1990 年的 1310 万吨标准煤增加到 2012 年的 66598 万吨标准煤，是 1990 年的 50.84 倍。煤炭的进口量也在不断增加，从 1990 年的 200.3 万吨增加到 2011 年的 18209.8 万吨。石油进口量从 1990 年的 755.6 万吨增加到 2011 年的 31593.6 万吨。电力进口量也在小幅增加，即从 1990 年的 19.3 亿千瓦时增加到 2011 年的 65.6 亿千瓦时。可见，我国能源对外依存度在不断提高。据国际能源机构预测，2015 年我国石油消费量的 65% 将有赖于进口，高度依靠石油进口已经是我国能源消费不能改变的现实。

表 1-3　　主要年份我国能源进口量

年份	1990	1995	2000	2005	2010	2011	2012
综合能源（万吨标准煤）	1310	5456	14334	26952	55736	62262	66598
煤炭（万吨）	200.3	163.5	217.9	2617.1	16309.5	18209.8	—
石油（万吨）	755.6	3673.2	9748.5	17163.2	29437.2	31593.6	—
电力（亿千瓦时）	19.3	6.4	15.5	50.1	55.5	65.6	—

注：2012 年的数据来源于《中经网数据库》，其余数据来源于 2013 年《中国统计年鉴》。

2008 年爆发的国际金融危机，对世界经济产生了重大影响。当前，世界经济依旧脆弱，高收入国家增长乏力，发展中国家则需要将重点放在提升经济增长的潜力方面（世界银行，2013）[①]。国际金融危机对世界能源行业也产生了较大影响，世界各国都在积极加强能源国际合作。在后金融危机时代，加强能源国际合作已经成为解决我国能源短缺的重要途径，我国也在积极开拓海外能源市场。例如，2012 年中海油与总部位于加拿大的尼克森能源公司达成最终协议，以每股 27.50 美元的价格现金收购尼克森能源公司所有流通中的普通股，交易总对价约为 151 亿美元，成为我国企业最大的一笔海外收购。此外，能源合作越来越成为我国与东盟经济合作的热门领域。在 2010 年 10 月 20 日第七届中国－东盟博览会经济合作项目签约仪式中，国际经济合作项目达 76 个，总投资达 32.98 亿美元，其中能源领域的总投资额就达到 22.998 亿美元，占总投资额的 69.73%[②]。可见，能源领域合作体现出重要的战略地位。在后金融危机时代，我国需要进一步加强在石油、核能、电力、煤炭以及新能源等能源领域的合作，在应对国际金融危机冲击的同时，也能保障我国能源安全，从而促进经济长远可持续发展。

1.2 问题提出

加强能源国际合作对于全球有着重大意义，已经成为世界上众多国家的共同目标。作为能源消费大国，1979—2013 年我国能源消费以年均 5.58% 的速度增长，但人均能源资源拥有量在世界上处于较低水平，煤炭、石油和天然气的人均占有量分别仅为世界平均水平的 67%、5.4% 和 7.5%。保障能源资源长期稳定可持续利用是我国政府的一项重要战略任务。我国能源必须走科技含量高、资源消耗低、环境污染少、经济效益好、安全有保障的发展道路，实现节约发展、清洁安全发展。同时，需要加强能源国际合作，即大力拓展能源国际合作范围、渠道和方式，提升我国能源“走出去”和“引进

① 资料来源见世界银行于 2013 年公布的《全球经济展望》。

② 主要项目包括：广东振戎能源有限公司与缅甸 UMEHL 公司、HTOO 公司合作的 500 万吨炼油厂及成品油销售网络项目。

来”水平，推动建立国际能源新秩序，努力实现合作共赢[①]。

近年来，随着我国国内能源自给率不断下降，石油消费需求急剧增长，能源供需缺口不断增大。在这样的现实背景下，我国积极开拓国际能源市场，发展与世界能源生产大国的外交来实现能源进口多元化。在后金融危机时代，我国海外能源投资的具体战略是什么？我国与东盟能源投资合作的基础如何？金融危机前后我国对东盟能源投资状况如何？金融危机前后的能源投资发生了怎样的变化？能源投资合作将会产生怎样的效应？能源投资合作存在哪些问题？未来，进一步加强我国与东盟能源投资合作需要制定怎样的措施？本书的研究将沿着上述问题逐层展开。

1.3 研究意义

经济全球化是区域经济集团之间不断增长的相互依赖性和经济活动的跨界功能一体化，是一个经济活动的地理范围不断扩大和国际联系不断加深的过程（马彦琳，郝寿义，2002）[②]。在经济全球化这一背景下，合作已经成为这个时代的核心主题之一。2008 年的国际金融危机，在造成全球经济巨大衰退的同时，也表明只有进一步加强合作，才是解决困境之道。由于全球能源分布的不均衡，工业化进程加快导致传统能源日益枯竭，以及各国能源技术水平不同，所以加强彼此之间的合作就更为重要。本书研究在后金融危机时代背景下的中国与东盟能源投资合作问题，研究意义主要体现在如下三个方面。

首先，本书研究紧密结合现实，突出鲜明的时代特点。目前，我国正处于新型工业化、城镇化快速发展阶段，能源安全问题正日益广泛而深刻地影响人们的生活和社会的发展，并已经得到国家的高度重视。在后金融危机时代，能源合作越来越受到全球各国的重视，也日益引起国内外学者的关注。本书分析和比较了金融危机前后中国与东盟能源投资合作状况，提出了进一步加强能源投资合作的相关措施，研究不仅凸显了时代特征和研究价值，也

① 数据来源于《中国的能源政策（2012）》白皮书。

② 马彦琳，郝寿义．经济全球化背景下区域经济研究的若干趋势［J］．华中科技大学学报：人文社会科学版，2002（4）：75－79．

为我国进一步加强能源合作，保障能源安全提供了有价值的建议。

其次，弥补了现有文献的不足。从现有关于能源投资合作的文献来看，国内外学者逐步开展对能源合作的研究，但已有文献基本上集中于研究能源贸易合作，对专门的能源投资合作的研究非常少。在中国－东盟自由贸易区这一背景下，研究中国与东盟的能源投资合作，能够弥补现有文献的不足。

最后，为国家政府在制定我国能源对外投资政策及相关学者研究能源投资合作问题提供有价值的参考。当前，我国能源约束越来越明显，已经成为影响我国经济发展的重要瓶颈。能源约束影响经济增长，也影响着能源投资合作。尤其是传统能源带来的能源约束日益明显，因而需要加强对传统能源的技术创新，加强新能源投资合作。本书针对我国与东盟能源投资合作问题进行研究，找寻存在问题，并制定相应对策，为政府及相关决策部门提供有价值的参考意见。此外，本书作为学术研究，系统地研究了中国与东盟能源投资合作问题，研究成果为相关学者研究类似问题提供了有价值的建议。

1.4 研究方法

1.4.1 模型构建与计量研究方法相结合

在模型构建中，本书借鉴 Dipankar（1999）的分析框架，将外商直接投资引入到新能源开发与经济增长的模型之中进行分析，分析了吸引外资与新能源投资之间的联系。在计量研究方面，基于 Sachs 和 Warner（1995）、Papyrakis 和 Gerlagh（2004）的研究，建立模型并利用相关数据，实证研究能源约束对中国以及东盟经济增长的影响。

1.4.2 描述分析

描述分析是统计分析的最基本内容，是指应用统计指标、统计表、统计图等方法，对资料的数量特征及其分布规律进行测定和描述。在本书的研究中，将会采用大量的数据以及图表对相应论题进行论证，以真实、充分有力地来支持研究。

1.4.3 比较研究

古罗马著名学者塔西陀曾说："要想认识自己，就要把自己同别人进行比较。"[①] 比较是认识事物的基础，是人类认识、区别和确定事物异同关系的最常用的思维方法。当前，比较研究法被广泛运用于科学研究的各个领域。在本书的研究中，将比较分析金融危机前后中国与东盟能源投资状况，以深度挖掘两个不同时期存在的差异，为中国未来继续开展与东盟的能源投资合作制定措施。

1.4.4 博弈分析

博弈是指在一定的游戏规则约束下，基于直接相互作用的环境条件，各参与人依靠所掌握的信息，选择各自策略（行动），以实现利益最大化和风险成本最小化的过程[②]。简单地说，博弈就是人与人之间为了谋取利益而竞争。在本书的研究中，研究传统能源与新能源开发两者之间存在的博弈，引申为中国对东盟新能源投资与东盟传统能源企业之间的博弈。博弈分析的结果表明，东盟国家政府积极支持中国对东盟新能源领域进行高投资，但东盟传统能源企业则采取反对措施，两者之间的不合作阻碍了中国与东盟之间的能源投资合作。

1.5 研究内容及结构框架

1.5.1 研究内容

本书研究的主要内容可以分为如下几章。

第 1 章：绪论。本章主要阐述研究背景、问题提出、研究意义、研究方法和研究内容，为读者指引全书研究的主要内容和框架。

---

① 郭萌．普通高校音乐公选课实施方式的新思考——从美国犹他州立大学音乐公选课实施特点谈起［D］．哈尔滨：东北师范大学，2007.

② 关于博弈的定义来自于 MBA 智库文档。

第 2 章：理论分析。这一章主要对区域经济合作理论、国际直接投资理论、投资效应研究和能源投资博弈问题研究的相关文献进行回顾，为本书的研究奠定坚实的理论基础。同时，基于这些理论分析中国与东盟开展能源投资合作。

第 3 章：中国能源投资“引进来”与“走出去”战略。具体包括：中国投资“引进来”与“走出去”战略、中国能源吸引外资战略、中国能源对外投资战略，以及中国对东盟能源投资的战略。

第 4 章：中国与东盟能源投资合作的基础。这一章主要从能源投资合作的资源基础、经济基础、相互直接投资基础、贸易基础、技术基础和社会基础六个角度展开研究。

第 5 章：金融危机前后中国与东盟能源投资合作。首先，分别介绍金融危机前后中国对东盟能源投资状况；其次，就金融危机前后两个不同时期中国对东盟的能源投资进行比较，突出在后金融危机时代中国与东盟能源投资合作的必要性，以此论证能源投资合作在后金融危机时代中国与东盟双边经贸关系中所具有的重要地位；最后，分析东盟对中国的能源投资状况。

第 6 章：中国与东盟能源投资合作的效应。这一章主要研究中国与东盟能源投资合作对经济增长、就业、技术外溢以及福利的影响，以此论证中国与东盟能源投资合作在经济社会等各领域中都扮演着重要角色。

第 7 章：中国与东盟能源投资合作存在问题分析。这一章主要从能源约束、能源投资合作博弈以及其他存在问题角度展开分析，这些问题也是未来中国与东盟能源投资合作需要解决的问题。

第 8 章：加强中国与东盟能源投资合作的相关建议。研究视角包括加强新能源投资解决能源约束、优化能源结构提高能源利用率、构建能源投资特区以此加强能源投资合作。

第 9 章为结束语，主要包括结论及研究展望。

1.5.2 结构框架

本书的研究框架如下图所示。

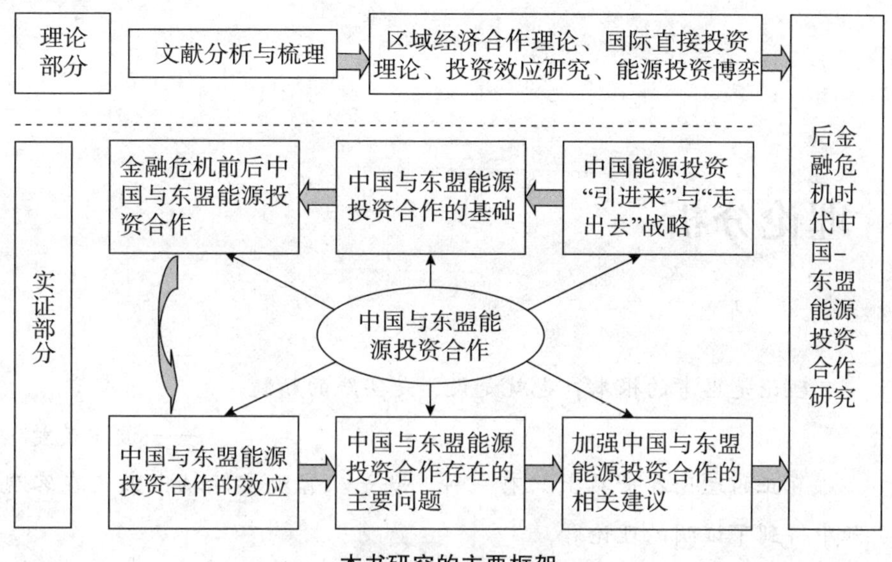

理论部分
文献分析与梳理
区域经济合作理论、国际直接投资理论、投资效应研究、能源投资博弈
后金融危机时代中国–东盟能源投资合作研究
实证部分
金融危机前后中国与东盟能源投资合作
中国与东盟能源投资合作的基础
中国能源投资“引进来”与“走出去”战略
中国与东盟能源投资合作
中国与东盟能源投资合作的效应
中国与东盟能源投资合作存在的主要问题
加强中国与东盟能源投资合作的相关建议

本书研究的主要框架

2 理论分析

理论是思考的根本，也就是说，是实践的精髓。

——波尔茨曼

真正的理论在世界上只有一种，就是从客观实际抽出来又在客观实际中得到了证明的理论。

——毛泽东

当前，在国际竞争越来越激烈的背景下，区域经济合作不断加深，成为当代世界经济发展的重要趋势。区域经济合作是经济主体为了谋求社会经济利益，而促使生产要素在区域之间流动和重新组合的过程。区域经济合作是广义区域贸易的组成部分，是任何开放区域对外经济活动的重要内容。随着区域经济发展和区域经济一体化水平的不断提高，区域经济合作也日益向纵深方向发展。区域经济合作反映了世界经济竞争已从国家之间和不同意识形态阵营之间的竞争转变为以区域整合为条件的区域集团之间的竞争（黄友爱，2006）①。自20世纪后半叶开始，区域经济合作越来越突出，欧盟、北美自由贸易区和中国－东盟自由贸易区已经成为世界上三大典型区域经济合作的代表。在区域经济合作中，贸易自由化、投资自由化已经成为各国之间相互联系的典型特征。区域经济合作本质上是以企业为载体进行的生产要素区际流动及优化配置，以及区际贸易联系（豆建民，2003）②。

① 黄友爱．区域经济合作理论对发展中国家区域经济合作的影响和启示［J］．经济界，2006（1）：82－86.

② 豆建民．区域经济理论与我国的区域经济发展战略［J］．外国经济与管理，2003（2）：2－6，转29.

在区域经济合作中，投资合作是重要的构成部分。国外经济学家提出了众多的国际直接投资理论，也出现了关于发展中国家对外直接投资的理论，为发展中国家开展对外直接投资奠定了理论基础。通过对外投资，不仅可以开拓当地市场，利用当地的劳动力和资源，还可以避开贸易壁垒，促进经济增长。此外，能源投资合作作为对外投资合作的重要组成部分，越来越得到世界各国的重视，但能源投资合作也存在众多制约，这是由于投资合作过程中各方主体利益存在差异，加上能源这一特殊的投资对象，经济主体的行为会影响合作结果。

本章主要对区域经济合作理论、国际直接投资理论及投资效应、能源投资博弈等理论及相关研究成果进行回顾，梳理相关理论及研究，为进一步展开研究奠定坚实的基础。

2.1 区域经济合作理论

2.1.1 古典国际区域分工理论

亚当·斯密（1776）在其代表著作《国富论》中，提出了国际分工与自由贸易的理论①。亚当认为，适用于一国内部的不同职业之间、不同工种之间的分工原则，也适用于各国之间，从而形成其国际分工理论。自由贸易会引起国际分工，国际分工的基础是有利的自然禀赋，或后天的有利生产条件，它们都可以使一国在生产上和对外贸易方面处于比其他国家有利的地位。如果各国都按照各自有利的生产条件进行分工和交换，使各国的资源、劳动力和资本得到最有效的利用，将会大大提高劳动生产率及增加物质财富。亚当强调，各个国家不应生产所有自己所需要的产品，“如果外国能以比我们自己制造还便宜的商品供应我们，我们就应该用自己有利的产业生产出来的产品的一部分供他们购买。”各国按绝对优势进行分工生产和贸易，将会大大提高劳动生产率。

实际上，亚当·斯密的国际分工贸易理论重在分析一国以怎样的绝对优势参与到国际贸易之中。每一个国家都有自己不同于其他国家的绝对优势，

① 亚当·斯密．国民财富的性质和原因的研究［M］．北京：商务印书馆，2005.

但各自都存在劣势，各国按绝对优势进行分工生产和贸易，将会大大促进本国的对外贸易，从而增加本国财富。尽管亚当的这一理论用于最初的国际贸易，但分析能源投资合作仍然有一定的意义。开展能源投资本身就要求一国的能源投资企业要在某一方面拥有绝对优势，如在资金、技术或者管理经验方面。跨国投资企业只有拥有了这些方面的绝对优势，外加投资东道国的投资政策支持，实现双方的优势互补，才能够顺利开展投资。总之，亚当·斯密的国际分工贸易理论对于中国能源企业开展对外投资合作具有一定的现实指导意义。

2.1.2 H－O 理论

赫克歇尔（E. Heckscher，1919）发表了《对外贸易对国民收入之影响》，随后俄林（B. Ohlin，1933）出版了《区际贸易与国际贸易》，赫克歇尔和俄林提出的理论称为 H－O 理论。根据这一理论，一国的比较优势产品是应该出口的产品，是他需在生产上密集使用该国相对充裕而便宜的生产要素生产出的产品，而进口的产品是他需在生产上密集使用该国相对稀缺而昂贵的生产要素生产出的产品。简言之，劳动丰富的国家出口劳动密集型商品，而进口资本密集型商品；相反，资本丰富的国家出口资本密集型商品，进口劳动密集型商品[①]。俄林认为，同种商品在不同国家的相对价格差异是国际贸易的直接基础，而价格差异则是由各国生产要素禀赋不同，从而要素相对价格不同决定的，所以要素禀赋不同是国际贸易产生的根本原因。总之，H－O 理论可以归结为“靠山吃山，靠水吃水”。

东盟国家传统能源资源比较丰富，尤其是印度尼西亚，其传统能源出口一直比较多。但在当前国际能源竞争非常激烈的背景下，其出口不断减少，不利于中国开展与它的能源贸易。从越南实际情况来看，根据（2011—2015年）五年发展规划，越南煤炭出口量将从 2011 年的 1700 万吨减少到 2015 年的 300 万吨。越南通过制定各种措施，减少对中国煤炭出口[②]。例如，2006 年越南计划和投资部指出，对中国煤炭大量出口将会大大影响越南未来的热电

① 黄卫平，彭刚．国际经济学教程［M］．北京：中国人民大学出版社，2004.

② 2015 年越南煤炭出口量将减少至 300 万吨［EB/OL］．中商情报网，http：//www. askci. com.

发展战略。越南应逐年减少各种化石类燃料的出口，包括原油、煤炭等，以发展越南的石油和炼油工业。东盟国家新能源发展有很大的空间，加强对东盟新能源投资具有广阔的前景。

2.1.3 标准区域经济一体化理论

区域经济一体化是指在地理上互相毗邻或同属一个区域的国家和地区在经济领域互相合作，从而在某种程度上融为一体。实际上，区域经济一体化就是参与贸易的国家间消除了各种贸易壁垒和妨碍生产要素自由流动的不公平经济政策，最终形成一个大市场（吕宏芬，郑亚莉，2013）①。区域经济一体化主要表现为六种形式②，不同阶段的发展形式反映了区域经济一体化从低级向高级所经历的一般过程（杨勇，2011）③。区域经济一体化具有双重性：一方面，它对内实行自由贸易、深化国际分工，促进内部贸易增长；另一方面，使区域内部同外部国家之间的贸易相对减弱，导致本来紧密的世界经济被分割成若干对立的区域，因而又不利于世界经济一体化的发展。总之，区域经济一体化是世界经济一体化目标在区域层次上的率先实现。

20 世纪 50 年代开始，各种不同形式的区域性和次区域性国际经济一体化组织在世界范围内迅速兴起，国际区域经济一体化现象引起经济学家的广泛关注。美国经济学家雅各布·瓦伊纳在 1950 年出版的《关税同盟问题》中提出了关税同盟理论，认为组建关税同盟后，区域经济一体化将对区域集团内的国家产生静态效应和动态效应④。区域经济一体化的静态效应主要包括贸易创造效应（effect of trade creation）⑤、贸易转移效应（effect of trade diversion）⑥、贸易扩

---

① 吕宏芬，郑亚莉．对中国－智利自由贸易区贸易效应的引力模型分析［J］．国际贸易问题，2013（2）：49－57.

② 这六种形式为：特惠贸易安排、自由贸易区、关税同盟、共同市场、经济同盟（包括货币同盟）和完全经济一体化。

③ 杨勇．国际区域经济一体化与中国对外贸易［M］．北京：人民出版社，2011.

④ Viner, J. 1950. The Customs Union Issue. New York: Carnegie Endowment for International Peace.

⑤ 贸易创造效应是指关税同盟一旦形成，高生产效率成员国的低成本产品会大量涌进低效率成员国国内市场，低效率成员国将会减少或停止其低效率的生产，从而节约了生产资源而获利。这种由于用高效率成员国的低成本产品替代了低效率成员国高成本产品而获得的利益便是贸易创造效应。

⑥ 贸易转移效应指低效率成员国加入关税同盟后不得不用伙伴国较高成本的进口替代其原来从世界市场上的低成本进口，这种替代显然会给低效率成员国带来损失，这种损失便是贸易转移效应。

大效应（effect of trade expansion）[①]、财政收支效应（effect of fiscal revenue and expenditure）[②] 和贸易条件效应（effect of trade terms）[③]。在分析了关税同盟给各成员国带来的利弊之后，瓦伊纳进一步提出了衡量关税同盟总体效果的标准——瓦伊纳标准，考察该关税同盟产生的所有贸易创造效应和贸易转移效应的差额，即如果贸易创造效应大于贸易转移效应，该关税同盟就有利，反之则不利。

从具体实践来看，欧盟的建立是以标准的区域经济一体化理论为依据，推动了欧盟经济实力的不断增强，取得了巨大的成功，并带动了区域经济合作浪潮的兴起，对发展中国家早期开展区域经济合作产生了很大的示范效应。众多经济学家如布朗、罗布森、库珀和小岛清等人根据发展中国家的实际，研究了标准的区域经济合作理论对发展中国家的适用性，认为发展中国家之间区域经济合作的贸易转移效应大于贸易创造效应，静态效应不明显，发展中国家借鉴标准的区域经济一体化理论应强调区域经济合作的动态效应和对外保护作用[④]。其中，区域经济一体化的动态效应主要包括规模经济效应和竞争效应。例如，小岛清提出的协定分工理论认为，区域经济集团组建以后，不同经济体分散的小市场结成统一大市场，企业摆脱了市场规模的限制，并通过协议使各成员方分享规模经济效益[⑤]；西托夫斯基和德纽的"大市场"理论即共同市场理论认为共同市场统一了保护主义分割的小市场，通过大市场内的激烈竞争，打破了原来各成员国国内的垄断[⑥]；此外，区域经济一体化使外资通过区内设厂生产，绕开区域经济同盟的壁垒限制，可以扩大吸引外资的规模。

中国－东盟自由贸易区是世界上三大自由贸易区之一，该自由贸易区的

---

① 贸易扩大效应是指关税同盟建立后，短期内成员国之间的贸易流量大幅度增加，同时对外部非成员国的贸易流量受到抑制，长期成员国之间的贸易流量和对外部的贸易流量都会增长。

② 财政收支效应是指关税同盟建立以后，各成员国海关的收入和支出都会减少，净效应是不确定的，但这不能作为反对一体化的充分证据，因为一体化给企业和居民带来的收益更大。

③ 贸易条件效应是指关税同盟建立以后有助于改善关税同盟总体的对外贸易条件和对外谈判的地位，同盟内的企业与同盟外的企业谈判时更容易逼迫外部企业降价。

④ 黄友爱. 区域经济合作对世界经济的影响及中国的对策——区域经济合作利益风险论［D］. 厦门：厦门大学，2005.

⑤ 小岛清. 对外贸易论［M］. 天津：南开大学出版社，1984.

⑥ 梁双陆，程小军. 国际区域经济一体化理论综述［J］. 经济问题探索，2007（1）：40－46.

建立有利于区域内中国与东盟开展能源贸易和能源投资活动，有助于深化国际分工，促进中国与东盟贸易增长。实际上，在区域内的投资领域也会产生投资创造效应、投资转移效应等。在中国－东盟自由贸易区内，需要充分发挥中国与东盟能源投资的创造效应，尤其是在新能源投资合作方面，既能解决能源供给不足，又能够为双方带来福利，实现共赢。

2.1.4 新国际地域分工理论

新国际地域分工理论将比较优势理论、产品生命周期理论和雁行理论结合运用，认为产品的技术周期与不同国家的技术梯度之间存在动态匹配关系。其中，产品生命周期理论是新国际地域分工理论的核心部分。

产品生命周期理论是美国哈佛大学经济学教授雷蒙德·弗农于1966年在《产品周期中的国际投资与国际贸易》中首次提出的。这一理论认为，一种新产品一般经历创新、成熟和标准化三个发展阶段①。在产品技术创新阶段，产品和技术的研制和开发需要较高的资本和技术水准，新发明和新产品一般在发达国家开发，主要满足发明国国内市场的需要；在产品成熟阶段，产品技术已经成熟，生产规模扩大并开始大量出口，进而到成本较低的国家设厂，进口国模仿、掌握并开始生产该产品，创新国成为进口国；在产品标准化阶段，产品和技术在发达国家普及，并扩大到成本最低的发展中国家，最后发达国家成为该产品的净进口国，产品的生命周期至此完成。在产品和技术周期的不同阶段，不同的国家有着不同的比较优势，生产区位在不同发展水准的国家之间转移，并通过产品交换实现比较利益在国际间的转移。

产品生命周期理论揭示了任何产品都和生物有机体一样，经历一个“诞生—成长—成熟—衰亡”的过程，通过创新不断开发新产品。借助产品生命周期，可以分析判断产品处于生命周期的哪一阶段，推测产品今后发展的趋势，正确把握产品的市场寿命，并根据不同阶段的特点，采取相应的市场营销组合策略，增强企业竞争力，提高企业的经济效益。基于产品生命周期理论，中国与东盟国家能源投资也存在产品生命周期。在传统能源投资方面，

① Raymond Vernon. International Investment and International Trade in the Product Cycle. Quarterly Journal of Economics. 1966 (5): 190－207.

随着对传统能源不断开发，传统能源数量将不断减少，能源投资将经历“诞生—成长—成熟—衰亡”的过程。因此，对新能源投资也就成为了对传统能源投资开发的有益补充。然而，新能源投资开发同样存在产品生命周期问题，这就需要不断加强创新，加大科研投入，并充分利用投资合作方各自的优势，实现优势互补。

2.1.5 新经济地理理论

克鲁格曼的新经济地理模型主要围绕经济活动的空间聚集这一核心内容来探讨，而决定经济活动在空间上将处于聚集状态还是分散状态，主要看促使产业地理集中的向心力和削减产业地理集中的离心力两者中谁占主导地位①。克鲁格曼提出了四个主要的新经济地理模型：中心—外围模型；历史和预期模型；区域专业化模型，国际专业化模型。

1. 中心—外围模型

这一模型假定：①经济中存在两个地区和两个部门；②两个地区具有相同的偏好和技术，即初始条件相同；③世界经济中存在两个部门：一个是规模报酬不变的完全竞争的农业部门；另一个是规模报酬递增的垄断竞争的工业部门；④每个地区有两种生产要素，每种生产要素分别服务于特定的部门，即农民只能从事农产品生产，工人只能从事工业制成品生产②。在上述模型的基本假定之下，克鲁格曼提出了两区域模型。

在消费者方面：克鲁格曼假定，对于两类产品而言，所有消费者具有相同的偏好，假定效用函数为：

$$U = C_M^{\mu} C_A^{1-\mu} \tag{2-1}$$

于是消费者效用最大化问题可以求解如下模型：

$$U = C_M^{\mu} C_A^{1-\mu} \tag{2-2}$$

$$\text{s.t.} \quad PC_M + C_A = Y$$

$$C_M = \mu Y / P$$

$$C_A = (1-\mu) Y$$

① 宋德勇，胡宝珠．克鲁格曼新经济地理模型评析［J］．经济地理，2005（4）：445－448．

② KRUGMAN P. Increasing returns and economic geography [J]. Journal of Political Economy, University of Chicago Press, 1991, 99 (3): 483－499.

在生产者方面：假定单位产量的劳动需求为1，农民在地区间不能流动，每个地区农民的供给量为（$1-\mu$）/2，两个地区工人的供给量分别为 L_1 和 L_2，且 $L_1+L_2=\mu$。工业制成品 i 的生产函数为 $L_{Mi}=\alpha+\beta x_i$。假设农产品的运输成本为0，保证 $P_A=W_A=1$，制成品的运输成本采用冰山成本。在每个地区代表型企业利润最大化时定价行为满足：

$$p_i = [\sigma/(\sigma-1)]\beta w_i$$

$$p_1/p_2 = w_1/w_2 \tag{2-3}$$

其中，$i=1$，2。若制造业企业可自由进入，则利润为0，即：$(p_1-\beta w_1)x_1=\alpha w_1$，此时 $x_1=x_2=\dfrac{\alpha(\sigma-1)}{\beta}$。可见，每个地区的产量都是一样的，与工资和相对需求无关，因此每个地区工业制成品的种类只与该地区工人的数量有关，即：

$$\frac{n_1}{n_2}=\frac{L_1}{L_2} \tag{2-4}$$

在短期均衡方面：假定工人可以自由流动，流向实际工资较高的地区。令 c_{11} 表示地区1消费的地区1生产的产品，c_{12} 表示地区1消费的地区2的产品。当地的产品价格为 p_1，地区2的产品价格为 p_2/t，则产品的相对需求为：

$$\frac{c_{11}}{c_{12}}=\left(\frac{p_1 t}{p_2}\right)^{-\sigma}=\left(\frac{w_1 t}{w_2}\right)^{-\sigma} \tag{2-5}$$

令 z_{11} 表示地区1对本地制成品的支出与对地区2制成品的支出的比例，z_{12} 表示地区2对地区1制成品的支出与对本地制成品支出的比例，于是有：

$$z_{11}=\left(\frac{n_1}{n_2}\right)\left(\frac{p_1 t}{p_2}\right)\left(\frac{c_{11}}{c_{12}}\right)=\left(\frac{L_1}{L_2}\right)\left(\frac{w_1 t}{w_2}\right)^{-(\sigma-1)} \tag{2-6}$$

$$z_{12}=\left(\frac{L_1}{L_2}\right)\left(\frac{w_1}{w_2 t}\right)^{-(\sigma-1)} \tag{2-7}$$

地区1工人的总收入等于两地区对制成品的总支出。令 Y_1 和 Y_2 分别代表两个地区的收入（包括农民的收入），则地区1和2工人的收入为：

$$w_1 L_1=\mu\left[\left(\frac{z_{11}}{1+z_{11}}\right)Y_1+\left(\frac{z_{12}}{1+z_{12}}\right)Y_2\right] \tag{2-8}$$

$$Y_1=\frac{1-\mu}{2}+w_1 L_1 \tag{2-9}$$

$$Y_2 = \frac{1-\mu}{2} + w_2 L_2 \qquad (2-10)$$

在长期均衡方面：工人考虑的是实际工资而不是名义工资，且拥有较多人口的地区将面临更低的制成品的价格。令 $f = L_1/\mu$ 为地区 1 制成品的份额。p_1 和 p_2 为地区 1 和地区 2 工业制成品的价格指数：

$$p_1 = \left[f w_1^{-(\sigma-1)} + (1-f)\left(\frac{w_2}{t}\right)^{-(\sigma-1)}\right]^{-1/(\sigma-1)} \qquad (2-11)$$

$$p_2 = \left[f\left(\frac{w_1}{t}\right)^{-(\sigma-1)} + (1-f) w_2^{-(\sigma-1)}\right]^{-1/(\sigma-1)} \qquad (2-12)$$

工人在地区 1 和地区 2 的真实工资分别为：$w_1 = w_1 p_1^{-\mu}$，$w_2 = w_2 p_2^{-\mu}$。

克鲁格曼的中心—外围模型建立在规模经济、不完全竞争基础之上。由于运输成本的存在和人口的流动，导致生产的集中化。该模型解释了外部条件原本相同的两个区域是如何在报酬递增、人口流动与运输成本作用的情况下最终形成完全不同的生产结构，即为什么最初两个人口规模差不多的地区，一个地区的人口会向另一个地区流动，企业会迁移，最终一个地区变成了工业化的中心，另一个却成了农业外围地区。实际上，能源投资也会产生中心和外围。在传统能源投资中，能源资源禀赋所决定的能源聚集地是能源投资的中心，这一中心会对其他地区产生巨大的辐射影响。在新能源投资中，自然资源禀赋不足的地区也完全能够成为能源投资中心，这种状况改变了能源投资的传统模式，即资源禀赋导向模式。因此，新能源投资扩大了能源投资的空间和范围，这也意味着加强新能源投资具有广阔的前景。

2. 历史和预期模型

这一模型是讨论产业集聚的路径依赖问题，这个问题存在两种不同的观点：一是以马歇尔为代表的历史偶然性观点，即在包含递增收益和外部经济性的经济中，过去的事件是决定经济朝着一个或另一个稳定状态驱动的前提条件；二是预期为决定均衡选择的关键因素。

这一模型假定：①生产两种商品：一种是 C 商品，另一种是 X 商品，C 商品的生产具有规模报酬不变的性质，X 商品的生产具有外部经济性；②X 部门的生产率依赖于该部门的就业量；③在世界市场上，C 和 X 商品都能够以固定价格来销售，商品和劳动单位标准化，劳动力将向提供高工资的部门流动[1]。

当劳动力在部门之间的转移不存在调整成本的情况下，如果X部门的劳动力的初始工资大于均衡水平，经济中将专业化生产X产品；如果X部门的劳动力的工资小于均衡水平，X部门将解散，经济将专业化生产C。因此，历史决定初始的条件，进而决定最终结果。

历史和预期的相对重要性依赖于基本的经济结构，特别是调整成本。当建立的历史与预期模型存在复根时，则存在重叠区；当模型只存在实根，则不存在重叠区。而如果没有重叠或者有重叠但从事X商品的劳动力数量处于重叠区之外时，历史将决定最终结果；如果从事X商品生产的劳动力数量存在于重叠区内，预期将决定最终结果。为考虑预期决定的可能性大小，需要考虑重叠区存在的可能性及宽度。

历史与预期模型和中心—外围理论均强调历史和中心的重要作用，强调资源禀赋的重要性。长期以来，经济学家都非常关注资源禀赋的重要作用，在H－O理论中更是强调了“靠山吃山，靠水吃水”。但预期和外围的影响也越来越大，需要重视。历史和预期模型同样适用于分析中国与东盟能源投资合作，中国与东盟双边不仅需要重视历史能源投资合作，重视历史能源投资合作的方式、领域，更应该着眼于未来能源投资合作。

3. 区域专业化模型

这一模型假定：①世界存在两个产业，每个产业无论是最终消费品的生产还是中间商品的生产都具有规模报酬递增性；②该世界同时存在具有相同资源和技术的两个国家，即本国和外国；③两个国家是对称的，两个国家都能够生产这些产业的最终商品和中间商品；④企业能够自由进入两个国家的两个产业，每个国家仅有单一生产要素劳动；⑤两个国家之间是能够贸易的，但必须存在运输成本，并且初始的运输成本很高[2]。

这一模型是通过发展一个产业聚集和国际贸易之间关系的程式化理论模型来分析欧洲统一大市场形成像美国区域专业化市场情形的可能性，以及给

---

① KRUGMAN P. History versus expectations［J］. The Quarterly Journal of Economics, MIT Press, 1991, 106（2）: 651－667.

② KRUGMAN P, VENABLES, ANTHONY J. Integration, specialization and adjustment［J］. European Economic Review, Elsevier, 1996, 40（3－5）: 959－967.

一体化组织内部的国家或地区的产业结构带来何种影响。随着经济一体化程度的加强，特别是当欧洲逐渐演变成为一体化市场时，将可能出现：首先，尽管欧洲统一大市场建立了，欧盟的市场与美国国内的市场并非一样，这是因为语言和文化的不同而造成的特定障碍的存在，欧洲市场将继续保持分割，区域专业化情形将不可能发生；其次，当欧洲市场的一体化程度如同北美市场时，不断加强的一体化还不足以破坏现存的生产地理，此时聚集是有可能的，但不是必须的；最后，不断加强的欧洲一体化市场使原来分散于各个国家的产业聚集于较少的产业区，以服务于整个欧洲大陆，这将导致地区间真实收入的差距，并带来巨大的调整成本。

4. 国际专业化模型

这一模型假定：①世界包括两个地区：南部和北部；②每个地区生产两种产品：农产品和工业制成品。农产品是规模报酬不变和完全竞争的，工业制成品是规模报酬递增和垄断竞争的；③制造业部门同时生产最终产品和中间产品；④两个地区具有相同的偏好和技术，即初始条件相同；⑤在北部劳动为 L，工资为 w①。

在消费方面：每个地区的消费者只获得劳动收入，消费函数采用 C－D 函数形式（农业和制造业），预算约束为：

$$wL = Q_A^{(1-\theta)} Q_M^{\theta} V \quad (2-13)$$

$$Q_M = [np^{1-\sigma} + n^*(p^*t)^{1-\sigma}]^{1/(1-\sigma)} \quad (2-14)$$

σ 是每个种类产品的需求弹性，$\sigma>1$；$Q_A=1$，农产品无运输成本，一个单位劳动生产一个单位的产品，所以均衡条件是 $w\geq 1$，若经济生产农产品，则 $w=1$；若 $w>1$，则农产品生产为 0。

在生产方面：企业使用劳动和中间产品进行生产，且中间制成品的投入份额为 μ。每个企业生产 y 供应本国市场，生产 x 供出口，生产中使用 α 的固定成本和 β 的边际成本。每个企业总成本函数为：

$$TC = w^{1-\mu} Q_M^{\mu} [\alpha + \beta(x+y)] \quad (2-15)$$

在均衡时，北部工业品的总支出为：

① KRUGMAN P. The role of geography in development [J]. International Regional Science Review, 1999, 22 (2): 142-161.

$$E = \theta wL + \mu(x + y)pn \tag{2-16}$$

利润最大化条件下的定价：

$$p(1 - 1/\sigma) = w^{1-\mu}Q_M^{\mu}\beta \tag{2-17}$$

北部和南部对每个种类的产品的需求为：

$$y = p^{-\sigma}Q_M^{\sigma-1}E \tag{2-18}$$

$$x = p^{-\sigma}t^{1-\sigma}(Q_M^*)^{\sigma-1}E^* \tag{2-19}$$

零利润条件为：

$$x + y = (\sigma - 1)\alpha/\beta \tag{2-20}$$

进一步得到零利润的条件：

$$1 = p^{-\sigma}[Q_M^{\sigma-1}E + t^{1-\sigma}(Q_M^*)^{\sigma-1}E^*] \tag{2-21}$$

通过上述方程可求出 Q_M、w、p、n 和 E 的均衡值，并理解 n 如何影响企业的赢利。

最初两个国家的情况相同，接着一个非均衡的过程导致世界发展成为中心—外围结构，制造业在北部集中，南部一开始遭受损失。但随着运输成本的进一步降低，世界进入全球化阶段，南部和北部可以维持的工资差距缩小。但完全不存在贸易成本时，要素价格达到了均等化，在全球化阶段，北部的实际收入和相对收入可能都降低了。

克鲁格曼的专业化模型，无论是区域专业化还是国际专业化模型，都重在解释加强投资合作的必要性。每一个区域的专业化分工不同，将形成不同的优势。相对东盟中大部分国家而言，中国新能源开发技术比较高，中国也拥有雄厚的资本进行新能源投资，东盟国家的新能源资源禀赋丰富，对东盟国家能源进行投资能够带动当地专业化生产，促进当地经济快速增长，形成良性循环。

2.1.6 区域发展的相互依赖理论

布鲁克菲尔德（H. Brookfield，1975）在《相互依赖的发展》一书中指出，发达国家的经济发展不仅比不发达国家更依赖于资源和资本密集的技术，而且也依赖于不发达国家的资源、劳动力和市场。受依赖关系的影响，不发达国家的内部变革也使它们越来越依赖发达国家的资源和资本。因此，很难区分出它们谁依赖谁，实际上是相互依赖。宗主国的经济发展其实也是依赖于外围国家的，就像外围国家依赖它们一样。在世界范围内，没有相互依赖，经济和社会的发展就无法进行下去。

当前，西方学术界对相互依赖的理解集中在以下几个方面，一是世界上的任何国家之间都存在相互依赖的关系，只不过程度有所差异；二是相互依赖意味着依赖是双向的传递和影响，而不是只作用于某一方；三是相互依赖的内容和程度在不断发生变化。因此，相互依赖是国家之间在经济发展上（包括经济行动和政策）所发生的双向作用、影响的过程或现象①。衡量相互依赖的程度，一般采用以下指标：其一，国际贸易的增长与国内生产总值的增长的比值；其二，各种出口贸易占国内生产总值的比率变化；其三，国家之间资本双向流动（包括直接投资和间接投资）的指标。

相互依赖对相关国家的经济发展既有积极影响，也存在消极影响。以中国与东盟能源投资为例，相互依赖的变化对于不同的国家可能会产生不同的结果，即对某些国家有利的变化，对另一些国家则可能不利。积极的相互依赖有利于推动国家之间的经济交流、合作和一体化，消极的相互依赖则会引发国家之间的经济冲突和矛盾。由于能源需求的不断增大，相互依赖所产生的利益会更加明显。因此，需要有目的地采取措施、政策对相互依赖的内容和程度进行干预，促进相关国家的互惠互利，化解矛盾和冲突，推动世界经济的一体化进程。

2.1.7 区域经济合作理论对中国与东盟能源投资合作的启示

从亚当·斯密的国际分工贸易理论到新国际地域分工理论，再到新经济地理理论，各个看似没有关联的理论，对中国与东盟能源投资合作均提供了重要的理论指导和启示。

首先，开展能源投资要有一定的优势，并且通过能源投资，绕开能源贸易的限制。国际分工贸易理论意味着开展能源投资本身就要求一国的能源投资企业要在某一方面拥有绝对优势，如在资金、技术或者管理经验方面。跨国投资企业只有拥有了这些方面的绝对优势，外加投资东道国的投资政策支持，实现双方的优势互补，才能够顺利开展投资。H－O 理论强调“靠山吃山，靠水吃水”，但在当前国际能源竞争非常激烈的背景下，能源贸易已经表现出明显的缺

① 刘喆．相互依赖下的中美经济合作研究［D］．武汉：华中师范大学，2009.

陷，会遇到各种形式的壁垒。通过能源投资，能够绕开这些壁垒，加上东盟国家新能源发展有很大的空间，加强对东盟新能源投资具有广阔的前景。

其次，创新在能源投资合作中扮演重要角色。“创新”一词最早是由美国经济学家熊彼特在1912年出版的《经济发展理论》中提出来的①。所谓创新就是要“建立一种新的生产函数，即生产要素的重新组合，就是要把一种从来没有的关于生产要素和生产条件的‘新组合’引进生产体系中去，以实现对生产要素或生产条件的新组合”。在新国际地域分工理论中的产品生命周期理论非常强调在产品生命周期过程中创新的重要性，中国与东盟能源投资合作同样存在周期性，这就更加突出创新的重要性。随着对传统能源的不断开发，传统能源数量将不断减少，能源投资将经历“诞生—成长—成熟—衰亡”的过程，因而对新能源投资也就成为了对传统能源投资开发的有益补充。其中，需要不断加强创新，加大科研投入，并充分利用投资合作方各自的优势，实现优势互补。此外，在中国－东盟自由贸易区内，需要充分发挥中国与东盟能源投资的创造效应，尤其是在新能源投资合作方面，既能解决能源供给不足，又能够为双方带来福利，实现共赢。

最后，加强能源投资非常必要，进一步密切投资关系，扩大能源投资的空间和领域。区域专业化理论和国际专业化理论已经指出，投资合作是必要的。在中国－东盟自由贸易区框架下，能源投资已经成为中国与东盟全方位经贸合作的重要领域。相互依赖有利于推动中国与东盟国家之间的经济交流、合作和一体化，相互能源投资所产生的利益会更加明显。中国与东盟投资关系越来越紧密，尤其是新能源投资，扩大了能源投资的空间和范围。

2.2 国际直接投资理论

2.2.1 马克思主义经典作家对资本国际流动本质的研究

马克思和恩格斯在大量著作中对资本流动的本质进行了深入的研究和科学论证，他们指出，产业资本从诞生之日起就具有一种内在的扩张力，总在

① 约瑟夫·熊彼特．经济发展理论——对于利润、资本、信贷、利息和经济周期的考察［M］．北京：商务印书馆，1991．

力图冲破地域的限制，越出国界去进行榨取剩余价值的活动，以建立资本主义的世界体系①。马克思的理论不断被当今世界经济发展的实践所印证，对当前分析和认识世界国际直接投资的实质仍具有指导意义。

19 世纪末 20 世纪初，资本主义发展到垄断资本主义阶段即帝国主义阶段，发达国家积累的规模不断扩大，形成了大量过剩资本，开始了较大规模的以借贷资本为主要形式的“资本输出”。在这一历史背景下，列宁提出了著名的“资本输出”理论。他指出，垄断资本主义因资本过剩而导致资本输出，从而形成金融资本统治，这是帝国主义五大经济特征之一。列宁的这一论断解释了他所处的时代，尽管资本过剩不能完全解释目前跨国企业的行为，但总体上看，相对资本过剩仍是国际间资本流动的前提条件②。

2.2.2 早期的国际直接投资理论

国际直接投资理论的发展路径如图 2－1 所示，早期的国际直接投资理论主要包括纳克斯的理论以及麦克道格尔和肯普的理论。

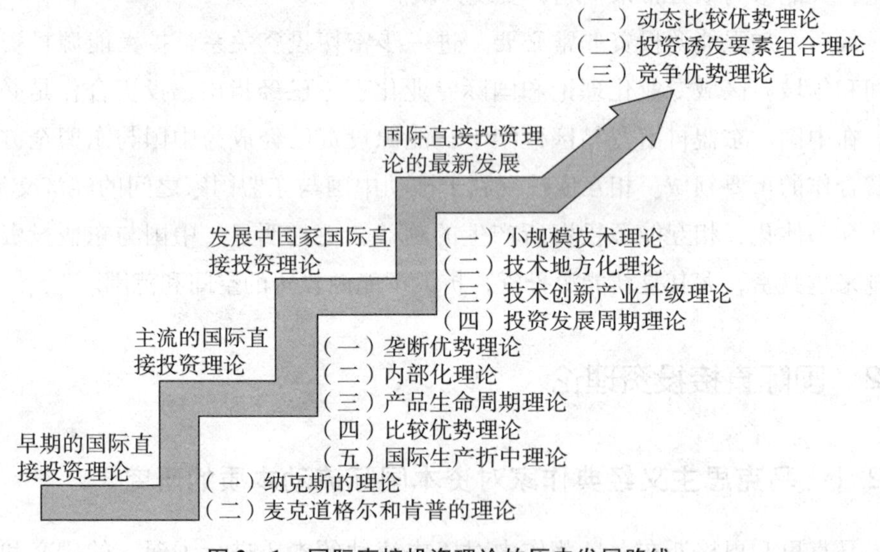

图 2－1 国际直接投资理论的历史发展路线

① 中共中央马克思恩格斯列宁斯大林著作编译局．马克思恩格斯全集［M］．北京：人民出版社，2007.

② 股维藻，陈荫枋．跨国公司概论［M］．北京：人民出版社，1991.

1. 纳克斯的理论

早在1933年，纳克斯在其《资本流动的原因和效应》一文中，就提出了国际直接投资的相关理论①。纳克斯以产业资本跨国移动为分析对象，认为资本的国际流动主要是由国际之间利息率（或利润率）差别引起的，资本利息率差别是由各国资本的不同供求关系所决定，而供求关系又主要受资本供给的影响。若甲国资本储蓄比乙国多，则甲国利息率低于乙国，会引起甲国资本向乙国流动。此外，资本的供求关系也决定于资本需求方面的变化。若乙国出现生产技术的新发明，生产效率提高并且产品需求弹性大，引起生产扩张。随着产业利润的增长，资本需求增长，使乙国利息率升高，于是甲国资本向乙国移动。如果乙国的技术发明越是劳动节约型，资本需求就越大，流入乙国的资本也就越多。

从纳克斯的研究可以看出，他的观点基本上集中于如下两个：首先，资本跨国流动最直接的动机是利润，而且是产业资本的利润；其次，引起跨国资本流动的主要因素是产业资本。然而，纳克斯的国际直接投资理论只解释了通过借贷进行跨国资本流动，并且没有把国际直接投资和国际间接投资区分开来。

2. 麦克道格尔和肯普的理论

这一理论认为资本收益率差别引起资本流动，并围绕着这一核心内容对FDI的发生及其福利效果进行解释②。该理论假设：①市场是完全竞争的，有大量的买者和卖者，任何一个买者和卖者都不能影响市场的价格；②产品是同质的，无差别的；③各种生产要素可以完全自由流动，无任何干扰；④生产者和消费者对市场情况充分了解，市场信息畅通。在这样的假设前提下，该理论认为，跨国企业应当存在于资本丰富而边际产出率较低的国家，资本应当流向资本稀缺而资本边际产出率较高的国家（见图2-2）。

麦克道格尔和肯普的理论仍然没有把国际直接投资和国际间接投资区分开来，没有阐明资本流动的方式，没有涉及投资者，没有探究影响国际直接投资的因素。此外，麦克道格尔和肯普的理论也存在较大争论。首先，从长

---

① 吴琦，曾凡银．国际直接投资理论与实证研究综述［J］．理论建设，2006（3）：30-33.
② 郭波．国际投资：理论·政策·战略［M］．北京：中国社会科学出版社，2009.

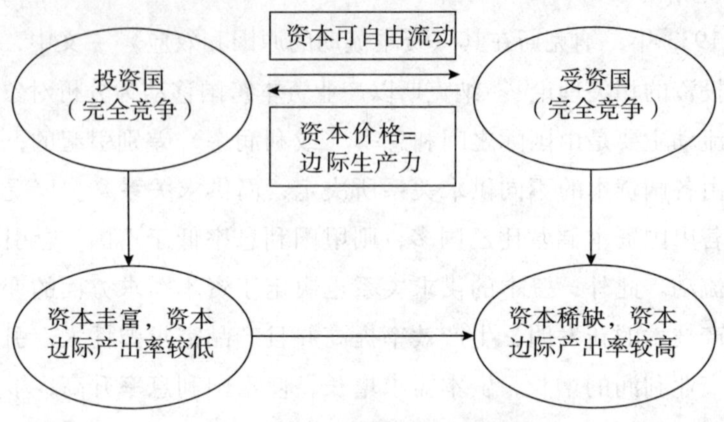

图 2-2 麦克道格尔和肯普的理论

期来看，有些国家是直接投资的净流出、证券资本的净流入国，这是否意味着在这些国家里，股权资本丰富而证券资本稀缺，甚至是投资者特别偏爱对外直接投资。其次，有些国家既是跨国企业的母国又是东道国。若跨国公司是资本套利者，则在这些国家里，是否必须存在某些产业的资本收益率高，有些产业的资本收益率低，这也意味着投资是在资本市场被分割成不同部分的情况下发生的，这与完全竞争假设不符。最后，如果对外直接投资是纯粹的资本套利，那么金融机构则成为主要活动者，但事实并非如此。

总之，早期的国际直接投资理论主要是以纳克斯的理论以及麦克道格尔和肯普的理论为代表，这些理论虽然只是国际直接投资理论的雏形，但却开创了国际直接投资理论研究的先河。

2.2.3 主流的国际直接投资理论

20 世纪 60 年代之后，国际直接投资理论不断丰富，并成为主流的国际直接投资理论。这些理论包括垄断优势论、内部化理论、产品生命周期理论、比较优势理论和国际生产折中理论。

2.2.3.1 垄断优势理论

1. 垄断优势理论的产生及主要内容

1960 年，美国麻省理工学院的学者斯蒂芬·海默（Stephen H. Hymer）在其博士论文《国内企业的国际经营：对外直接投资研究》中首次提出了这

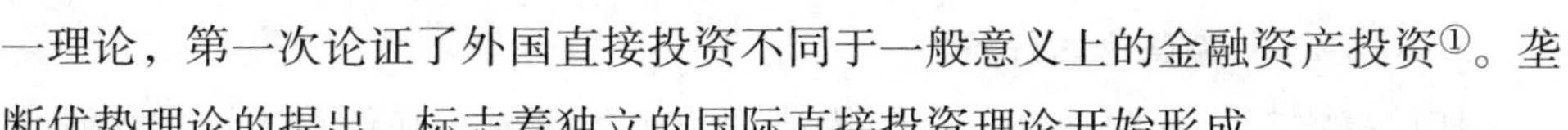

一理论，第一次论证了外国直接投资不同于一般意义上的金融资产投资[①]。垄断优势理论的提出，标志着独立的国际直接投资理论开始形成。

垄断优势理论主要是回答一家外国企业的分支机构为什么能够与当地企业进行有效竞争，并能长期生存和发展下去。海默认为，国内、国际市场的不完全性和企业的垄断优势是跨国公司对外直接投资的决定性因素或根本原因。以不完全竞争为前提的市场不完全性为对外直接投资打开了大门，如果产品和各种生产要素的市场运行是完全有效的，那么对外直接投资就不可能发生，对外直接投资是市场不完全的副产品。

2. 跨国公司对外直接投资的决定性因素

第一，市场的不完全性决定跨国公司的对外直接投资。市场不完全理论假设企业具有全球区位经营观念。在市场完全的条件下，市场具有效率，信息不产生费用，没有贸易障碍，市场主体完全公平竞争，国际贸易是企业参与国际市场或对外扩张的唯一方式，企业根据比较利益原则从事进出口活动。在现实环境中，这种产品和生产要素市场的不完全性为对外直接投资打开大门。市场的不完全性主要表现在如下两个方面：首先，政府通过政策干预经济造成不完全性，如采用关税、进口限额和其他非关税贸易限制，税收以及其他管制方式干预经济。其次，自然产生于（产品和要素）市场的不完全性。这种“非自然”和自然的市场不完全性严重阻碍了国际贸易，减少了贸易带来的益处，从而导致跨国公司通过对外直接投资参与国际市场。此时，跨国公司的对外直接投资代替了商品和劳物的进出口。

第二，企业的垄断优势。企业的垄断优势可以分为两类：一类是包括生产技术，管理与组织技能及销售技能等一切无形资产在内的知识资产优势；另一类是由于企业规模大而产生的规模经济优势。其中，知识资产优势主要包括技术优势，先进的管理经验，雄厚的资金实力、信息优势以及独立的销售网络。规模经济优势主要是指跨国公司在某个工厂的规模经济效益挖掘已尽的情况下，可以通过增加企业经营数量来减少单位经营成本，获取多厂经营规模节约收益。

---

① Hamer S. , 1960, “International operation of nation firm: a study of direct foreign investment”, Doctoral Dissertation, Massachusetts Institute of Technology.

3. 对垄断优势理论的评价

任何事物都具有两面性，垄断优势理论也不例外。在优势方面，该理论突破了从资本流动的角度分析国际直接投资的模式，并将国际直接投资与国际间接投资明确区分开来，为后续研究国际直接投资理论的相关学者开展研究奠定了非常坚实的基础，并成为当前国内外众多学者研究国际直接投资问题的重要理论依据。在局限性方面，该理论的研究基础是以战后美国制造业少数具有资金和技术优势的部门境外直接投资活动为研究背景，研究范围比较狭窄，无法解释20世纪60年代以后发达国家没有垄断优势的中小企业以及一些发展中国家的企业开始对外进行直接投资的现象。此外，这一理论还具有很强的绝对性。因此，依据垄断优势理论来研究国际直接投资问题往往会得出偏离的结论。

2.2.3.2 内部化理论

1. 内部化理论的产生及主要内容

内部化理论是由巴克莱（Peter J. Buckley）和卡森（Mark Casson）分别于1976年和1978年在《跨国企业的未来》和《国际经营论》中提出，随后卡森（1979年）在《跨国企业的选择》中进一步深入分析①。1981年，拉格曼（Allan M. Rugman）在《跨国公司内幕》中，进一步扩大了内部化理论的研究范围②。

内部化理论认为，公司在其经营活动中，面临各种市场障碍。为了克服外部市场障碍或弥补市场机制的内在缺陷，保障自己的经济利益，将交易改在公司所属各个企业之间进行，从而形成一个内部化的市场。当内部化超越了国界，跨国公司出于内部化动机，便开展对外直接投资。

2. 内部化理论的基本假设前提

内部化理论假定：其一，在不完全竞争市场上企业从事贸易活动存在障碍，通过内部化经营以实现利润最大化；其二，生产要素市场尤其是中间产品市场不完全时，企业可以以内部市场替代外部市场；其三，在不完全市场上实施内部化以降低生产成本，当这种内部化跨越国界时便产生跨国公司和

---

① Buckley, P. J. & Casson, M. C., "The Future of Multinational Enterprise", Mcmillan, London 1976.

② 拉格曼. 跨国公司内幕［M］. 伦敦：克鲁姆海尔姆出版公司，1981.

对外直接投资。

3. 内部化理论的影响因素

内部化理论认为，一国进行对外直接投资主要取决于如下四个影响因素：一是国家特定因素，国家政治和金融制度等；二是区位特定因素，地理距离、文化、差异和社会特点等；三是产业特定因素，与产品特点、外部市场结构和规模经济有关；四是公司特定因素，组织结构、管理控制、知识和能力等。内部化理论认为，产业特定因素最为关键。

4. 对内部化理论的评价

内部化理论从企业分工、不同国家企业之间的产品交换形式和国际生产组织形式等角度来研究国际直接投资的动机和行为，解释了跨国公司对外直接投资的动因，不仅可以解释发达国家的对外投资行为，也可以说明发展中国家为什么开展对外投资。然而，这一理论存在较大的局限性。其一，这一理论只强调了成本与利润的关系，未能考虑在现有世界经济结构中制约跨国公司发展的各种因素；其二，这一理论只强调了国际生产的一般规律，忽略了对跨国公司这种典型的垄断组织行为特征的研究；其三，这一理论过分强调知识资本内部转移的好处，没有对国际直接投资的地理分布和区域分布原因做出分析；其四，这一理论只强调了市场竞争的不完全对投资行为的消极影响，忽略了其积极作用。

2.2.3.3 产品生命周期理论

1. 产品生命周期理论的产生与主要内容

1966 年，弗农在《经济学季刊（上）》发表的《产品周期中的国际投资与国际贸易》中提出产品生命周期理论，用来解释新产品的国际贸易问题和对外直接投资问题[①]。这一理论认为，产品要经历一个开发—引进—成长—成熟—衰退阶段。产品周期在不同国家中发生的时间和过程存在差异，加上在技术层面上的差距，导致同一产品在不同国家市场上的竞争地位差异，从而决定了国际贸易和国际投资的变化。弗农将这些国家依次分成创新国、一般发达国家和发展中国家。

---

① Vernon R. International Investment and International Trade in the Product Cycle. Quartly Journal of Economics, 1966 (80): 190 - 207.

2. 产品生命周期理论的基本假设前提

产品生命周期理论存在如下四个方面的假设前提：其一，消费者的偏好因收入不同而有所差别；其二，企业之间及企业与市场间沟通成本随着空间距离增加而增加；其三，产品生产技术和市场营销方法会经历可预料变化；其四，国际技术转让市场存在非完美性。

3. 产品生命周期中的四个阶段

第一，产品引入期。产品引入期是指产品从设计投产直到投入市场进入测试阶段。在这一阶段，产品品种少，顾客对产品尚未了解，除少数追求新奇的顾客外，几乎无人实际购买该产品。生产者为了扩大销路，不得不投入大量的促销费用，对产品进行大力宣传推广。此外，这一阶段由于生产技术方面的限制，产品生产批量小，制造成本高，广告费用大，产品销售价格偏高，销售量极为有限，企业有可能亏损。

第二，产品成长期。产品成长期是指产品通过试销效果良好，购买者逐渐接受该产品，产品在市场上站住脚并且打开了销路。在这一阶段，需求量和销售额迅速上升，生产成本大幅度下降，利润迅速增长。由于有利可图，竞争者将会纷纷进入市场参与竞争，使同类产品供给量增加，价格下降，企业利润增长速度逐步减慢，最后达到生命周期利润的最高点。

第三，产品成熟期。产品成熟期是指产品进入大批量生产并稳定地进入市场销售，随着购买产品的人数增多，市场需求趋于饱和。此时，产品普及并日趋标准化，成本低而产量大。销售增长速度缓慢直至下降，加上竞争加剧，导致同类产品生产企业之间不得不加大在产品质量、花色、规格、包装服务等方面的投入，在一定程度上增加成本。

第四，产品衰退期。产品衰退期是指产品已经陈旧老化，市场开始萎缩，直至产品受到淘汰的时期。随着科技的发展以及消费习惯的改变等原因，产品的销售量和利润持续下降，产品在市场上已经老化，不能适应市场需求，市场上已经有其他性能更好、价格更低的新产品，足以满足消费者的需求。此时，成本较高的企业就会由于无利可图而停止生产，该类产品的生命周期也就结束，以至最后完全撤出市场。

4. 对产品生命周期理论的评价

这一理论具有非常重大的意义。首先，这一理论将垄断优势、产品生命周期和区位因素结合起来解释国际直接投资的动机、时机和区位选择；其次，这一理论从动态的角度分析了对外直接投资；再次，这一理论把国际直接投资同国际贸易和产品的生命周期结合起来解释美国战后对外直接投资的动机与区位选择；最后，这一理论既可以解释对外直接投资，也可用来解释新产品的国际贸易。

然而，这一理论也存在较大的缺陷。首先，这一理论将跨国公司的产品开发、市场营销渠道和市场竞争手段这三项相互依存的决策程序分开，与跨国公司同时整体考虑这三项决策的实际不相符合；其次，由于产品生命周期理论是以特定时期美国制造业企业的对外直接投资活动为背景展开研究的，因此这一理论对非制造业企业、对发展中国家、对非出口替代领域和高科技与研发领域的对外投资行为无法做出科学的解释；最后，这一理论无法解释20世纪80年代以后出现的发达国家企业直接在发展中国家从事新产品研发的行为。

2.2.3.4 边际产业扩张理论

1. 边际产业扩张理论的产生与主要内容

在20世纪70年代，日本著名经济学家小岛清根据国际贸易的比较优势理论，提出了符合日本国情的对外直接投资理论，即边际产业扩张论[①]。

小岛清认为，各国经济情况均有特点，根据美国对外直接投资状况研究出来的理论无法解释日本的对外直接投资。日本对外投资之所以成功，主要是由于对外投资企业能够利用国际分工原则，把国内失去优势的部门转移到国外，建立新的出口基地；在国内集中发展那些具有比较优势的产业，使国内产业结构更趋合理，促进对外贸易的发展。小岛清总结出了“日本式对外直接投资理论”，即对外直接投资应该从投资国已经或即将陷于比较劣势的产业，即边际产业依次进行。

2. 边际产业扩张理论的三个命题

第一，H－O模型中的资源禀赋或资本—劳动要素比例的假定基本是合理的；

第二，比较利润率的差异与比较成本的差异有关；

第三，日本式对外直接投资与美国式对外直接投资是不同的。

---

① 小岛清．对外贸易论［M］．天津：南开大学出版社，1987.

3. 运用边际产业扩张理论分析对外直接投资动机

一国进行对外直接投资的动机非常多，具体可以分为自然资源导向型、劳动力导向型、市场导向型以及生产和销售国际化型。例如，对于自然资源导向型，跨国公司为了获得东道国丰富的自然资源，产品在国外生产；对于劳动力导向型，跨国公司将利用国外廉价的劳动力、土地等资源，降低生产成本。

4. 边际产业扩张理论的基本观点

首先，对外直接投资应该从本国（投资国）已经处于或即将处于比较劣势的产业（称为“边际产业”）依次转移到别的国家；

其次，日本对外投资的重要目标是在国外开发以供日本进口的产品；

最后，日本对发展中国家的直接投资要按照比较成本及其变动依次进行。

5. 对边际产业扩张理论的评价

小岛清提出的边际产业扩张理论具有非常重要的意义。其一，该理论指出了对外直接投资的基础是两国比较成本差距较大；其二，首次将国际贸易理论和国际投资理论在比较成本的基础上融合起来；其三，否定了垄断优势在对外直接投资中的决定性作用，强调了运用与东道国相适应的技术进行投资；其四，论证了中小企业拥有的技术更适合东道国的生产要素结构，因而较好地解释了发达国家在20世纪70年代以后出现的中小企业对外进行直接投资的原因和动机；其五，该理论首次提出了产业概念，这比以前以企业为研究对象的国际直接投资理论有了较大进步。

然而，这一理论也存在较大的局限性。其一，这一理论符合20世纪80年代之前日本大量向发展中国家投资的情况，但无法解释20世纪80年代之后日本企业对欧美等发达国家制造业的大量投资；其二，这一理论仍然无法解释发展中国家开始向发达国家进行投资的现象。

2.2.3.5 国际生产折中理论

1. 国际生产折中理论的产生及主要内容

1977年，邓宁在《贸易、经济活动的区位与跨国企业：折衷理论探索》中提出了国际生产折中理论，试图建立一种全面的理论说明对外直接投资的起因和影响对外投资发展方向的因素[①]。

① Dunning, J, 1981. International Production and the Multinational Enterprise. London: Allen & Unwin.

这一理论认为，一国进行对外投资需要具备三种优势，即所有权优势、内部化优势和区位优势。其中，所有权优势是指一国企业拥有或能够获得的、国外企业所没有或无法获得的资产及其所有权；内部化优势是指跨国公司将其所拥有的资产加以内部化使用而带来的优势；区位优势是指跨国公司在投资区位上所具有的选择优势。邓宁的这一理论是在借鉴海默的垄断优势理论、巴克莱和卡森的内部化理论的基础上，提出了区位优势理论。与其他经贸方式相比较（见下表），只有完全拥有了所有权优势、内部化优势和区位优势，一国才能进行对外直接投资。

可选择的国际经济活动方式

经济活动方式	所有权优势	内部化优势	区位优势
直接投资	有	有	有
出口销售	有	有	无
许可合同	有	无	无

2. 对国际生产折中理论的评价

这一理论具有非常重要的意义。首先，这一理论弥补了以前国际投资理论的片面性，引入了所有权、内部化和区位优势三个变量因素来分析投资决策；其次，创建了一个关于国际贸易、对外直接投资和国际协议安排三者统一的理论体系；再次，将这一理论同各国经济发展的阶段与结构联系起来进行动态化分析；最后，这一理论进一步提出了“投资发展周期”学说。

然而，这一理论也存在较大的局限性。其一，国际生产折中理论的研究对象仍然是发达国家，还是没有解释不具备技术优势的发展中国家的跨国企业从事的国际直接投资活动；其二，该理论将利润最大化作为跨国公司对外直接投资的主要目标，这与近年来对外直接投资目标多元化的现实不相符合；其三，该理论几乎综合了其他各种对外直接投资理论，缺乏一个统一的理论基础，缺乏独创性；其四，将所有权、内部化和区位优势三个因素等量对待，未强调它们之间的关系对直接投资的影响，仍然停留在静态分析阶段；其五，探讨了选择国际贸易、对外直接投资和国际协议安排三种国际经济活动方式的依据，但在对其依据的探讨中，缺乏对跨国公司管理这一环节的深入研究。

2.2.4 发展中国家国际直接投资理论

随着对国际直接投资理论的不断深入研究，研究对象也越发关注发展中国家的对外直接投资。这些重要理论包括小规模技术理论、技术地方化理论、技术创新产业升级理论和投资发展周期理论。

2.2.4.1 小规模技术理论

1. 小规模技术理论的产生与主要内容

1977 年，著名的经济学家刘易斯·威尔斯在《发展中国家企业的国际化》中提出了小规模技术理论。这一理论被西方理论界认为是研究发展中国家对外直接投资最具代表性的理论。1983 年，刘易斯·威尔斯在其专著《第三世界跨国公司》中，对小规模技术理论进行了更详细的论述①。

这一理论认为，发展中国家跨国公司的竞争优势主要表现在三方面：首先，拥有为小市场需要服务的劳动密集型小规模生产技术。低收入国家商品市场的一个普遍特征是需求量有限，大规模生产技术无法从这种小市场需求中获得规模效益，许多发展中国家通过开发满足小市场需求的生产技术而获得竞争优势；其次，在国外生产民族产品。发展中国家对外投资主要是为服务于国外同一种族团体的需要而建立。刘易斯·威尔斯研究发现，以民族为纽带的对外投资在印度、泰国、新加坡、马来西亚以及中国台湾、中国香港的投资中都占有一定比例；最后，采取产品低价营销战略。与发达国家跨国公司相比，生产成本低、物美价廉是发展中国家跨国公司形成竞争优势的重要原因，也是抢占市场份额的重要工具。

2. 对小规模技术理论的评价

首先，这一理论将发展中国家跨国企业自身的优势与发展中国家自身的市场特征结合起来；其次，利用发展中国家跨国企业的优势来解释相对优势；再次，摒弃了只能以技术垄断优势进行对外投资的观点；最后，将发展中国家在技术上的创新活动局限于对现有技术的继承和使用。

然而，小规模技术理论将发展中国家跨国公司的竞争优势仅仅局限于小规模生产技术的使用，可能会导致这些国家在国际生产体系中的位置永远处

① 刘易斯·威尔斯. 第三世界跨国企业［M］. 上海：上海翻译出版公司，1986.

于边缘地带和产品生命周期的最后阶段。同时，该理论很难解释一些发展中国家的高新技术企业的对外投资行为，也无法解释当今发展中国家对发达国家的直接投资日趋增长的现象。

2.2.4.2 技术地方化理论

1. 技术地方化理论的产生与主要内容

这一理论是由英国经济学家拉奥在对印度跨国公司的竞争优势和投资动机进行了深入研究之后提出的①。这一理论认为：其一，技术地方化是因为发展中国家投资环境不同于发达国家，而且与发展中国家的要素价格和要素质量有关；其二，经过改造的产品更适合发展中国家自身的需求，只要它们把引进的技术进行一定程度的改造，产出的产品就可以更好地满足当地或邻国消费者的需要，这本身就是一种竞争优势；其三，经过发展中国家企业改造后的适合小规模生产的技术，与未经改造的西方国家的技术相比，在当地的生产中能产生更高的经济效益；其四，虽然发展中国家的产品无法与发达国家的名牌产品相比，但由于发展中国家消费者的购买能力有限，使发展中国家的廉价产品拥有更多的市场。

2. 对技术地方化理论的评价

这一理论不再认为发展中国家跨国公司是被动地接受发达国家的降级技术，或被动地模仿和复制发展中国家的技术，对技术的改进也是一种技术创新。尽管这一理论在一定程度上论证了发展中国家企业参与跨国生产活动的可能性，但对发展中国家经优势和技术创新的解释力度不够。

2.2.4.3 技术创新产业升级理论

1. 技术创新产业升级理论的产生与主要内容

20 世纪 80 年代以后，发展中国家的对外投资现象日益普遍。英国学者坎特威尔与其学生托兰惕诺针对这一现象，提出了技术创新产业升级理论②。这一理论认为，技术创新对一国的经济发展至关重要；发展中国家跨国公司的技术创

---

① Lall, Sanjaya and Mohammad, Sharif. Multinationals in Indian big business: Industrial characteristic of foreign investment in a heavily regulated economy. Journal of Development Economics, 1983, 13 (1－2): 143－157.

② Cantwell, Tolentino, 1990, Technological Accumulation and Third World Multinationals. University of Reading Discussion Papers in International Investment and Business Studies.

新活动具有明显的“学习”特征；不断的技术积累可以促进一国的经济发展和产业结构升级，技术能力的不断提高和积累与企业的对外直接投资直接相关；发展中国家对外直接投资的产业分布和地理分布随着时间的推移而不断发生变化。

2. 对技术创新产业升级理论的评价

这一理论解释了20世纪80年代以来发展中国家，尤其是新兴工业化国家和地区对外投资的结构由发展中国家向发达国家、由传统产业向高技术产业流动的轨迹，对于发展中国家通过对外投资来加强技术创新与积累，进而提升产业结构和加强国际竞争力具有普遍的指导意义，受到了西方经济理论界的高度评价。

2.2.4.4 投资发展周期理论

1. 投资发展周期理论的产生与主要内容

1981年，邓宁在《投资发展周期》中提出了投资发展周期理论，将国际生产折中理论从企业层次推向国家层次①。这一理论包含两层含义：一方面，该理论同时研究了一个国家的对外直接投资和吸引外商直接投资两个变量及其关系，揭示了发展中国家的本土企业逐步走向跨国经营和开展对外直接投资能力的生产与发展趋势，强调对外直接投资的重要性；另一方面，这一理论揭示了对外直接投资的趋势，但它不是单纯分析对外直接投资，而是采用与吸引外商直接投资进行比较的方法，分析研究外资企业对国内企业成长的影响，并分析两类直接投资之间的关系。总之，这一理论是研究发展中国家企业成长和对外直接投资增长趋势的有用工具（赵晓笛，2007）②。

处于不同阶段发展水平的发展中国家，其对外直接投资的水平表现出较大差异。人均国民生产总值在400美元以下的国家，此时对外直接投资的流出入量均很少，这是由于这些国家既没有可供投资国选择的区位优势，也没有拥有从事对外直接投资的所有权优势和内部化优势。人均国民生产总值在400～1500美元的国家，对外直接投资的流入量大于流出量，而且差额较大，这是因为它可供投资国选择的区位优势在增强，但没有实力形成拥有从事对外直接投资的所有权优势和内部化优势。人均国民生产总值在2000～4000美

① Dunning, John H., International Production and the Multinational Enterprise, George Allen and Unwin, London, 1981: 109-142.

② 赵晓笛．发展中国家国际直接投资发展之路［J］．中国流通经济，2007（8）：56-58.

元的国家，对外直接投资流出量的增幅大于流入量的增幅，但仍为对外直接投资的净流入国，而且净流出国的差额在缩小，这是因为它不仅可供投资国选择的区位优势在增强，而且其所有权优势和内部化优势都正在增强，外国企业要想进入这些国家必须更多地利用其所有权优势和内部化优势。人均国民生产总值在4000美元以上的国家，其拥有从事对外直接投资的所有权优势和内部化优势，并有能力运用区位优势来对外进行直接投资。

2. 对投资发展周期理论的评价

投资发展周期理论是国际生产折中理论在发展中国家的运用和延伸，首次将对外直接投资与一国的国民生产总值联系起来，论证了一国的对外投资地位是随着其竞争优势的消涨而变化，并从动态的角度描述了跨国投资与经济发展的辩证关系。

2.2.5 国际直接投资理论的最新发展

20世纪90年代之后，国外学者对国际直接投资进行了更加深入的研究。主要的代表理论包括：动态比较优势理论、投资诱发要素组合理论和竞争优势理论。

1. 动态比较优势理论

1992年，日本经济学家小泽辉智提出了动态比较优势理论①。他认为，发展中国家应先从引进外国投资开始，然后逐步过渡到对外投资。处于不同阶段的发展中国家应采用不同的对外投资模式，经济发展水平的差异决定了利用外资和对外投资的形式和速度，一个国家的产业结构升级是一个循序渐进的过程，这一过程是利用外资和对外投资经验的积累。

2. 投资诱发要素组合理论

投资诱发要素组合理论认为：①任何形式的对外直接投资都是在投资的直接诱发要素和间接诱发要素的组合作用下发生；②直接诱发组合要素主要包括劳动力、资本、技术、信息、管理和技能；③发达国家从事对外投资主要是直接诱发要素作用；④发展中国家从事对外直接投资在很大程度上主要

① Ozawa Terntomo. Foreign Direct Investment and Economic Development [EB/OL]. Transnational Corporations, http: //www. unctad. org, 1992.

是因为东道国的间接诱发要素所引致；⑤跨国公司从事直接投资是直接诱发要素和间接诱发要素双重作用的结果[①]。

投资诱发要素组合理论从投资国与东道国的双方需求、双方所具备条件的综合这一新的角度阐述对外直接投资的决定因素，同时着重强调间接诱发要素在当代对外直接投资中所起的重要作用。此外，该理论在阐述对外直接投资的决定因素时考虑了东道国的需求和条件所产生的诱发作用，以及国际环境条件的影响，克服了先前理论中只注重投资目的、动机和条件，忽视东道国和国际环境的因素对投资决策影响作用的片面性。

3. 竞争优势理论

1990 年，迈克尔·波特在《国家竞争优势》中提出了一个用于分析产业国际竞争力的模型——“钻石模型”，如图 2－3 所示。该模型认为生产要素、需求因素、相关产业和支持产业、企业战略、企业结构和竞争、机会与政府所构成的不同组合是一国在国际贸易中取得成功的决定性因素[②]。波特强调，这几个因素构成波特竞争力研究的钻石模型，由它们所构成的竞争环境决定了一个国家某个产业是否具有竞争优势或在国际竞争中处于优势地位。

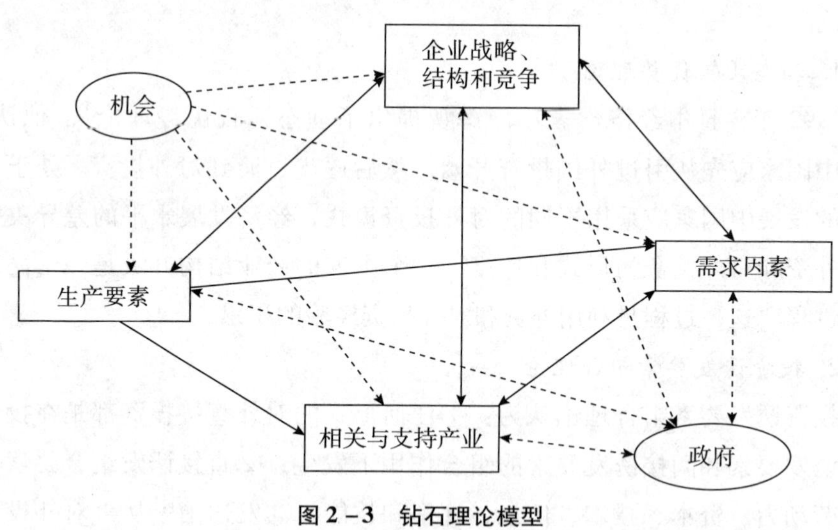

图 2－3 钻石理论模型

① 陈晓丹，孙磊. 发展中国家和地区对外投资理论文献综述［J］. 临沧教育学院学报，2005（3）：38－42.

② 迈克尔·波特. 国家竞争优势［M］. 北京：华夏出版社，2001.

第一，生产要素。包括初级要素（天然资源、气候、地理位置、非技术工人、资金等）和被创造出来的高级要素（知识资源、资本资源和基础设施）。高级要素的获得和培育对企业国际竞争力来说具有极为重要的意义，高级要素的优势是产业国际竞争力一个持续而可靠的来源。

第二，需求因素。包括产业所面临的需求结构、市场大小和成长速度、需求质量、需求国际化程度等各方面，是产业发展的动力。消费者对产品、服务的要求或挑剔程度越高，就越能激发出该国企业的竞争优势。

第三，相关产业和支持产业。其与优势主导产业是一种休戚与共的关系，包括纵向的支持（企业的上游产业在设备、零部件等方面的支持）和横向的支持（相似的企业在合作、信息共享等方面的支持）。

第四，企业战略、企业结构和竞争。指企业的组织结构、战略决策特点及竞争程度所赖以存在的国家环境，具体包括企业的经营理念、经营目标、员工的工作动机、同行业中竞争对手的状况等方面。

第五，机会与政府。机会是可遇而不可求的，机会可以影响四大要素发生变化，机会又是双向的，它往往在新的竞争者获得优势的同时，使原有的竞争者优势丧失，只有能满足新需求的厂商才能有发展“机遇”。而政府能为企业提供所需要的资源，创造产业发展的环境。在产业发展中保证国内市场处于活泼的竞争状态，制定竞争规范，避免垄断。

此外，迈克尔·波特认为，一个国家竞争力的发展分为四个阶段，即资源要素导向阶段、投资导向阶段、创新导向阶段和财富导向阶段。这一理论从宏观上分析跨国公司的对外投资行为，指出企业应采用低成本战略和差异化战略这两种战略。

2.2.6 国际直接投资理论对中国与东盟能源投资合作的启示

从现有关于国际直接投资的理论来看，无论是针对发达国家国际直接投资的理论，针对发展中国家国际直接投资的理论，还是关于国际直接投资理论的最新进展，实际上均围绕着开展国际直接投资的动因这一角度展开研究。在针对发达国家开展国际直接投资的理论中，无论是垄断优势论，还是边际产业扩展论，一个国家开展国际直接投资均需要拥有一定的优势；在针对发展中国家开展国际直接投资的理论中，技术这一要素在其中起到关键作用。

国际直接投资理论的最新进展，则从各个不同层面深入研究了一国开展国际直接投资的动因和所需要掌握的关键要素。国际直接投资理论对中国与东盟能源投资合作具有重要启示。

首先，开展能源投资要求投资企业拥有一定的优势，但不一定要拥有垄断优势。一方面，垄断优势理论对企业对外直接投资的条件和原因做了科学的分析和说明，将研究从流通领域转入生产领域，摆脱了新古典贸易和金融理论的思想束缚，为后来者的研究开辟了广阔的天地，但该理论无法解释不具有技术等垄断优势的发展中国家为什么也日益增多地向发达国家进行直接投资。另一方面，能源投资企业在资金、技术、管理经验等方面拥有优势，有助于开展对外能源投资，但这些能源投资企业不一定要拥有垄断优势，否则在进行能源投资时会导致对方误认为投资国的行为具有侵略性。

其次，技术在能源投资合作中的作用越来越明显。在当前世界低碳经济发展背景下，核心技术与核心产品是能源企业参与国际市场竞争的重要因素。在传统能源领域，能源企业的勘探开发、开采技术的上升空间相对而言已经越来越小，但在新能源开发方面，技术就显得至关重要，这种技术不仅涉及能源开发本身，也涉及环境保护。正如在《国家中长期科学和技术发展规划纲要（2006—2020 年）》中明确指出了能源领域的发展思路，其中强调要推进能源结构多元化，增加能源供应。在提高油气开发利用及水电技术水平的同时，大力发展核能技术，形成核电系统技术自主开发能力。风能、太阳能、生物质能等可再生能源技术取得突破并实现规模化应用。此外，需要促进煤炭的清洁高效利用，降低环境污染。大力发展煤炭清洁、高效、安全开发和利用技术，并力争达到国际先进水平。因此，技术水平不高，难以参与到国际能源投资合作，也难以在激烈的国际能源投资合作中取得成功。

最后，中国与东盟开展能源投资合作会受到众多因素的影响。王晓天、薛惠锋（2012）① 研究发现，投资者的先验信念、政策偏好和技术风险态度对投资决策有显著影响，并且投资组合中可再生能源的份额（即投资者的决策结果）与其投资组合的业绩正相关。投资诱发要素组合理论和竞争优势理

---

① 王晓天，薛惠锋．可再生能源投资决策行为影响因素实证分析与政策启示［J］．西安理工大学学报，2012（1）：115－120.

论均从不同角度研究了开展直接投资的影响因素，这些理论意味着，中国与东盟开展能源投资合作也会受到众多因素影响，只有解决这些不利因素，才能促进能源投资合作的开展。

2.3 投资效应研究

2.3.1 投资效应的概念界定

早在20世纪50年代，美国经济学家J. 瓦伊纳（1950）就提出了“贸易创造”和“贸易转移”这两个概念，用以衡量贸易对区域经济一体化的反映①。借鉴这两个基本概念，金德尔伯格（1966）从静态的角度提出了区域经济一体化对FDI产生的两种效应，即“投资创造”效应和“投资转移”效应②。他认为，区域经济一体化建立后产生的贸易转移使区域外跨国公司的商品进入到区域内更加困难，跨国公司在区域内采取FDI方式来代替商品出口，可以实现绕过关税壁垒占领市场的目的，即投资创造效应。同时，区域内已有的跨国公司会利用大市场统一的机会和自身优势，对区域内的生产经营重新布局，以实现规模经济和生产专业化，即投资转移效应。

投资创造是指自由贸易区建立后产生的贸易转移现象使区外企业的产品进入该市场变得困难，因此区外大量投资涌入，以占领成员国市场③。这一类型的投资创造效应主要是指自由贸易区成立后由于关税壁垒的存在而引起的区外对区内的投资创造。

投资转移是指先前进入区内的企业，为了利用市场统一以后所提供的实现规模经济和专业化的机会，对该地区的生产经营活动进行重新布局④。如果直接投资的变动只是区域范围内投资布局的调整或资源重新配置的结果，那么一个成员国投资流入的增加将导致另一个成员国投资流入的减少。

---

① 雅各布·瓦伊纳．倾销：国际贸易中的一个问题［M］．3版．北京：商务印书馆出版社，2000.

② Kindleberger. C. P. European Integration and The International Corporation. Columbia Journal of world Business，Vo1. 1. 1966.

③ 张宏，蔡彤娟．中国－东盟自由贸易区的投资效应分析［J］．当代亚太，2007（2）：52－57.

④ 钱运春．跨国公司与区域经济一体化的互动关系［J］．世界经济研究，2000（5）：33－37.

2.3.2 国外学者对投资效应问题的研究

后续学者在金德尔伯格研究的基础上，通过建立各种模型，进一步对投资效应问题展开深入研究。20世纪八九十年代之后，国外众多学者对投资效应问题进行了深入研究，这些研究集中于关注自由贸易区，认为区域经济一体化有助于带动资本流动，促进外资流入。例如，邓宁根据投资动机把FDI细分为逃避关税型、市场扩大型、出口导向型和垂直一体化型，并总结了各种动机的FDI与区位选择的关系，认为贸易环境的改善将刺激市场扩大型FDI的进入①。巴克莱和卡森研究发现，贸易自由化促使跨国公司转变投资动机②。一方面，增加针对区域内某国的出口导向型投资和进口替代型投资；另一方面，进行生产合理化方面的投资，从而印证了金德尔伯格对欧洲经济一体化的研究结论。

在实证研究中，以区域一体化问题为研究背景，Neary（2002）深入研究了一体化对不同类型投资决策的影响。他指出，区域经济一体化将会促进区外厂商出于逃避关税或出口替代目的进行FDI，且这种投资效应会随着区内竞争程度的增强而弱化③。在对欧盟的研究中，Baldwin et al.（1995）建立了一般均衡模型，研究发现在1992年欧洲自由贸易区建立后，流入区域内的FDI增加了5%以上，而同期流入区域外国家的FDI减少④。Galgau和Sekkat（2004）采用1980—1994年欧盟成员国FDI流入量数据，考虑加入区域经济一体化的虚拟变量，研究发现欧盟区域经济一体化对成员国FDI流入量有明显的促进作用⑤。在对东盟区域一体化的研究中，Bende Nabende（1999）对

---

① Dunning, J. H. "The European Internal Market Programme and Inbound Foreign Direct Investment", Journal of Common Market Studies, Vol. 35, No. 2, 1997.

② Buckley, Peter J., and Casson, Mark C., "Models of the Multinational Enterprise", Journal of International Business Studies, Washington, Vol. 29, Iss. 1, 1998, p. 21 - 24.

③ Neary, J. Peter, Foreign Direct Investment and the Single Market, CEPR DiscussiOI1 Paper, No. 3419, June 2002.

④ Baldwin, R. E., Forslid, R. & Haaland, J., Investment Creation and Investment Diversion: Simulation Analysis of the Single Market Programme, NBER Working Paper, No. 5364, 1995.

⑤ Galgau, Olivia and Khalid Sekkat, "The Impact of the Single Market on Foreign Direct Investment in the European Union", Exchange Rates, Economic Integration and the International Economy, Edited by Leo Michelis and Mark Lovewell, Toronto: APF Press, 2004.

东盟自由贸易区的投资效果进行了研究，发现东盟自由贸易区对区域内较发达国家有利，而对不发达国家不利①。

在对中国的研究中，肯特斯·萨瓦特等（2004）利用1985—2001年中国和亚洲其他8个经济体的面板数据，建立FDI流入量回归方程，用两阶段最小二乘法进行估计，发现中国FDI流入量与其他国家FDI流入量之间呈正相关，而不是负相关②。莫瑟里奥（2005）选取14个国家，将中国FDI流量占整体FDI的份额作为可能对他国FDI产生挤出的一个变量计入回归方程，发现这种挤出只对新加坡和缅甸两个国家有影响③。艾琴格林等（2006）选取FDI的29个来源国和63个接受国，利用引力模型，用这些国家之间的双边FDI流量对它们的GDP、人均GDP以及国家间距离等引力模型参数做回归，把中国与这些国家之间的双边FDI流量计入模型，并用工具变量法消除内生性影响，得出中国吸收FDI与其他国家吸收FDI呈互补关系的结论④。

2.3.3 国内学者对投资效应问题的研究

目前，国内学者研究投资效应问题主要是以中国-东盟自由贸易区为研究背景。例如，张帆（2002）认为，建立CAFTA有利于促进区外资金的流入和区内国家间相互投资的增长⑤。杜群阳、宋玉华（2004）清晰地界定了中国-东盟自由贸易区投资效应的概念，提出两层次投资创造与投资转移模型，指出投资创造与区外对区内的投资转移将是未来中国-东盟自由贸易区投资

---

① Bende Nabende, A., Ford, J. L. and Slater, J. R. "The Impact of FDI on the Economic Growth of the ASEAN-5 Economics, 1970—1994: A Comparative Dynamic Multiplier Analysis from a Small Model with Emphasis on Liberalization". Department of Economics, University of Birmingham in its series Discussion Papers with number 97-18, 1999.

② Busakorn Chanta sasawat, K. C. Fung, Hitomi Iizaka and Alan Siu, "Foreign Direct Investment in China and East Asia", unpublished manuscript, National University of Singapore, UC Santa Cruz and University of Hong Kong, Nov. 2004.

③ Beno it Mercereau, "FDI Flows to Asia: Did the Dragon Crowd out the Tigers?" unpublished manuscript, IMF, Mar. 2005.

④ Barry Eichengreen and Hui Tong, "Is China's FD I Coming at the Expense of Other Countries?" NBER Working Paper No. 11335. http://www. nber. Org/papers/w 11335, 2006.

⑤ 张帆. 建立中国-东盟自由贸易区贸易与投资效应分析［J］. 国际经贸探索，2002（5）：63-66.

效应的主导因素①。李皖南（2004）从理论和实证两方面探究了中国-东盟自由贸易区的投资效果，认为东盟各国通过逐步取消对外国直接投资的各种限制，减少外资的市场开发成本，提高了区域的整体竞争力和对外资的吸引力②。范兆斌等（2006）借鉴 Neary 模型，对不同区域经济一体化组织进行分析，发现区域经济一体化的投资效应在南南和南北自由贸易区内均显著存在③。徐建娟（2007）在分析中国-东盟自由贸易区经济效应时，从静态效应分析了贸易效应，认为经济一体化组织的建立能够促进成员国间贸易流量的增长，这是由关税及非关税壁垒的降低或消除引起的。此外，她进一步从动态效应的角度分析了经济效应，包括竞争效应、规模经济效应和投资效应④。于海桓、滕福星（2007）从区域投资效应进行分析，认为区域经济投资将产生三大类效应，即经济效应、社会效应和生态效应，其中经济效应是主要的。此外，作者认为投资将改变经济结构，形成新的生产能力，增加各个环节的产出，促进科技进步，产品结构呈升级，推动经济增长的经济效应⑤。陈霜华、查贵勇（2008）研究了 CAFTA 框架下的投资效应，指出区域内存在一定程度的投资转移效应⑥。邱立成（2009）从跨国公司的投资动机出发，分析了欧盟 1996—2006 年的面板数据，发现区域经济一体化发展对 FDI 流入有显著促进作用，成员国的经济发展水平、服务业发展水平等经济初始禀赋条件对投资效应有显著影响⑦。邵秀燕（2009）研究了东盟区域经济一体化的投资效应及其影响因素⑧。李颖洁（2009）利用面板数据，实证检

---

① 杜群阳，宋玉华．中国-东盟自由贸易区的 FDI 效应［J］．国际贸易问题，2004（3）：51-54.

② 李皖南．东盟自由贸易区的投资效应分析［J］．当代亚太，2004（9）：38-43.

③ 范兆斌，苏晓艳，李晓玲．跨国公司、区域一体化与社会福利——一个垄断模型的扩展［J］．财经研究，2006（11）：5-16.

④ 徐建娟．中国-东盟自由贸易区经济效应研究［D］．天津：天津大学，2007.

⑤ 于海桓，滕福星．区域投资效应基本理论与评价模型研究［J］．科学管理研究，2007（6）：77-80.

⑥ 陈霜华，查贵勇．CAFTA 框架下投资效应的实证分析［J］．经济问题探索，2008（11）：29-34.

⑦ 邱立成，马如静，唐雪松．欧盟区域经济一体化的投资效应研究［J］．南开学报：哲学社会科学版，2009（1）：1-9.

⑧ 邵秀燕．区域经济一体化进程中东盟投资效应分析［J］．世界经济与政治论坛，2009（5）：43-50.

验了中国对东盟国家直接投资的贸易效应，并分析了投资的各种贸易类型，认为中国对东盟的直接投资所带来的贸易效应既有替代效应又有创造效应，并且创造效应在中长期来看较为明显①。林家旭（2009）的研究表明，在CAFTA背景下广西的投资创造效应大于投资转移效应，投资效应为正②。姜文仙、许娇丽（2010）研究了中国-东盟自由贸易区的经济效应，认为中国-东盟自由贸易区的建成将对中国与东盟诸国经济产生积极的贸易效应和投资效应③。刘志雄、高歌（2011）研究了在CAFTA背景下中国对东盟的投资效应，发现CAFTA的建立为我国对东盟的直接投资带来了越来越明显的投资创造效应和投资转移效应④。此外，刘志雄（2011）基于改进的引力模型实证研究了东盟对华投资效应。研究表明，中国与东盟经济的快速增长和东盟对华出口的增加都有助于东盟对华投资，东盟对华投资迅速增加，东盟对华投资效应非常明显⑤。

总之，现有文献表明，国内外对投资效应这一问题的研究已经比较深入，研究的结论基本上都表明区域经济一体化为区域内的投资带来比较显著的投资效应。然而，国内外学者研究的角度基本上是在区域经济一体化框架下研究区域经济共同体的投资效应，以及考察FDI的内流。在区域经济一体化的过程中，不能忽视区域内国家间的相互投资。实际上，中国与东盟能源投资也会存在投资效应，这不仅会增加双边能源投资规模，产生能源投资创造效应，同时也会发生区域能源投资转移，产生能源投资转移效应。

2.4 能源投资博弈问题研究

博弈是指在一定的游戏规则约束下，基于直接相互作用的环境条件，各参与人依靠所掌握的信息，选择各自策略（行动），以实现利益最大化和风险

① 李颖洁．中国对东盟直接投资的贸易效应实证研究［J］．经济论坛，2009（18）：45-47.

② 林家旭．CAFTA背景下广西的投资效应分析［J］．金色通道，2009（12）：4-5.

③ 姜文仙，许娇丽．中国-东盟自由贸易区的经济效应分析［J］．东南亚南亚研究，2010（1）：51-57，93.

④ 刘志雄，高歌．CAFTA框架下中国对东盟投资效应的实证研究［J］．东南亚纵横，2011（1）：20-26.

⑤ 刘志雄．东盟对华投资现状及投资效应的实证研究［J］．东南亚纵横，2011（10）：26-31.

成本最小化的过程。目前，博弈在生物学、经济学、国际关系、计算机科学、政治学、军事战略和其他很多学科都有广泛的应用。

国内学者对投资博弈问题给予了较大关注。房剑、张素芳（2004）[①] 分析了博弈中各参与人的最优策略组合，得出唯一的纳什均衡为{进入，进入}，即无论对手如何选择，自己选择进入总是最优。在对手已经进入目标国市场的情况下，跨国公司博弈的占优策略仍是进入，纳什均衡仍是{进入，进入}。在进入先后对竞争结果的影响方面，如果可能，各公司均将力争抢先进入目标国市场，取得"先动优势"是各大跨国公司纷纷抢先对外投资的直接原因。刘毅、陈伟、于丽艳（2008）[②] 从跨国公司投资与东北地区承接投资的角度切入，采用不完全信息不完美动态博弈模型，分析跨国公司投资与东北地区承接投资之间的动态博弈过程，为东北地区优化投资环境、承接跨国公司投资实现经济赶超提供依据。

在国外能源投资博弈方面，学者们针对不同国家能源投资博弈展开了研究。

在伊朗方面：刘今朝、杨兴礼、孙枉霞、熊小庆（2006）[③] 在解读伊朗能源优势和外交走向的基础上，分析了各大国在伊朗的能源博弈及其对中国的影响，并提出了相应对策：中国应加大对伊朗核问题的影响力，避免零和博弈；加强与俄罗斯、欧盟和印度的合作，牵制美伊军事冲突；协调中日、中印能源竞争，以合作代替冲突，谋求共点等。李卫杰、杨兴礼（2009）[④] 指出，伊朗是世界能源大国，其石油天然气资源储量丰富，出口量巨大。中国和欧盟在伊朗都有很大的能源利益，如何把自己在伊朗的能源利益最大化，都是各方所想。在从中国与欧盟在伊朗的能源利益和政治经济活动的对比中，综合得出中欧在伊朗能源博弈的特点及中国在博弈中应对的策略：扩大对伊

① 房剑，张素芳．跨国公司对外直接投资博弈均衡分析及启示［J］．现代电力，2004（4）：90-93.

② 刘毅，陈伟，于丽艳．跨国公司投资与东北地区承接投资的博弈研究［J］．现代管理科学，2008（11）：42-43，58.

③ 刘今朝，杨兴礼，孙枉霞，等．大国在伊朗的能源博弈及中国的对策［J］．重庆工学院学报，2006（6）：81-84.

④ 李卫杰，杨兴礼．中国与欧盟在伊朗的能源博弈［J］．重庆工商大学学报：社会科学版，2009（5）：27-30.

朗核问题的影响力，加强同欧盟的政治经济合作，加强同伊朗的政治经济联系，加快中国能源进口多元化。

在美国方面，原丽红（2007）① 指出，中美之间能源的博弈是无法回避的现实困境，这场发生在和平与发展已经成为时代主题背景下的两个意识形态、文化生态、历史传统、政治诉求都有巨大差异的大国之间的能源博弈，需要一种跳出一事一时的是非得失来考察两国各自谋求的最佳利益区间，并以此确定自身的竞争战略的大视野。赵殿玉（2008）② 指出，长期以来，中美两国在能源领域的合作不断密切，范围不断扩大，两国之间已经建立起了能源下游领域的合作机制。由于近些年来中国经济的高速发展，对石油进口量快速上升与国际油价的飙升，中美两国在能源上游和中游领域之间的矛盾开始日益突出。如何确保中国能源战略的安全，是中国政府面临的十分紧迫问题。

在日本和印度方面：赵殿玉（2008）③ 通过对中日两国今后关系的发展、中日两国的能源需求及日本对外能源战略的分析，得出了我国如何应对日本的新能源战略，以供国家有关决策部门参考。此外，中国和印度作为重要的能源消费大国，在能源方面能否合理的竞争或合作，关系到两国的持续发展。赵殿玉（2008）④ 通过分析中印两国能源的产需及竞争状况，构建了石油进口的竞争度，指出 2030 年以前中印两国能源的博弈将以竞争为主合作为辅的格局，并进一步提出积极构建与印度的友好关系；注意保护我国的海外石油利益；中印能源合作的领域；构建中印能源的合作机制。

在其他方面：刘晓玲、刘朝峰（2006）⑤ 指出，中亚地区地处欧亚大陆的“心脏地带”，这一独特的地理位置使其成为各种国际政治力量争夺的焦点。随着 20 世纪 90 年代中亚 – 里海地区油气储量的探明，这一地区再度成为各世界大国、地区国家及国际大石油公司竞相角逐的中心，各派势力在此的博弈更为紧张和激烈。其中，美俄是两个主要的竞争对手。在围绕里海是

① 原丽红．对中美能源博弈的思考［J］．华北电力大学学报：社会科学版，2007（3）：19 – 22.

② 赵殿玉．中美两国能源博弈的研究［J］．经济师，2008（2）：24 – 27.

③ 赵殿玉．中日之间能源战略的博弈［J］．内蒙古煤炭经济，2008（2）：13 – 15.

④ 赵殿玉．中印两国能源战略的博弈［J］．经济师，2008（5）：235 – 237.

⑤ 刘晓玲，刘朝峰．俄美中亚 – 里海能源博弈分析［J］．西伯利亚研究，2006（6）：40 – 42.

"湖"还是"海"、油气开采权，以及油气外运管道走向等问题上它们的争端颇为激烈。但鉴于双方互有优势以及国际势力的争相参与，俄美谁能成为中亚能源市场上的控股者仍然充满变数。丁占文、田立新、杨宏林（2005）[①]引入经济可持续发展能源可承受度概念，建立中央和东西部地区兼顾经济增长及能源可持续发展的博弈模型，分析西部大开发战略中中央、东部和西部能源开发的战略选择，得到能源作为稀缺资源在地区及全国范围内最优配置的相关结论。王克霞（2007）[②]认为，石油逐渐演变为一种政治博弈手段。新时期，中国石油外交问题就是一个复杂的博弈生存问题，其中包括中国、其他石油进口国、石油出口国三者的博弈，也包括中国与其他两者之间的博弈。对于中国的石油外交而言，要想在国际能源博弈中生存，必须在外交方面积极互动，寻找各个不同群体之间的利益平衡点。

总之，开展能源投资，会引起各方投资主体之间的博弈，各方需要在博弈中求生存、求发展。

2.5 本章小结

本章主要在通过分析相关理论的基础上，基于这些理论分析中国与东盟开展能源投资合作。

在区域经济合作的现实条件下，区域经济合作理论不断发展。这不仅反映了区域经济合作实践的要求，而且从来无法摆脱世界经济实践进程和理论发展的影响。从区域经济合作理论的历史发展演变来看，最早成熟的区域经济合作理论是发达国家标准区域经济一体化理论，这一理论以古典贸易理论比较优势论为基础，以关税同盟理论为代表。古典国际区域分工理论、H－O理论都是区域经济合作理论的基础，为国际区域合作理论的提出积累了前提。无论是基于绝对优势，还是基于比较优势，一国开展与其他国家的对外贸易本就是与其他国家开展的区域经济合作。20世纪50年代之后出现了众多的区域经济合作理论。例如，"中心－周边"理论和国际依

① 丁占文，田立新，杨宏林．东西部能源经济系统可持续发展博弈分析［J］．数学的实践与认识，2005（8）：29－35.

② 王克霞．博弈生存：新时期中国石油外交解读［J］．胜利油田党校学报，2007（4）：88－90.

附论则强调该差异产生的历史积累原因和差异加大的趋势，提出改变不合理的国际经济秩序的主张，采取割断不合理交换关系、建立发展中国家内部区域经济合作的方式以避免两极分化的进一步加剧，并认为新国际劳动地域分工理论关于发展中国家与发达国家经济联系的论述实际上反映了发展中国家对发达国家新的依附。克鲁格曼的新经济地理模型主要是围绕经济活动的空间聚集这一核心内容来探讨，并有效解释了现代区域经济合作产生的原因和增长模式。布鲁克菲尔德提出的区域发展的相互依赖理论，指出了中心国与外围国之间的相互依赖。

在国际直接投资理论中，马克思主义经典作家对资本国际流动本质进行了研究。西方国家的国际直接投资理论，从早期来看，主要包括纳克斯的理论和麦克道格尔和肯普的理论；主流的国际直接投资理论主要包括垄断优势理论、内部化理论、产品生命周期理论、比较优势理论和国际生产折中理论；发展中国家国际直接投资理论主要包括小规模技术理论、技术地方化理论、技术创新产业升级理论和投资发展周期理论；国际直接投资理论的最新发展主要包括动态比较优势理论、投资诱发要素组合理论和竞争优势理论。国际直接投资理论的出现和发展，为全球各国开展国际直接投资奠定了坚实的理论基础。

开展对外直接投资，必将产生投资效应问题。对这一问题的研究，金德尔伯格（1966）借鉴瓦伊纳的“贸易创造”和“贸易转移”概念，从静态的角度提出了区域经济一体化对 FDI 产生的两种效应，即“投资创造”效应和“投资转移”效应。后续学者在金德尔伯格研究的基础上，通过建立各种模型，进一步对投资效应问题展开深入研究。20 世纪八九十年代之后，国外众多学者对投资效应问题进行了深入研究，这些研究集中于关注自由贸易区，认为区域经济一体化有助于带动资本流动，促进外资流入。国内学者研究投资效应问题主要是以中国 - 东盟自由贸易区为研究背景。

能源领域的投资合作已经成为各方争相合作的焦点。开展能源投资，会引起各方投资主体之间的博弈，国内学者对这一问题进行了比较深入的研究。尤其是对能源投资博弈问题，研究了伊朗、美国、日本和印度能源投资博弈。近年来，世界各国均将新能源技术的研发与推广放在重要的战略地位，相继出台各种扶持鼓励政策，国际清洁能源投资也呈现总体快速增长的态势，新能源的发展将成为未来能源领域的重要方向。

总之，无论是区域经济合作理论、国际直接投资理论，还是关于投资效应问题和能源投资博弈问题的研究，均为中国与东盟开展能源投资提供了重要启示。中国开展对东盟的能源投资，不仅要求中国能源投资企业要有一定的优势，注重技术水平的提升，同时也要考虑影响能源投资合作的各种因素。

3 中国能源投资“引进来”与“走出去”战略

“近几年我国能源产业发展迅速，中国能源企业尤其是国企资金相对充裕，在当前全球经济低迷的环境下，海外收购成本较低，因而企业海外能源投资的积极性较高，政府从能源战略的角度考虑也乐见其成。”

“从国家层面来讲，未来在海外投资过程中，除了考虑营利性，也会更加关注能源战略和安全。”

——《北京商报》2012 年 10 月 16 日

国际投资又称为对外投资或海外投资，是指跨国公司等国际投资主体，将其拥有的货币资本或产业资本，通过跨国界流动和营运，以实现价值增值的经济行为。20 世纪 80 年代之后，随着科技革命、金融改革和跨国公司全球化经营等多种因素的共同作用，国际投资如火如荼，成为世界经济发展中最为活跃的因素，在经济全球化不断深入的过程中，国际投资发挥着日趋重要的作用。具体来看，参与国际投资活动的资本形式越来越多样化，参与国际投资活动的主体也越来越多元化。可以说，国际投资规模全球化、投资结构知识化、投资地区集中化和投资形式联盟化是国际投资最为明显的特征。

在国际投资中，按照以投资经营权有无为依据，国际投资可以分为国际直接投资和国际间接投资。一国进行对外直接投资时需要考虑成本、市场和要素投入等因素，这是由于生产成本最低的区位是跨国公司所追求的最佳区位。2013 年，全球外国直接投资（FDI）流入量比 2012 年增加 11%，约为 1.46 万亿美元，接近世界经济危机爆发前三年的平均水平。其中，2013 年流向发达国家的 FDI 增长 9%，达到 5660 亿美元，占全球总流量的 39%；流向发展中经济体的FDI再创历史新高，达到7780亿美元，占总流量的54%。此外，1080亿美元流向了转型经济体。在全球吸引FDI最多的20个经济体中，发展中经济体和转型经济体占到了一半。2013年，我国境内投资者共对全球156个国家和地区的5090家境外企业进行了直接投资，累计实现非金融类直接投资901.7亿美元，比2012年增长16.8%。近年来，在我国海外能源扩张明显提速的同时，我国越来越注重能源安全。我国能源产业发展迅速，能源企业尤其是国企的资金相对充裕，在当前全球经济低迷的环境下，海外收购成本较低，企业海外能源投资的积极性较高，政府从能源战略的角度考虑也乐见其成（林伯强，2012）①。我国对外直接投资快速增长，不仅得益于我国良好的经济社会发展状况，而且得益于我国加快实施"走出去"战略步伐。

对我国而言，由于国际直接投资表现出双向性，我国不仅要积极参与对外投资，也要积极吸引和利用外资。吸引和利用外资可以弥补建设资金的不足，推动产业升级和产品换代，引进国际先进的管理经验，增加就业机会和财政收入，并推动经济的国际化进程。本章针对我国能源投资"引进来"与"走出去"战略两个层面进行研究，突出能源投资具有双向性，只有加强实施"引进来"与"走出去"战略，才能保障我国能源安全。

3.1 中国投资"引进来"与"走出去"战略

3.1.1 中国投资"引进来"战略

一般而言，发展中国家引进跨国公司直接投资的政策需要经历三个阶段。第一阶段：制定优惠政策，包括各种财政、金融优惠措施，如税收减免等；第二阶段：各国在吸引外国直接投资中，有针对性地根据本国的要素条件所形成的产业化政策，以及根据政策所确定的产业化目标，选择和吸引外国跨国公司伙伴到本国投资；第三阶段：东道国政府通过一套有效的政策，促进能够与跨国公司建立长期供货关系的关联企业的形成，并进一步使这些企业集聚起来形成一种集聚效应（赤旭，姚睿，2004）②。

---

① 孙丽朝．我国海外能源投资再提速［N］．北京商报，2012-10-16.

② 赤旭，姚睿．我国利用外资政策探析［J］．金融理论与实践，2004（11）：24-26.

改革开放以来，我国为了积极有效地引进外资，促进经济的快速发展，中央政府制定相应政策支持各类特定地区的开放，各地方政府结合本地实际情况发布了一系列关于鼓励外商投资的法律法规和优惠措施。此外，国家就跨国公司投资目标的调整有针对性地对引资政策进行了相应调整。

第一阶段：改革开放之后到1992年市场经济体制改革

回顾我国利用外资的发展历程，我国利用外资的不断扩大得益于两个重要推动力：一是我国对外开放格局的形成和不断扩大；二是我国利用外资的政策支持。

首先，利用外资是我国对外开放的重要组成部分，对外开放促进了外商直接投资在我国的发展。我国利用外资是从经济特区“试验”起步，并逐步全面展开。邓小平同志指出：“特区是个窗口，是技术的窗口、管理的窗口、知识的窗口，也是对外政策的窗口”①。从1979年起，中央政府决定先后设立深圳、珠海、汕头和厦门经济特区，在特区内对外商直接投资实行一些特殊优惠政策。随着外商直接投资的不断增加，沿海地区的对外开放区域也在逐步扩展。1984年，中共中央作出《关于经济体制改革的决定》，并把对外开放和发展对外经济关系提到战略高度，为制定沿海地区外向型经济政策奠定了基础。1984年，国家将14个沿海港口城市和海南岛分别确定为开放城市和开放地区，我国沿海地区的对外开放逐渐形成为南北全线的战略布局；1985年，珠江三角洲、长江三角洲和闽南三角地区又被确定为经济开放区，随后又扩大到山东、辽东两个半岛，从而形成了一个沿海开放地带。随后，为了促进各地区经济协调发展，国家在进一步巩固沿海地区对外开放成果的基础上，相继开放了一批沿边城市、长江沿岸城市和内陆省会城市，由此形成了“经济特区—沿海开放城市—沿海经济开放区—内地”这种多层次、多渠道的对外开放格局，利用外资的区位空间从“点”到“线”不断扩大。

其次，外商直接投资在我国的起步和发展得益于国家大量的政策支持。1978年年底，邓小平同志提出了“部分先富带后富”政策，即让一部分人、一部分地区先富裕起来，逐步达到共同富裕。在这一政策的指引下，我国开始酝酿选择优先开放和发展的地区，并决定把东部沿海地带作为对外开放的

① 中共中央文献编辑委员会．邓小平文选［M］．第三卷．北京：人民出版社，1993.

前沿阵地。1979 年 7 月，全国人大五届二次会议通过并正式公布了《中国人民共和国中外合资经营企业法》，这是中国第一部规范的涉外经济法律，标志着我国利用外资立法的开始，为境外投资者来华投资提供了可靠的法律保障，也为营造良好的外商直接投资环境奠定了基础。1980 年 9 月，全国人大五届三次会议审议通过并公布了《中华人民共和国中外合资经营企业所得税法》，同年 12 月，财政部公布了《中外合资经营企业所得税法实施细则》。1981 年 12 月，全国人大五届四次会议审议通过并公布了《中华人民共和国外国企业所得税法》。1982 年 2 月，财政部公布了税法实施细则。1983 年 9 月，国家颁布了《中华人民共和国中外合资经营企业实施条例》；1985 年，财政部发布了《中外合资经营企业会计制度》，加上《中华人民共和国中外合作经营企业法》《中华人民共和国外资企业法》等相关法律法规，为营造一个良好的外资环境提供了法律保障。1986 年，国务院《关于鼓励外商投资的规定》，各级地方政府在这一《规定》的基础上，结合自身实际情况，颁布各地外商直接投资政策，形成了地方政府的外资政策。这些外资政策中最为显著的特点便是对外资的“优惠政策”。可以说，外资优惠政策与一定的税收优惠政策相配套，在区位空间上由“点”到“线”再到“面”展开，优惠政策在吸引外商直接投资、拉动我国经济增长，以及促进我国改革开放等方面具有积极作用（崔新建，2008）①。

总之，在这一段时期，我国在政策上制定了许多鼓励外资和华侨资本直接投资的优惠政策，并与整个国家的区域发展政策紧密相连。然而，尽管在政策上大力支持，但真正进入我国市场的投资很少。据统计，1979—1991 年我国利用 FDI 累计仅为 233. 5 亿美元。为什么在这一时期我国吸引外资的政策支持力度与效果形成强烈反差？究其原因，我国这一时期技术导向的政策效果不如出口导向明显。一方面，我国以优惠政策鼓励外商投资建立先进技术企业，同时又出台企业级外汇平衡规定，实际上限制了外资在中国境内销售产品，使大部分拥有先进技术的厂商投资缓慢；另一方面，处于产业政策调整时期的中国港澳台地区将大批技术水平较低，并以外销为主的劳动密集型产业投入大陆，这样既享受了优惠政策，又利用了廉价劳动力。许多地方

① 崔新建. 中国利用外资三十年［M］. 北京：中国财政经济出版社，2008.

利用外资指导思想的前瞻性不够，出于眼前利益考虑，认为不会影响引进技术性外资，本该有的政策规范处于“缺位”状态，使此种投资发展很快，并产生示范效应，形成区域聚集，挤压了其他投资（赤旭，姚睿，2004）[①]。可以说，“以市场换技术”的这一抉择并未真正取得效果。

第二阶段：1992—2001 年加入 WTO 之前

1992 年邓小平南巡讲话之后，国内掀起了经济发展的新高潮。1992 年 10 月，党的十四大报告提出了建立社会主义市场经济，破除了发展市场经济的意识形态障碍，结束了姓“资”姓“社”的争论，从理论上扫除了利用外资的障碍，对中国对外开放和利用外资起到了非常重要的作用。我国进一步开放了 6 个沿江港口城市、13 个内陆边境城市和 18 个内陆省会城市，开放政策和引资政策从局部地区推广到全国。我国边境城镇、长江沿岸城市、沿边首府城市和内陆省会城市的对外开放，标志着我国利用外资实现了由“线”到“面”区位空间的推进。1995 年 6 月，我国又颁布了《指导外商投资方向暂行规定》和《外商投资产业指导目录》，以法规形式将吸收外商投资的产业政策公布于众，提高了政策的透明度。为了加大我国中西部地区利用外资的力度，1999 年党的十五届四中全会明确提出了“实施西部大开发战略”，并于 2000 年 6 月发布了《中西部地区外商投资优势产业目录》，对于向中西部地区投资的国外投资者，在进口关税、设立条件、允许进入的行业和所得税减免等方面，给予更加优惠的政策。

在这一阶段，随着对外开放的进一步深入和投资环境的不断改善，我国利用外资产业政策开放度在不断扩大，开始重视产业结构的合理化。据统计，第二产业和第三产业利用外资一升一降，第二产业利用外资所占比重由 1992 年的 60.10% 增加到 2001 年的 77.24%，第三产业利用外资所占比重则由 1992 年的 38.70% 下降到 2001 年的 20.21%，外商直接投资也从以一般加工业为主扩展到基础产业、基础设施和高新技术领域。外商直接投资对我国经济产生了正面效应：一是有利于弥补国内建设资金的不足；二是有利于引进先进技术，促进产业升级；三是有利于吸收先进的企业经营管理经验；四是有利于创造更多的就业机会和增加国家的财税收入；五是有利于促进对外贸

① 赤旭，姚睿．我国利用外资政策探析［J］．金融理论与实践，2004（11）：24－26.

易和对外经济合作的发展；六是有利于社会主义市场经济体制的建立和完善(江泽民，1995)①。

第三阶段：加入WTO后吸引外资进入加速增长阶段

2001年12月11日，我国正式加入WTO，有利于我国在更大范围、更广泛领域内参与国际经济合作与竞争。这一时期，我国利用外资总的指导思想是围绕构建和谐社会的战略目标，全面贯彻科学发展观，提高利用外资质量和水平。随着世界经济的快速发展以及全球经济一体化步伐的加快，我国积极调整了利用外资的指导思想和工作重点，同时对利用外资的法律、领域、方式、税收等政策措施进行了较大幅度的变动，以逐渐同国际投资规则接轨。在政策方面，我国政府陆续出台了一系列鼓励外商投资的新政策。例如，2000年我国修订了《中华人民共和国中外合作经营企业法》和《中华人民共和国外资企业法》，2001年修订《中华人民共和国中外合资经营企业法》，2007年先后通过了《中华人民共和国企业所得税法》《中华人民共和国劳动合同法》《外商投资产业目录》，这些政策的出台标志着我国外资政策进入求量更重质的理性发展阶段。此外，不断加强相关法规的制定，如2007年3月商务部发布的《关于2007年全国吸收外商投资工作指导性意见》，要求提高利用外资质量和水平。自2010年12月1日起，我国统一内外资企业和个人城市维护建设税和教育附加费制度，意味着我国内外资企业税制的全面统一，这一政策并未改变我国积极有效利用外资的目标，保持积极利用外资政策的连续性和稳定性。商务部关于2013年全国吸收外商投资工作的指导意见中指出，在稳定利用外资规模的基础上提高利用外资质量，更好地发挥外商投资对经济持续健康发展的积极作用。具体包括：一是认真学习党的十八大精神，提高对新时期吸收外资的认识；二是着力改善投资环境，增强引资国际竞争力；三是积极稳妥引导外资投向，优化产业结构；四是鼓励外资参与我国创新驱动发展战略，实现引资、引技、引智有机结合；五是把握区域发展重点，引导外资促进区域协调发展；六是加强外商投资管理，完善外商投资科学评价体系；七是充分发挥经济技术开发区载体作用，实现开发区持续健康发展；

---

① 江泽民．总结经验，开创利用外资工作的新局面［M］//李岚清．中国利用外资基础知识，中共中央党校出版社，1995.

八是完善投资促进工作体系，提升招商引资水平。

我国对利用外资进行政策调整，不仅是我国适应国际经济形势发展的需要，跨国公司的行为也对此产生了巨大的影响。跨国公司将自身的组织优势要素（技术、资金、管理、渠道等）与环境要素（外资政策）相结合，实现投资结构进一步优化，并更加注重本地化经营及投资方式的多样化。总之，我国积极利用外资的政策有力促进了我国产业结构的重组和升级，促进了技术在我国的传播，提高了人力资源水平，降低了市场交易成本（赤旭，姚睿，2004）①。

3.1.2 中国投资“走出去”战略的提出与发展

对外直接投资战略，是对外直接投资者在认真分析自身条件、国际投资市场形势、其他对外投资者实力的前提下，依照某种共同原则，制定出科学的投资战略和措施（杨大楷，2004）②。

1. 不同阶段我国对外投资战略

纵观改革开放以来我国经济发展的历程，对外开放一直以来都是主旋律，我国积极融入到世界经济之中。改革开放以来，我国对外开放及利用外资战略发生了两次重大转变：一是“引进来”从“量”到“质”的根本转变；二是由“引进来”向“走出去”的根本转变。“走出去”已经成为我国重要的参与国际经济交往的方式，也是我国对外投资战略的主要类型。

“走出去”是指采取对外投资、对外承包工程和对外劳务合作等多种方式走出国门，以充分利用“两个市场、两种资源”，实现我国经济的可持续发展。党的十七大报告明确指出：“坚持对外开放的基本国策，把‘引进来’和‘走出去’更好地结合起来，扩大开放领域，优化开放结构，提高开放质量，完善内外联动，互利共赢、安全高效的开放型经济体系，形成经济全球化条件下参与国际经济合作和竞争的新优势。”党的十八大报告提出，“加快走出去步伐，增强企业国际化经营能力，培育一批世界水平的跨国公司。这是坚持科学发展的必然选择，是时代的呼唤，更是中国企业的历史使命。”可见，

① 赤旭，姚睿．我国利用外资政策探析［J］．金融理论与实践，2004（11）：24－26.

② 杨大楷．国际投资学［M］．上海：上海财经大学出版社，2004.

“走出去”战略是党中央、国务院根据经济全球化新形势和国民经济发展的内在需要做出的重大决策，是发展开放型经济、全面提高对外开放水平的重大举措，是实现我国经济与社会长远发展、促进与世界各国共同发展的有效途径。我国“走出去”与“引进来”的双向开放格局将向纵深方向发展。具体来看，“走出去”战略的形成和提出可以分为三个阶段。

第一阶段：对外开放思想中的“走出去”战略

作为改革开放的总设计师，邓小平同志深刻总结了我国建设社会主义的历史经验教训，将对外开放提高到社会主义事业兴衰的高度，明确指出了对外开放是我国的一项长期基本国策，科学阐述了对外开放的内涵，提出了对外开放的步骤和发展格局，开创了我国改革开放的全新局面。在十一届三中全会上我党明确提出：“在自力更生基础上，积极发展同世界各国平等互利的经济合作”；“不坚持社会主义，不坚持改革开放，只能是死路一条”。邓小平同志的对外开放思想为我国“走出去”，迈向世界、融入世界奠定了非常好的理论基础。

第二阶段：正式提出“走出去”国家战略

在1992年党的十四大报告中，江泽民同志明确指出，要“积极扩大我国企业的对外投资和跨国经营”。在1997年党的十五大报告中，江泽民同志进一步提出：“更好地利用国内国外两个市场、两种资源，积极参与区域经济合作和全球多边贸易体系，鼓励能够发挥我国比较优势的对外投资”。在1997年党的十五大报告中，江泽民同志进一步指出，“鼓励能够发挥我国比较优势的对外投资，更好地利用国内国外两个市场、两种资源”。同年，在全国外资工作会议上，江泽民同志提出：“我们不仅要积极吸引外国企业到中国来投资办厂，也要积极引导和组织国内有实力的企业走出去，到国外投资办厂，利用当地的市场和资源。‘引进来’和‘走出去’，是我们对外开放方针的两个紧密联系、相互促进的方面，缺一不可”。2000年年初，江泽民同志在向中央政治局通报“三讲”情况的讲话中，在全面总结我国对外开放经验的基础上，首次把“走出去”战略上升到“关系我国发展全局和前途的重大战略之举”的高度。2000年2月，江泽民同志在广东考察工作时指出：“当今世界经济的发展，要求我们必须勇于和善于参与经济全球化的竞争，充分利用好国外和国内两种资源、两个市场。随着我国经济水平的提高和现代化建设的推进，

我们必须加快实施‘走出去’战略。这同西部大开发一样，也是关系我国经济和整个现代化建设发展全局的战略”，“‘走出去’和‘引进来’是对外开放政策相辅相成的两个方面，两者缺一不可。我国加入世界贸易组织后，将会为实施这一战略带来更多的机遇。必须不失时机地‘走出去’，让我们的企业到国际经济舞台上去施展身手。这个战略实施好了，对增强我国经济发展的动力和后劲，促进我国的长远发展，具有极为重大的意义”。2000 年 3 月，江泽民同志在全国人大九届三次会议上将“走出去”战略提高到国家战略层面上来。2002 年，党的十六大进一步提出要“在更大范围、更广领域和更高层次上参与国际经济技术合作和竞争，充分利用国际国内两个市场，优化资源配置，拓展发展空间，以开放促改革促发展”。

第三阶段：加快实施“走出去”战略

2003 年 10 月，党的第十六届三中全会通过的《关于完善社会主义市场几个若干重大问题的决定》指出：“继续实施‘走出去’战略……‘走出去’战略是建成完善的社会主义市场经济体制和更具活力、更加开放的经济体系的战略部署，是适应统筹国内发展和对外开放的要求的，有助于进一步解放和发展生产力，为经济发展和社会全面进步注入强大动力”。2004 年，党的十六届中央委员会第四次会议通过了《中共中央加强党的执政能力建设的决定》，指出要坚持“引进来”与“走出去”相结合，利用好国际、国内两个市场和两种资源，注重发挥我国的比较优势。胡锦涛主席进一步指出，“要积极鼓励和支持有条件的企业‘走出去’，更多更好地利用国外资源和国际市场，要进一步完善相关政策法规，加强对境外投资的统筹协调，改善服务和监管，务求实效”。“要积极稳妥地实施‘走出去’战略，在取得实效上下工夫。这既是新形势下充分利用两个市场、两种资源的重要途径，也是扩大国际经济技术合作、提高企业竞争力的重大举措。”此外，温家宝总理在 2005 年的政府工作报告中提出：“要进一步实施‘走出去’战略。鼓励有条件的企业对外投资和跨国经营，加大信贷、保险外汇等支持力度，加强对‘走出去’企业的引导和协调。”2013 年，国家主席习近平同志指出，“十二五”时期，我国将按照互利共赢的开放战略，进一步推动更多中资企业“走出去”。推动更多有实力的企业“走出去”，既是加快我国经济发展方式转变和经济结构调整的迫切需要，也是坚持互利共赢的开放战略、创造参与国际经济合作和竞争新优势的必然选择。

总之，我国"走出去"战略的提出和形成经历了三个重要时期，第一个时期是孕育了基本思想，第二个时期是正式提出，第三个时期是加快实施。实施"走出去"战略，不仅对我国企业甚至对我国整体都具有非常重要的影响。对企业来说，有利于开辟国外市场，寻求新的发展空间；有利于获取短缺资源，保证国内供应；有利于提高技术水平，提升研发和竞争能力。对于国家来说，有利于规避贸易壁垒，扩大出口；有利于促进国内产业结构调整；有利于拉动国内就业。

2. 我国对外投资战略的特点

首先，我国对外投资依靠强大的国内支持。无论是市场寻求型的海外投资、增值资产寻求型的海外投资还是资源型的海外投资，国内市场竞争的加剧，国内市场资源的限制和政府的大力推动等成为我国对外投资的重要推动力。其中，政府对我国对外投资的推动力非常大。例如，1998 年以前我国对企业对外投资采取严格监管和限制的政策，少部分支持性政策也只有大型国有企业能够享受。1998 年后，政府明确提出"走出去"战略，自 2001 年加入 WTO 以后，对外投资进入一个快速发展阶段。

其次，我国对外投资表现出明显的跳跃性。发达国家的发展经验表明，发达国家跨国公司的对外投资按照循序渐进、先易后难、由近及远的发展路线迈进。我国对外投资发展迅速，企业在国外市场还未累积足够经验就开始大范围并购，并且发达国家越来越多地成为我国企业的目标市场，我国对外投资整体呈现"难易结合，远近结合的跳跃式发展"。

最后，我国对外投资仍处于初期阶段，面临众多挑战。在我国对外投资中，市场寻求型和资源寻求型投资仍是我国企业对外投资的主要类型。我国自开始确立"走出去"战略仅有十多年时间，与发达国家相比，对外投资仍处于初期阶段。发达国家跨国公司对外投资的优势主要来自垄断优势，在这方面我国企业对外投资的优势比较欠缺，因而我国企业海外投资的竞争力存在巨大挑战。

3.1.3 中国作为对外投资大国时代的到来

目前，我国作为对外投资大国的时代已经到来，这主要归因于我国国内良好的宏观环境，国际宏观经济形势的发展现状，人民币升值以及政策保障支持等。

首先，国际经济形势严峻，国际经济低迷。2008 年的国际金融危机，对世界各国经济发展产生了重大影响。国际金融危机的阴影尚存，在后金融危机时代，世界经济表现出的最明显特征便是世界经济低迷不振，而欧洲债务危机更是雪上加霜。究其原因，世界经济低迷不振存在三大根源（刘忠良，2012）①：一是低生育率摧毁发达世界经济增长根基。低生育率导致最具生产创造活力和最具消费活力的年轻人口减少，劳动力供给不足，科技进步和创新能力下降，投资与消费低迷不振，最终导致经济低迷。二是治理不佳埋没发展中国家经济增长潜力。发展中国家治理不佳，根源于制度和腐败，降低了发展中国家经济增长要素活力的释放，由于其行政限制过多和腐败，极大限制了其劳动力和投资对经济发展贡献的释放。三是贫富差距撕裂世界经济健康运转。近年来，无论是发展中国家还是发达国家，贫富差距持续拉大，甚至一些国家近几十年来贫富差距一直在拉大。贫富差距过大，会不可避免地产生大量事实上的机会不均等和社会不公正。同时，贫富差距过大也是机会不均等和社会不公正的结果，因而贫富差距过大会恶性循环。贫富差距降低社会发展的能力、发展的潜力和整体可到达的富裕程度，这在拉美国家表现最为明显。与其他国家相比，我国经济增长仍然保持比较良好的形势，通过加大对外投资，能够拉动其他国家的经济增长，尽早摆脱金融危机的影响，恢复世界经济的活力。

其次，国内良好的宏观经济形势，有助于更多的企业“走出去”。当前，在世界经济形势依然严峻的大环境下，我国经济形势仍保持着良好的运行态势。经济运行质量继续提高，GDP 稳定增长，外需依赖度减弱，国际收支状况良好，货币供应量增长适当，国内市场销售比较活跃，固定资产投资增长加快，城乡居民收入继续增长。党的十八大报告提出，“全面提高开放型经济水平，强调适应经济全球化新形势，必须实行更加积极主动的开放战略，完善互利共赢、多元平衡、安全高效的开放型经济体系。”我国坚持扩大内需与稳定外需相结合，充分利用两个市场、两种资源，积极应对国际金融危机带

---

① 刘忠良．世界经济低迷不振的三大真正根源［N］．深圳商报，2012－07－06.

来的冲击与挑战，继续推进对外开放，全面参与经济全球化进程，对外经济合作步伐明显加快，开放环境日趋优化，国际地位和国际影响力得到明显提高。我国将继续加大对外直接投资，这有助于我国成为对外投资大国时代的到来。

再次，人民币升值有助于我国对外直接投资。2005 年 7 月，我国进行了人民币汇率制度改革。自 2005 年 7 月 21 日起，我国开始实行以市场供求为基础、参考一篮子货币进行调节、有管理的浮动汇率制度。人民币汇率制度更加富有弹性，人民币升值不断加快。2005 年 7 月 21 日，人民币汇率为 1 美元兑 8. 11 元人民币，2013 年 6 月 3 日，人民币汇率为 1 美元兑 6. 1323 元人民币。人民币升值有助于我国积极开展对外投资，民营企业对外投资的规模、领域不断拓宽，有目的地进行全球价值链分工体系构建和整合。人民币升值有利于我国企业降低对外投资成本，提高以人民币计算的投资赢利，促进进出口贸易结构升级，有利于企业走出国门，进军国际市场（姜崴，2012）①。目前，我国对外投资已遍布全球 178 个国家，涵盖农业、工业、服务业和高新技术产业等多个领域，投资存量接近 4000 亿美元，跃居全球对外直接投资国家的第五位。其中，对外投资领域中的矿业、能源、金融和制造业，合计占我国企业对外投资的近 90%。对外投资在规模迅速扩大的同时，投资水平也在不断提高。

最后，我国开展对外直接投资具有政策保障。我国积极鼓励有比较优势的各类所有制企业开展对外直接投资和跨国经营，推动有实力的国内企业通过对外投资不断发展壮大。2004 年国务院做出关于投资体制改革的决定，2006 年七部委下发《境外投资产业指导政策》，2007 年国务院下发《关于鼓励和规范企业对外投资合作的意见》，2013 年商务部和环境保护部联合下发《对外投资合作环境保护指南》（商合函〔2013〕74 号），用于指导我国企业在对外投资合作中进一步规范环境保护行为，引导企业积极履行环境保护社会责任，推动对外投资合作可持续发展《对外投资合作环境保护指南》。一系列重大决定为我国对外直接投资打开了大门，各种鼓励和支持政策也接踵而来。我国鼓励和促进企业对外直接投资的具体政策措施大致可以分为四类：

---

① 姜崴. 人民币升值对我国对外直接投资的影响及对策［J］. 商业经济，2012（1）：1 – 2.

信息和技术支持、财政金融支持、投资保险与双边或多边投资保护、税收保护。通过制定政策和措施，增强我国企业的国际竞争力，维护和扩大国际市场份额，促进国民经济持续快速发展。同时，获取国外各种资源和原材料，保障本国经济发展急需的战略资源的安全供应，加强同其他国家的经济技术合作和文化交流，通过对外直接投资维护国家的整体利益，为本国经济发展提供良好外部环境。

3.2 中国能源投资战略

3.2.1 中国能源投资“引进来”战略

《能源发展“十二五”规划》指出：“坚持引资引智与能源产业发展相结合，优化利用外资结构，引导外资投向能源领域战略性新兴产业，带动先进技术、管理经验和高素质人才的引进。鼓励外资参与内陆复杂油气田、深海油气田风险勘探。在四川、鄂尔多斯等页岩气资源富集盆地选择勘探开发合作区，建设先导性示范工程。鼓励与石油资源国在境内合作建设炼化和储运设施。鼓励开展煤炭安全、高效、绿色开采合作。借鉴国际能源管理先进经验，加强与主要国家和国际机构在战略规划、政策法规和标准、节能提效等方面的交流合作。”

目前，我国能源实施“引进来”战略的重点在于新能源的开发和利用。新能源又称为非常规能源，是指传统能源之外的各种能源形式，是刚开始开发利用或正在积极研究、有待推广的能源，如太阳能、地热能、风能、海洋能、生物质能和核聚变能等。据 2014 年 7 月 8 日 BP（英国石油）发布的《世界能源统计年鉴 2014》显示，2013 年我国仍然是世界上最大的能源消费国，占全球消费量的 22.4%。作为能源消耗大国，我国以传统能源消耗为主，煤炭消费、石油消费和天然气消费三者之和占能源消费总量的 90% 以上。我国煤炭消费占能源消费总量的 67%，占全球煤炭消费量的 40%，且仍以年均 5% 的速度增长。与此相反，我国可再生能源占能源消费的比重不足 10%，且存在严重的弃风、弃水问题。为了解决我国能源消费的现实问题，大力发展新能源已经成为我国能源领域发展的必然选择。

1. 我国新能源政策演进

《中国的能源政策2012白皮书》指出，中国能源政策的基本内容是：坚持“节约优先、立足国内、多元发展、保护环境、科技创新、深化改革、国际合作、改善民生”的能源发展方针，推进能源生产和利用方式变革，构建安全、稳定、经济、清洁的现代能源产业体系，努力以能源的可持续发展支撑经济社会的可持续发展。具体来看，我国积极制定了政策措施支持新能源及其产业发展。

1995年1月，国家计委、国家科委、国家经贸委制定的《1996—2010年新能源和可再生能源发展纲要》，明确了要按照社会主义市场经济的要求，加快新能源和可再生能源的发展和产业建设步伐。2000年8月，国家经贸委资源节约与综合利用司颁布的《2000—2015年新能源和可再生能源产业发展规划》，系统分析了我国新能源和可再生能源产业化发展的基础、市场开发的潜力、预期效益、制约因素和存在的问题。2002年6月，《中华人民共和国清洁生产促进法》提出了清洁生产的概念。清洁生产是指不断采取改进设计、使用清洁的能源和原料、采用先进的工艺技术与设备、改善管理、综合利用等措施，从源头削减污染，提高资源利用效率，减少或者避免生产、服务和产品使用过程中污染物的产生和排放，以减轻或者消除对人类健康和环境的危害，同时制定了财税激励措施和清洁或不清洁生产的产品目录及标准。2007年10月，《中华人民共和国节约能源法（修正案）》提出：完善节能的基本制度，体现市场调节与政府管理的有机结合，增强法律的针对性和可操作性，健全节能标准体系和监管制度，加大政策激励力度。2009年8月，《可再生能源法修正案（草案）》进行了重要修改：中国的可再生能源发电将全面获得政府财政补贴，可再生能源发电的上网电价管理也将进一步完善。国家设立政府基金性质的可再生能源发展基金，来源为国家财政年度安排专项资金和征收的可再生能源电价附加等。草案还对可再生能源发电全额保障性收购制度进行了细化：要求国家有关部门制定全国可再生能源发电量的年度收购指标和实施计划，确定并公布对电网企业应达到的全额保障性收购可再生能源发电量的最低限额指标，电网企业应该收购不低于最低限额指标的可再生能源并网发电项目的上网电量。2009年出台了《中国新能源产业振兴规划》，并且明确提出了新能源的战略定位：2010年前后，争取新能源消费占能源消费的10%左右，战略定位补充能源；2020 年前后，新能源消费占能源消费的 15%，战略定位替代能源；2030 年前后，新能源消费占能源消费的 25%，战略定位主流能源；2050 年前后，新能源消费占能源消费的 40%，战略定位主导能源。

在一系列国家政策的支持下，我国新能源发展取得了巨大成就。国家能源局发布的最新数据显示，截至 2012 年年底，我国已成为世界第一能源生产大国。2013 年，我国新增绿色发电装机比重大幅上升，发电装机容量首次跃居世界首位。2013 年我国基建新增发电设备容量达到 9400 万千瓦，比 2012 年增加 1085 万千瓦。其中，新增可再生能源装机容量 5600 万千瓦，占总新增装机的比重提高至 60%，比 2012 年提高 21 个百分点。截至 2013 年年底，我国全口径装机容量为 12.5 亿千瓦，首次跃居世界首位。其中，可再生能源发电 3.8 亿千瓦，占全国总发电装机比重达到 30.5%。在水电方面，2013 年我国水电新增装机容量达到 2993 万千瓦，比 2012 年增加 1676 万千瓦，增长 78.6%。截至 2013 年年底，全国全口径水电装机容量达到 2.8 亿千瓦，比 2012 年增长 12.3%；全年全国全口径水电发电量为 8963 亿千瓦·时，比 2012 年增长 5.0%；全年水电设备利用小时 3318 小时，比 2012 年降低 273 小时。在风电方面，我国风电发电量保持高速增长，风电设备利用小时明显提高。2013 年我国风电完成投资 631 亿元，比 2012 年增长 3.9%；并网风电新增装机容量 1406 万千瓦，比 2012 年增加 110 万千瓦。截至 2013 年年底，全国并网风电装机容量 7548 万千瓦，比 2012 年增长 24.5%，全年并网风电发电量 1401 亿千瓦·时，比 2012 年增长 36.3%。2013 年，在多方共同努力下，我国风电“弃风”问题得到明显改善，全年风电设备利用小时达到 2080 小时，比 2012 年提高了 151 小时。在太阳能方面，我国并网太阳能发电装机迅猛增长。2013 年，国务院及各部门密集出台了一系列扶持国内太阳能发电产业发展政策，极大地促进了我国太阳能发电发展。全年共新增并网太阳能发电装机 1130 万千瓦，比 2012 年增长 953.2%，截至 2013 年年底，我国并网太阳能发电装机容量达到 1479 万千瓦，比 2012 年增长 335.0%。全年并网太阳能发电量为 87 亿千瓦时，比 2012 年增长 143.0%。

2. 我国新能源“引进来”战略

国务院批准的《外商投资产业指导目录（2011 年修订）》，已于 2012 年 1 月 30 日起正式施行。新《外商投资产业指导目录》积极培育战略性新兴产业，鼓励外商投资节能环保、新一代信息技术、生物、高端装备制造、新能源、新材料、新能源汽车等战略性新兴产业。在政策的支持下，我国积极实施新能源“引进来”战略。

根据联合国环境规划署 2014 年发布的《2014 年全球可再生能源投资趋势》显示，2013 年全球在可再生能源方面的投资由 2012 年的 2495 亿下降至 2144 亿，下降幅度为 14%，但可再生能源的市场份额稳步上升，除大型水力发电项目外，其市场份额占新装发电量的 43.6%，占全球发电总量的份额从 2012 年的 7.8% 上升至 8.5%。同时，2013 年全球发电行业因使用可再生能源而减少了约为 1200 兆吨（1.2gigatonnes）的二氧化碳排放量。

目前，我国新能源产业利用外资规模不断扩大。安永公司在 2010 年 9 月发布的《可再生能源国家吸引力数据》显示，中国已经取代美国，成为最有吸引力的可再生能源项目投资地。2013 年，我国在可再生能源方面的投资首次超过欧洲，达 560 亿美元，欧洲为 480 亿美元。美国、印度和巴西在可再生能源方面的投资分别为 360 亿、60 亿和 30 亿美元。我国的新能源产业已经具备大规模利用外资的现实基础，随着新能源产业的不断发展，我国利用外资规模日益扩大。目前，我国已经同 30 多个国家和地区在新能源合作等方面签署双边协议。2005—2011 年我国新能源产业利用外资项目达到 105 个，总金额约为 250 亿美元。在新能源汽车领域，国外发达国家先进汽车生产厂商纷纷在我国进行投资。例如，北京新能源汽车设计制造产业基地落户福田汽车昌平厂区，该基地拥有与世界同步的三大绿色能源技术——清洁能源、替代能源和新能源技术，并已建成混合动力、纯电动、氢燃料和高效节能发动机四大核心设计制造工程中心，成为目前国内规模最大、品种最全的新能源汽车设计制造基地。然而，与发达国家相比，目前我国新能源平均技术水平偏低、利用成本较高，产品竞争力弱，直接影响到产业的规模化推广。因此，实施新能源“引进来”战略就显得非常重要。

3.2.2 中国能源投资“走出去”战略

1. 能源对外投资历程

长期以来，我国能源对外直接投资推行多元化战略。从投资主体来看，中国石油天然气集团公司、中国石油化工股份有限公司和中国海洋石油总公司是我国能源海外投资的主体。近年来，在国有企业对外投资快速发展的同时，股份制企业、民营企业的对外投资增势强劲。从投资类型来看，由于我国石油缺乏，能源对外直接投资的重点在于石油。1993 年，我国首次成为石油净进口国，当年的石油对外依存度仅为 6%；2009 年我国石油对外依存度超过 50% 的警戒线；2013 年我国石油对外依存度达到 58.1%①。从投资地区来看，经过多年对外投资经验积累，我国能源对外直接投资从局部零星投资到全球化地区布局，我国海外能源与资源投资地区分布呈现多元化、全球化的发展格局。目前，我国海外石油开采分布在西亚－北非、南美、东南亚、中亚－俄罗斯四大重点区域。

在 20 世纪 90 年代初，我国政府明确表示，将在能源与资源领域实施“两种资源两个市场”的政策，鼓励企业通过海外投资获取石油、金属矿产等重要战略资源。1993—1997 年，我国能源对外投资处于探索起步阶段。1993 年 3 月 5 日，我国在泰国邦亚区块获得石油开发作业权，这是我国石油公司首次在海外获得油田开发权益。1993 年 7 月 15 日，中石油在加拿大获得的北瑞宁油田生产出中国石油工业史上第一桶海外油，揭开了我国石油企业进军海外投资的序幕。在这一阶段，由于国家大型跨国石油公司牢牢控制富油区经营，我国石油企业的跨国经营之路充满艰辛，但我国石油海外开拓过程中却不断积累经验，学习跨国经营的管理之道。1997—2006 年，我国能源对外投资进入稳步发展阶段。在这一阶段，我国石油企业主要通过经营好现有海外项目，进一步积累经验和培养人才，规范海外项目和分支机构的管理制度和管理模式，为更大规模扩张阶段的到来奠定基础。同时，我国石油企业越来越倾向采取参股或收购的方式获取海外石油资源，在国际石油资源竞争中越来越显示出积极主动的姿态。2006 年之后，我国石油企业进入规模快速扩张阶段。我国政府加大了对石油企业海外经营的支持力度，石油企业积极实施海外经营战略，对外扩张速度明显加快。中国能源资源企业海外投资活动引起了非常广泛的国际关注：三大石油公司频繁参与国际石油市场并购，参与并购的资金数量逐年放大，我国石油公司在海外石油的权益日产量总规模迅速扩大。经过多年的发展，我国石油企业全面进入了国际化发展阶段。

---

① 2013 年的数据来源于中国石油集团经济技术研究院编撰的《2013 年国内外油气行业发展报告》。

2. 三大石油公司对外直接投资

从中国石油来看，自1993年实施"走出去"以来，中国石油海外油气合作从秘鲁项目起步，到早期获得苏丹、哈萨克斯坦和委内瑞拉的一批规模项目，实现了从无到有、从小到大的跨越式发展。其中，中亚-俄罗斯、非洲、中东、美洲和亚太这五大海外油气合作区初步建成，西北、东北、西南和海上引进境外资源的四大油气战略通道建设快速推进，亚洲、欧洲和美洲三大油气运营中心初具规模，油气投资业务与工程技术等服务保障业务一体化协调发展的格局已经形成，国际业务进入规模发展的新阶段。2011年中国石油海外油气作业产量当量超过1亿吨、权益产量达到5170万吨。2012年上半年，中石油生产原油4.524亿桶，同比增长1.5%，生产可销售天然气12924亿立方英尺，同比增长9%，油气总产量达6.679亿桶油当量，同比增长3.8%。勘探与生产业务板块实现经营利润1137.92亿元，同比增长9.7%。中石油海外业务实现油气净产量6245万桶油当量，同比增长0.9%，占公司总产量的9.4%。中国石油坚持"互利共赢、共同发展"，构建和谐环境，发挥中国石油人才、技术、资金和低成本的比较优势，增强国际竞争力。

从中国石化来看，2012年中国石化集团国际石油勘探开发公司[①]累计完成权益油产量2355万吨。自2001年1月成立以来，国勘公司海外权益油产量累计突破1亿吨。国勘公司坚持以资源为基础，以效益为目标，加快开拓海外油气资源市场步伐，不断加大"走出去"力度，海外上游业务实现了跨越式发展，海外油气勘探开发投资和生产经营都取得较好成绩。海外项目数量、权益油气储产量连年大幅增长，初步形成了非洲、北美、南美、中亚、中东和亚太6个海外油气生产基地，呈现出油气并举、海陆兼顾、常规和非常规油气资源同时发展、资源接替序列逐步清晰的良好局面。

从中海油来看，2012年，中海油销售公司销售收入首次突破千亿元大关，达1016亿元，全年销售量达1427万吨[②]。在海外并购方面，中国企业成为全球油气资产收购的最大买方。2012年中企累计并购交易金额340亿美元，创

---

① 中国石化集团国际石油勘探开发公司是中国石化集团的全资子公司，代表中国石化集团统一对外进行上游油气合作，是中国石化集团海外油气勘探开发投资与经营作业一体化的战略经营单位，是中国石化集团从事上游海外投资经营的唯一专业化公司。

② 资料来源于2013年2月1日的中国海洋石油报。

历史新高。其中，中海洋石油海外并购金额214亿美元，是并购规模最大的中国公司[①]。早在2006年年初，中国海油初步完成了海外战略布局。公司海外油气资产广泛分布于澳大利亚、东南亚、西非等地，海外权益探明可采储量达15.85亿桶油当量，海外风险勘探区块面积近40万平方千米。至今，中海油海外作业区域已经延伸到了东南亚、大洋洲、中东等海外地区。2012年，中海油收购尼克森，价值194亿美元的中国企业迄今最大海外收购，迈过了最重要的一关，标志着中加两国互利共赢迈出重要一步。

三大石油公司对外投资事件，具体如表3-1所示。实际上，我国能源企业对外投资的快速发展离不开国家不断加强的政策支持力度。国家出台了多项措施支持中国企业进行海外并购，进一步落实能源企业“走出去”战略。例如，2004年7月颁布的《国务院关于投资体制改革的决定》，奠定了中国对外直接投资政策体系转型的基础。此后，国务院及发改委、商务部等部门先后出台了各种政策继续鼓励企业进行海外投资，包括大幅放宽对境外投资的各级审批权限、确定海外投资产业指导目录、提供融资支持等（张金杰，2013）[②]。2011年9月，商务部会同国家发改委、外交部正式发布了《对外投资国别产业指引（2011年）》，涉及115个国家，重点介绍了这些国家的主要产业发展目标、优先发展产业领域、对外资行业准入规定等内容，为我国能源企业对外投资提供了参考和指引。

表3-1　　2008年以来我国能源企业对外投资事件

企业	并购/投资事件	交易总金额	投资收益	时间（年）
中石油	与英国石油组成联合竞标体，与伊拉克政府签订协议开发该国鲁迈拉油田	两家公司将投资150亿美元	这座伊拉克最大油田将进入实际开发阶段；将获得超出合同规定日产量部分每桶两美元的服务费	2009
中石油	购买加拿大阿萨巴斯卡油砂公司麦凯河和多佛两个油砂项目60%的股份	19亿加元，约合17亿美元	加拿大艾伯塔省拥有世界上85%的油砂资源，折算为石油储量仅次于沙特阿拉伯，居世界第二位。油砂可提炼加工为常规石油产品	2009

① 数据来源于2013年1月31日的京华时报。

② 张金杰．中国能源与资源对外投资［J］．中国金融，2013（1）：53-55.

续 表

企业	并购/投资事件	交易总金额	投资收益	时间（年）
中石油	与法国道达尔、马来西亚国家石油公司组成竞标团，获得伊拉克哈勒法耶石油项目合同	该石油项目合同服务费用为每桶1.4美元	哈勒法耶油田原油储量预计达41亿桶。此次竞标获该大型油田20年开发作业权，中石油占50%股权，道达尔和马来西亚国际石油公司各占25%	2010
中石油	中国石油收购英力士集团欧洲炼油业务	中国石油已支付10.15亿美元现金收购合资公司中的股份	合资公司主要涉及位于苏格兰格兰杰莫斯（Grangemouth）和位于法国拉瓦莱（Lavéra）的炼油厂的贸易和炼油业务，合资公司相关业务雇用员工约1000名，年营业额约150亿美元	2011
中石油	中国石油与国际能源公司联合开发加拿大液化天然气项目	项目一期由两个液化天然气处理装置组成，每个装置年处理能力为600万吨	联合开发在加拿大不列颠哥伦比亚省凯提马特建厂出口液化天然气的项目计划，中石油拥有20%的权益	2012
中石油	中国石油收购卡塔尔海上区块石油勘探开发权益	收购法国苏伊士环能集团卡塔尔海上第4区块40%石油勘探开发权益	收购法国苏伊士环能集团卡塔尔海上第4区块40%石油勘探开发权益	2012
中海油	收购挪威海上钻探公司Awilco海上公司	127亿挪威克朗，约合24.9亿美元	中海油公司急需挪威Awilco公司的高规格钻机和海上钻井的切削刃直接切削井底地层工艺，以组建世界上第八大海上钻井船队	2008
中海油	收购挪威国家石油公司在美国墨西哥湾勘探区块的部分权益	约1亿美元	获得核心油气资产或权益	2009

续 表

企业	并购/投资事件	交易总金额	投资收益	时间（年）
中海油	与卡塔尔石油公司签署“卡塔尔海上BC区块勘探与产品分成协议”	约1亿美元	该协议期限长达25年，首期5年为勘探期，中海油获准在卡塔尔东部海域BC区块共5649平方千米区域进行勘探作业	2009
中海油	购买英国图洛石油公司在乌干达的石油资产股权	25亿美元	乌干达艾伯特湖地区石油储量约为10亿桶	2010
中海油	中国海洋石油有限公司完成对加拿大油砂生产商OPTI的收购	交易总价约为21亿美元	OPTI成为中海油的间接全资附属公司。全部第二留置权票据将直接或间接地转让或让与至中海油的一家附属公司	2011
中海油	中海油收购尼克森	每股27.50美元价格现金，收购金总额达151亿美元	100%权益	2012
中石化	收购瑞士Addax石油公司	83.3亿加元，约合75.6亿美元	获得Addax在伊拉克库尔德等地区的核心油气资产，海外权益原油量每年因此增加约700万吨，原油总产量增加16.7万吨	2009
中石化	收购加拿大Tanganyika石油公司	20.7亿加元，约合136亿人民币	目标公司的海外权益量，将为中石化实施全球一体化运作增加资产优势	2009
中石化	收购英国上市公司埃莫拉尔德100%权益	5.321亿英镑，折合8.32亿美元	目标公司核心资产权益内可采储量为1亿桶，具有勘探潜力资源量约10亿桶，并可进一步优化中化集团油气储量结构	2009
中石化	收购葡萄牙石油巨头Galp能源公司	总资金注入约51.8亿美元	通过认购增发股份和债权的方式，获得Galp巴西公司及对应的荷兰服务公司30%的股权	2011

续 表

企业	并购/投资事件	交易总金额	投资收益	时间（年）
中石化	收购加拿大塔利斯曼能源公司英国子公司	15 亿美元交易价格	获得加拿大塔利斯曼能源公司英国子公司 49% 股份项目	2012

注：油砂项目属于资本密集型长期投资项目，在传统资本市场很难获得充分融资，2011 年之后的数据来源于相应公司的网站，其余数据来源于 2010 年 1 月 6 日《中国石化报》。

3.2.3 中国能源对外投资区域的战略选择

在“十一五”期间，我国能源投资快速增长，从 1 万亿元增加到近 2 万亿元，年均增长 17.5%。而煤炭采选、油气开采、电力和煤气供应、石油加工和炼焦投资占能源投资的比重分别为 15.69%、14.33%、60.53% 和 9.45%。我国由煤炭净出口国变为净进口国，其累计进口量达 42013 万吨；我国原油进口量从 2005 年的 1.27 亿吨增加到 2010 年的 2.39 亿吨，对外依存度接近 55%①。2013 年我国能源工业固定资产投资合计 2.9081 万亿元，比 2012 年增长 14%。其中，煤炭采选业负增长 2%；燃气生产和供应业发展最快，增长率为 37.4%。石油投资重点继续围绕上游勘探开发进行；管输能力进一步完善，成品油和原油管道合计近 4 万千米；炼油能力首次突破 6 亿吨/年，位居世界第二；储气库建设进入高峰期，新增储气量 112 亿立方米，天然气干线支干线新增 5700 千米，液化天然气接收能力新增 920 万吨/年②。在我国能源对外投资中，石油是能源对外投资的重点。我国石油企业对外直接投资区域战略就是全面推进在各产油区域的投资，并明确区域内重点投资国家（刘宏杰，2010）③。

从全球石油分布来看，全球石油可采储量的 38% 分布于中东地区；17.3% 和 16.5% 分布于苏联和北美地区；欧洲地区最少，不足 4%。全球有待发现的经济可采石油资源，也主要分布于中东地区，所占比例约为 30.5%；其次分布在俄罗斯、北美、中南美洲和非洲地区，均在 10% 以上；而亚太和

① 数据来源于《中国能源发展报告 2011》。

② 数据来源于《中国能源发展报告 2014》。

③ 刘宏杰. 中国能源（石油）对外直接投资研究［M］. 北京：人民出版社，2010.

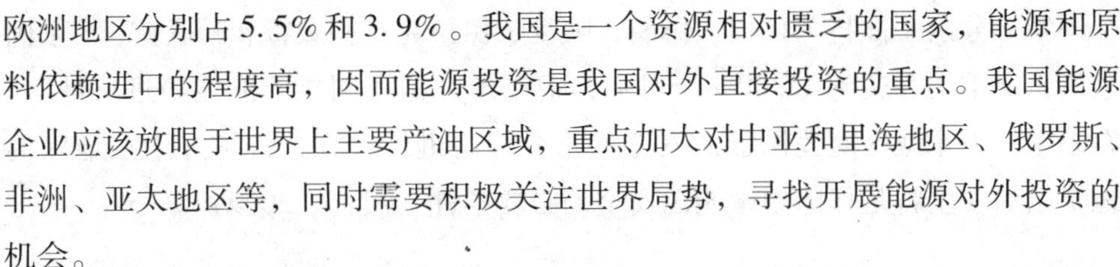

欧洲地区分别占5.5%和3.9%。我国是一个资源相对匮乏的国家，能源和原料依赖进口的程度高，因而能源投资是我国对外直接投资的重点。我国能源企业应该放眼于世界上主要产油区域，重点加大对中亚和里海地区、俄罗斯、非洲、亚太地区等，同时需要积极关注世界局势，寻找开展能源对外投资的机会。

3.2.3.1　继续加强对中东地区能源投资合作

“中东”是指地中海东部与南部区域，从地中海东部到波斯湾的大片地区，“中东”地理上也是非洲与欧亚大陆的亚区。中东是三洲五海之地，其处在联系亚洲、欧洲和非洲三大洲，沟通大西洋和印度洋的枢纽地位。

中东地区地处欧、亚、非三洲的枢纽位置，原油资源非常丰富，被誉为“世界油库”。据美国《油气杂志》2006年的数据显示，世界原油探明储量为1804.9亿吨。其中，中东地区的原油探明储量为1012.7亿吨，约占世界总储量的2/3。在世界原油储量排名的前十位中，中东国家占了五位，依次是沙特阿拉伯、伊朗、伊拉克、科威特和阿联酋。其中，沙特阿拉伯已探明的储量为355.9亿吨，居世界首位。伊拉克已探明的石油储量从先前的115.0亿桶升至143.1亿桶，跃居全球第二。伊朗已探明的原油储量为186.7亿吨，居世界第三位。2010年中东地区的石油剩余可采储量1000亿吨，占世界总储量的57%；石油产量11.3亿吨，占世界总产量的31%。另据美国能源署统计，中东地区2010年石油储量为8524亿桶，约占世界总储量的62%；石油日产量为3024万桶，占世界总产量8629万桶/日的35.0%。在天然气方面，2012年阿拉伯石油投资公司（Apicorp）发布研究报告，指出中东北非地区已探明天然气储量高达88万亿立方米，占全球已探明储量近42%。其中，截至2012年年初，中东地区主要国家天然气已探明储量依次为：伊朗33.1万亿立方米、卡塔尔25万亿立方米、沙特阿拉伯8.2万亿立方米、阿联酋6.1万亿立方米、阿尔及利亚4.5万亿立方米、伊拉克3.6万亿立方米、埃及2.2万亿立方米、科威特1.8万亿立方米、利比亚1.5万亿立方米和阿曼9000亿立方米。可见，中东地区蕴藏着巨大的能源资源。

2012年我国原油进口量约为2.71亿吨，同比增长6.8%。其中，我国自沙特阿拉伯进口石油最多，达到5391.62万吨，占当年我国进口石油总量的19.89%（见表3－2）。在我国进口前十名的国家中，来自中东地区的就有6

个国家，分别是沙特阿拉伯、伊朗、阿曼、伊拉克、科威特和阿联酋，6个国家所占比重之和达到48.09%。可见，中东地区是我国重要的能源进口地区。在未来，中东地区对我国能源安全的重要性将继续存在，维护好中东地区的地缘政治安全将是保障中国能源安全的必要条件（吴磊，2009）①。

表3-2　2011—2012年中国石油进口来源分布

排名	国别	总量（万吨）	比重（%）	排名	国别	总量（万吨）	比重（%）
1	沙特阿拉伯	5027.77	19.81	1	沙特阿拉伯	5391.62	19.89
2	安哥拉	3114.97	12.27	2	安哥拉	4015.23	14.82
3	伊朗	2775.66	10.94	3	俄罗斯	2432.94	8.98
4	俄罗斯	1972.45	7.77	4	伊朗	2192.24	8.09
5	阿曼	1815.32	7.15	5	阿曼	1956.68	7.22
6	伊拉克	1377.36	5.43	6	伊拉克	1568.36	5.79
7	苏丹	1298.93	5.12	7	委内瑞拉	1529.09	5.64
8	委内瑞拉	1151.77	4.54	8	哈萨克斯坦	1070.37	3.95
9	哈萨克斯坦	1121.10	4.42	9	科威特	1049.00	3.87
10	科威特	954.15	3.76	10	阿联酋	874.38	3.23
	合计	20609.48	81.21		合计	22079.91	81.48

注：资料来源于海关总署的最新统计数据。

随着我国能源“走出去”战略的进一步实施，中东地区已经成为我国油气对外投资的重要场所，我国也将加大力度继续加强对中东地区能源的直接投资。目前，我国对中东地区的能源投资已初具规模，投资领域涉及上游、中游、下游各个方面，涵盖风险勘探、油气开采、冶炼、油气厂建设、管道铺设、港口建设等项目，其参与形式主要以合资方式为主，力求在份额上寻求保障，以规避中东能源供应中的地缘政治风险（吴磊，2009）②。我国在中

① 吴磊．中东能源结构性矛盾与中国－中东石油合作［J］．阿拉伯世界研究，2009（6）：19－30.

② 吴磊．中东能源结构性矛盾与中国－中东石油合作［J］．阿拉伯世界研究，2009（6）：19－30.

东地区的油气利益几乎涵盖该地区所有主要产油国，包括沙特鲁卜哈利沙漠B区块天然气田、伊朗亚达瓦兰油田、伊拉克鲁迈拉油田等大中型油气田开发项目，以及成立红海炼油公司、大尼罗河石油作业有限责任公司、喀土穆炼油厂等石油冶炼企业（见表3-3）。其中，中国在苏丹油气投资已成一体化体系，涉及石油中上游的所有层面，每天有约25万桶的供给量。

表3-3　　中国在中东地区的油气投资

国家	项目	时间	公司
沙特阿拉伯	鲁卜哈利沙漠B区块天然气田	2004年2月	中石化
	红海炼油公司	2011年3月	中石化
	延布工业区炼油厂	2011年3月	中石化
伊朗	亚达瓦兰油田	2007年12月	中石化
	北阿扎德甘油田	2009年1月	中石油
	北帕斯气田	2009年5月	中海油
	南帕斯气田	2009年6月	中石油
	炼油厂建设	2010年	中石油
伊拉克	艾哈代布油田	2008年11月	中国绿洲石油公司
	鲁迈拉油田	2009年6月	中石油
	哈勒法耶油田	2009年12月	中石油
	米桑油田	2010年3月	中石化、中石油
卡塔尔	卡塔尔海上BC区块气田	2009年8月	中海油
	天然气谅解备忘录	2009年11月	中海油、中石油
苏丹	1/2/4区	1997年	中石油
	3/7区	2001年11月	中石油
	6区	1995年9月	中石油
	15区	2005年	中石油
	大尼罗河石油作业有限责任公司	1997年6月	中石油
	喀土穆炼油厂	1997年	中石油
	喀土穆化工厂	1997年	中石油
阿曼	36、38区	2004年10月	中石化

续 表

国家	项目	时间	公司
科威特	69、71 区	2004 年	中石化
阿尔及利亚	阿德拉尔上下游一体化项目	2003 年 7 月	中石油
	112/102A 区块和 350 区块风险勘探	2003 年 12 月	中石油
	438B 区块	2004 年 7 月	中石油
	Octouat 油田产能建设设计服务	2004 年 9 月	中石油
	斯基克达凝析炼油厂建设	2005 年 5 月	中石油
利比亚	17 – 4 区块勘探	2005 年 12 月	中石油
也门	71 区块 aba a – 1 井	2010 年	中石化

注：资料来源于吴磊（2009）。

3.2.3.2 积极进入中亚和里海地区

中亚和里海地区能源资源禀赋

中亚即亚洲中部地区，狭义的中亚国家包括四国，即乌兹别克斯坦、吉尔吉斯斯坦、土库曼斯坦和塔吉克斯坦四国，广义上还包括哈萨克斯坦的南部、中国新疆、阿富汗北部等地区。里海地处欧亚大陆的腹地，介于俄罗斯、中亚、外高加索和伊朗之间，海岸线总长 7000 多千米，水域面积 37 万多平方千米。里海海底储藏着丰富的战略资源，早在中东发现石油之前，里海就已经是世界石油市场的支柱。中亚 – 里海地区石油储量多达 328 亿吨，天然气储量为 18 万亿立方米，分别占全球油气资源总量的 8% 和 5%，被称为世界“21 世纪的能源基地”。

首先，从能源储量来看。中亚地区的哈萨克斯坦、土库曼斯坦和乌兹别克斯坦的石油储量比较丰富（见表 3 – 4）。具体来看，哈萨克斯坦石油探明储量发生了较大变化。2001 年年底，哈萨克斯坦石油探明储量为 54 亿桶，2012 年年底的探明储量达到 300 亿桶，是 2001 年的 5. 56 倍。2011 年年底哈萨克斯坦石油探明储量占世界石油探明储量比重为 1. 798%。从天然气来看，土库曼斯坦天然气探明储量发生了较大变化。2001 年年底，土库曼斯坦天然气探明储量为 2. 6 万亿立方米亿桶，2012 年年底的探明储量达到 13. 4 万亿立方米，是 2001 年的 5. 23 倍。2012 年年底土库曼斯坦天然气探明储量占世界天然气探明储量比重为11.7%。从煤炭的探明储量来看，截至2012年年底，哈萨克斯坦无烟煤和烟煤的探明储量为215亿吨，亚烟煤和褐煤的探明储量为121亿吨，总计336亿吨，占世界探明储量的比重为3.9%。

表3-4　主要年份中亚国家能源探明储量

类型	国别	2001年年底	2012年年底	2012年年底占世界比重（%）
石油（10亿桶）	哈萨克斯坦	5.4	30.0	1.798
	土库曼斯坦	0.5	0.6	0.036
	乌兹别克斯坦	0.6	0.6	0.036
天然气（万亿立方米）	哈萨克斯坦	1.8	1.9	0.9
	土库曼斯坦	2.6	13.4	11.7
	乌兹别克斯坦	1.7	1.6	0.8

注：资料来源于《BP世界能源展望统计数据2013》。

里海地区的油气资源也非常丰富。根据2007年美国能源信息署（EIA）预测，里海地区石油探明储量约172亿～497亿桶，最终总储量约为2030亿～2357亿桶，约占世界石油总储量的18%。里海地区天然气总储量约15186万亿立方米，占世界总量的约4%。尽管里海地区的油气资源和产量虽不能与中东海湾地区相提并论，但仍蕴藏着巨大的未开采的油气资源。从里海地区的具体国别来看，里海国家蕴藏着极丰富的石油和天然气储量。其中，伊朗的石油探明储量为186亿吨，居世界第一；俄罗斯居世界第8位，哈萨克斯坦、阿塞拜疆、土库曼斯坦和乌兹别克斯坦分别位居世界第11、20、46和47位。从天然气储量看，俄罗斯为47154万亿立方米，居世界第一位；伊朗天然气储量也高达27156万亿立方米，排名世界第二；土库曼斯坦和哈萨克斯坦的天然气探明储量均为2183万亿立方米，分列世界第11位和第12位；乌兹别克斯坦和阿塞拜疆分居世界第17位和第26位。

其次，从能源产量来看。从中亚三国历年石油产量来看，哈萨克斯坦石油产量表现出较大程度的增长，哈萨克斯坦是中亚地区石油非常丰富的国家，其产量增长较大，2012年其石油产量达到1728千桶/日，占世界的比重为2.006%（见表3-5）。哈萨克斯坦将成为石油生产的主要驱动力：该国将

"加入小型精英群体"，2015 年的石油产量将超过每天 200 万桶，并将在 2020 年成为全球十大产油国之一。以石油产量的增量而言，哈萨克斯坦将成为全球第四大最重要的产油国。土库曼斯坦石油产量稳中有升，石油产量从 2001 年的 163 千桶/日增长到 2011 年的 222 千桶/日，占世界石油产量的比重为 0.258%。乌兹别克斯坦的石油产量却表现出明显的下降趋势，石油产量从 2001 年的 153 千桶/日下降到 2012 年的 68 千桶/日。从整体来看，中亚三国的石油产量由于哈萨克斯坦石油产量增加而出现大幅度上升，石油产量从 2001 年的 1157 千桶/日上升到 2012 年的 2018，日产量几乎翻了一番。

表 3－5　　中亚国家历年石油产量　　单位：千桶/日

时间 国别	2001	2002	2003	2004	2005	2006	2007	2008	2009	2010	2011	2012	2012 年占世界比重（%）
哈萨克斯坦	841	1021	1111	1283	1330	1403	1453	1526	1664	1740	1758	1728	2.006
土库曼斯坦	163	183	203	194	193	187	199	208	211	217	217	222	0.258
乌兹别克斯坦	153	153	151	138	115	114	104	102	95	78	77	68	0.079
合计	1157	1356	1465	1615	1638	1704	1756	1837	1970	2034	2051	2018	2.342

注：数据来源于《BP 世界能源展望统计数据 2013》。

从天然气产量来看，中亚三国历年天然气产量的变化稳中有升，哈萨克斯坦、土库曼斯坦和乌兹别克斯坦三国天然气产量分别从 2001 年的 92 亿立方米、464 亿立方米和 520 亿立方米增加到 2011 年的 193 亿立方米、595 亿立方米和 570 亿立方米，三者之和占世界的比重为 4.10%（见表 3－6）。尽管中亚地区油气资源储量和产量占全世界的绝对比重不大，在全球能源格局中却具有尤其重要的地位，对世界各国实现能源进口多元化具有非常重要的战略意义。从里海地区来看，里海地区各国不仅对外资开放，同时也被视为改善西方国家能源安全的一种途径，可以替代政治不稳的中东地区提供能源（哈维尔·布拉斯，2010）①。国际能源署预测，2025—2030 年，里海地区的石油产量将达到每天 540 万桶左右的峰值水平，高于 2009 年的 290 万桶。里

① 哈维尔·布拉斯. 里海油气宝藏将揭开面纱［N］. 中国能源报，2010－11－22.

海地区天然气产量将大幅上升，到2035年，将从2009年的1560亿立方米，增至3130亿立方米。

表3－6　　中亚国家历年天然气产量　　单位：10亿立方米

国别＼时间	2001	2002	2003	2004	2005	2006	2007	2008	2009	2010	2011	2012	2012年占世界比重（%）
哈萨克斯坦	9.2	9.1	11.9	13.1	13.5	13.9	16.7	18.7	17.8	17.6	19.3	19.7	0.586
土库曼斯坦	46.4	48.4	53.5	52.8	57.0	60.4	65.4	66.1	36.4	42.4	59.5	64.4	1.914
乌兹别克斯坦	52.0	51.9	52.0	54.2	54.0	54.5	59.1	62.2	60.0	59.6	57.0	56.9	1.691
合计	107.6	109.4	117.4	120.1	124.5	128.8	141.2	147	114.2	119.6	135.8	141.0	4.191

注：本表格中各组成部分在总量中所占比例，使用以百万吨/年为单位的数据。数据来源于《BP世界能源展望统计数据2013》。

中亚－里海地区的油气资源，成为世界各国尤其是发达国家竞相争夺的焦点。例如，美国构筑石油霸权，尽可能多地赢得在该地区的油气资源开采权和运输权，控制中亚和里海地区的能源资源，力图建立不经过俄罗斯或伊朗领土、直接将该地区的石油与欧美市场联系起来的石油运输通道。俄罗斯巩固扩大既得利益，通过加强军事合作和加大经济援助力度来巩固传统势力范围，对抗美国的战略攻势。哈萨克斯坦提出的方案包括两条：第一条是哈萨克斯坦—伊朗管线，第二条是哈萨克斯坦西部—中国管线。印度能源外交重磅出击，并开始进入收获阶段：印度国家石油与天然气公司已与哈萨克斯坦政府在阿里别克莫拉和库尔曼加兹两个油田联合开采。日本将从地缘政治考虑着眼，谋求在中亚和高加索站住脚跟，同时还要从经济利益考虑出发，通过加强政治影响和经济渗透来争取该地区能源开发及贸易的主导权。日本政府建议中亚各国加快建设地区性铁路交通网，随后铺设一条通过阿富汗的铁路。

尽管受到美日等西方公司极力阻挠，中国在中亚－里海地区的能源合作战略已经有了突破。中亚－里海地区对我国开展与其能源投资合作却提供了巨大的机遇，中亚地区的能源资源功能尚未完全成为势力的划分，主要通过陆路管道运输，加上中国是世界上能源消费大国，能源的进口依存度比较高，积极进入中亚和里海地区，加强与中亚的能源投资合作具有非常重要的战略意义。

3.2.3.3 加强对俄罗斯的能源投资，保持良好投资合作关系

俄罗斯是世界上面积最大的国家，具有丰富的石油、天然气和煤炭资源。2012年年底，俄罗斯石油探明储量为87.2亿桶，占世界石油探明储量的5.23%，比2001年年底的72.5亿桶有所增加①，石油储量居世界第八位。在天然气方面，2012年年底俄罗斯天然气探明储量为32.9万亿立方米，占世界天然气总量的17.58%，是世界上天然气资源最为丰富的国家。俄罗斯非常注重天然气发展，如俄罗斯天然气公司提出了打造世界一流能源企业发展目标，并采取了积极措施：扩大经营范围，实施多领域跨行业经营；扩大国际合作，拓展能源合作领域；加强科研工作，提高能源产品科技含量。在煤炭方面，2011年年底俄罗斯煤炭探明储量达到157010百万吨，占世界煤炭总量的18.2%，是世界上煤炭资源最为丰富的国家之一。俄罗斯煤炭品种比较齐全，从长焰煤到褐煤，各类煤炭均有。其中，炼焦煤不仅储量大，而且品种也全，可以满足钢铁工业之需要。主要的炼焦煤产地有库兹巴斯，伯朝拉，南雅库特和伊尔库茨克火煤田。

10多年来，俄罗斯石油产量在平稳增长，石油产量从2001年的351.7百万吨增加到2012年的526.2百万吨（见表3-7）。俄罗斯石油消费量保持稳定，但与其产量相比，两者之间的差距在不断增加，从2001年的225.1百万吨增加到2012年的378.7百万吨，巨大的差距为俄罗斯石油出口奠定了良好的基础。2010年俄石油出口收入达到1290.255亿美元，比2009年增长38%；石油出口量为2.339亿吨，比2009年增长3.5%。2012年1~9月俄罗斯石油出口收入与2011年同期相比增长了7.8%，即从2011年1~9月时的1246.33亿美元增加到1343亿美元。2013年俄罗斯石油和天然气凝析浊产量为5.23275亿吨，比2012年增长1%。此外，俄罗斯天然气出口也非常快速。2010年俄罗斯天然气出口收入达到435.33亿美元，比2009年增长10.5%；天然气出口量为1527亿立方米，同比增长1.3%。2013年1月俄罗斯天然气出口收入与2012年1月相比增长1.5%，从64.49亿美元增加到65.43亿美元。

---

① 数据来源于《BP世界能源统计2014》。

表3－7　　2001—2012年俄罗斯石油产量与消费量　　单位：百万吨

项目＼年份	2001	2002	2003	2004	2005	2006	2007	2008	2009	2010	2011	2012
产量	351.7	383.7	425.7	463.3	474.8	485.6	496.8	493.7	500.8	511.8	518.5	526.2
消费量	126.6	122.3	127.3	126.2	126.1	130.3	130.0	133.9	128.2	134.3	143.5	147.5
差额	225.1	261.4	298.5	337.1	348.7	355.4	366.8	359.7	372.6	377.5	375.0	378.7

注：资料来源于《BP世界能源展望统计数据2013》。

加强与俄罗斯能源领域的投资与合作，保持良好的投资合作关系，是两国战略协作伙伴关系的重要构成部分，建立在平等互利基础之上，符合两国的根本利益及长远发展。开展与俄罗斯能源合作，具有陆路相连的地缘优势，能源进口路径多样化。2009年，中俄双方共同签署了系列能源合作文件，具体包括天然气、煤炭领域合作的谅解备忘录。两国批准了《中俄投资合作规划纲要》，双方就制订中国东北地区与俄罗斯远东及东西伯利亚地区间合作规划纲要做了大量工作，全面推进石油、天然气、核能和电力领域合作标志着中俄战略协作伙伴关系将迈上新台阶。2011年，俄罗斯总统访华，双方就能源方面达成共识，在天然气方面的合作取得重大进展。2012年2月双方高层又进行了多次接触，随后两国在石油、天然气等方面的合作又更进一步。目前，中国与俄罗斯开展了石油、天然气、煤炭资源开发合作，以及开展水电、火电资源开发合作，合作领域向纵深方向发展。

然而，尽管俄罗斯拥有非常丰富的能源资源，但我国对俄罗斯能源领域的投资非常少，这主要是由于俄罗斯害怕中国的快速崛起会对其发展造成影响，进而影响了两国能源合作发展。我国与俄罗斯双方之间仍然存在着很大的利益冲突，进而导致双方在经济合作中存在很大阻碍。例如，中国的经济崛起，在军工及重工业领域抢占了俄罗斯的传统市场；大量中国非法移民进入俄远东各州，冲击当地劳动力市场等。这一系列问题，最终发展为“中国威胁论”。加之中国在中亚地区广泛开展的能源及矿产资源投资，更是深深地触动了俄罗斯的神经。此外，在能源供应方面上，两国的战略出发点也截然不同。因此，在与俄罗斯开展能源贸易合作的基础上对其进行能源投资，需要在国家层面制订出切实可行的中俄能源合作长期战略规划，并需要明确中俄两国未来石油合作的主流趋势，即从原材料过渡到投资，将积极探讨石油领域的上下游合作，石油领域的科研合作、工程技术服务合作（史戌冬，赫鹏飞，2011）①。

3.2.3.4 **扩大对其他国家或地区的能源投资**

早在2011年美国非政府组织皮尤慈善信托基金会发布的《谁在清洁能源的赛跑中获胜》的报告中就已经指出，巴西清洁能源投资在全世界名列第六。2010年巴西清洁能源投资达76亿美元，其中40%投向生物燃料，31%投向风力发电，28%为其他清洁能源。巴西自身良好的能源基础条件，为中国开展对巴西能源投资合作奠定了良好基础。2010年10月1日，中国石油化工集团公司在巴西达成一项协议，以71亿美元的价格，购入西班牙雷普索尔公司旗下的巴西子公司40%的股权，成立一家市值为178亿美元的能源公司，这将是南美洲最大的私营能源公司之一。通过这次交易，雷普索尔将获得巴西境内石油项目开发所需的资金，而中石化在巴西的能源投资也将得到加强，为日后开发其他石油项目奠定基础。2011年4月，中国与巴西共同签署了中巴联合公报。双方表示将通过企业间合作，扩大并拓展相互投资，特别是在高技术工业、汽车、能源、矿业、物流等领域的投资合作。近年来，中国和巴西在能源领域的合作也持续加强，实现了互利共赢。中国和巴西签署了《关于能源和矿业合作议定书》《十年合作规划》等能源领域合作文件，2010—2019年，巴西每年向中国出口1000万吨原油的协议，两国在油气生产、加工及天然气运输协调等方面也加强了合作。

随着中国-东盟自由贸易区的不断深入发展，双边的能源与资源合作也逐步成为中国与东盟投资合作的最主要领域。早在1978年，中国与东盟在能源领域就正式开始。在贸易方面，20世纪90年代中期之后，中国与东盟之间的石油和天然气贸易额不断上升。2004年，我国从东盟国家进口了1318万吨的成品油和1253万吨的原油。其中，越南、印度尼西亚和马来西亚是中国在东南亚的三大石油进口国。在投资方面，1994年中海油出资1600万美元收购印度尼西亚马六甲油田32.85%的股份，获得份额储量1280万桶，第二年又

① 史戌冬，赫鹏飞．中国对俄能源投资问题的若干分析［J］．中国矿业，2011（4）：20-23.

购买了该油田6.39%的股份。2002年1月，中海油出资5.85亿美元收购了西班牙瑞普索（REPSOL－YPE）公司在印度尼西亚五大油田的部分权益，获得了每年4000万桶的工作权益产量，中海油也一举成为印度尼西亚海上最大的石油生产商。2002年12月，中海油以2.75亿美元的价格向英国石油公司（BP）收购了印度尼西亚东固液化天然气项目12.5%的权益。2004年2月，中海油通过行使“优先购买权”，以约1亿美元的价格收购了BP在印度尼西亚巴布亚省穆图里（Muturi）区块的生产分成合同20.76%的股权，使中海油在东固天然气项目的份额由原来的12.5%上升到16.96%。根据中海油与英国石油公司、印度尼西亚国家石油公司签署的一项长达25年、价值85亿美元的液化天然气购销合同，印度尼西亚东固天然气田将从2007年起每年向我国福建液化天然气接收站项目提供260万吨液化天然气。2002年4月，中石油以2.16亿美元的价格购买了美国德丰公司在印度尼西亚的6块油田，进一步扩大了我国在印度尼西亚的能源投资规模。2003年4月，中石油与马来西亚国家石油公司以1.64亿美元的代价联合收购了赫斯印度尼西亚控股公司（AHIH），双方各占50%的股份。中石油在印度尼西亚的7口钻探井和评价井2003年全部发现了油气，新增探明油气可采储量3300万桶。2005年3月，中石油、马来西亚国家石油公司和印度尼西亚国家石油公司分别占有30%、30%和10%股份的印度尼西亚贾邦（Jabung）油田发现了石油和天然气。中国在缅甸也开展了大规模的石油天然气勘探。2001年中石油率先投资缅甸的石油勘探和开采。2004年9月，中石化滇黔桂石油勘探局同缅甸能源部下属的缅甸石油与天然气公司共同签署了开发缅甸D区块陆上石油气的产品分成合同，2005年8月滇黔桂石油勘探局正式启动了这一项目。2004年10月、2004年12月和2005年1月，由中海油缅甸有限公司、新加坡Golden Aaron Pte有限公司以及中国寰球工程公司三家组成的联合体同缅甸石油与天然气公司先后签署了开发缅甸M、A4、M10、C1、C2和M2区块石油气的产品分成合同。2005年11月，中海油田服务股份有限公司与缅甸签署了钻探服务协议，使中国的石油商获得了一个深入到印度洋深水区钻探石油的重要科研机会。同月，中石油与缅甸能源局签署了《缅甸联邦能源部和中国石油天然气股份有限公司关于共同开发缅甸境内天然气项目合作的谅解备忘录》。总之，东盟在我国的能源安全中有举足轻重的地位和作用。

3.3 中国对东盟能源投资的战略

3.3.1 能源投资安全战略

能源安全是指一国拥有主权或实际可控制、实际可获得的能源，从数量上和质量上能够保障该国经济在一定时间内的需要和参与国际竞争的需要以及可持续发展的需要（吕致文，2005）①。张磊、郑丕谔（2006）② 认为，国家能源安全应包含两方面：一是经济安全性，是指通过维持能源的供应与需求之间相互均衡的状态，在保证能源稳定供给的前提下，满足国家生存与发展的正常需求；二是能源使用的安全性，即能源的消费及使用不应对人类自身的生存和发展的环境构成任何威胁。余敬等（2014）③ 认为，能源安全是一个融数量维、质量维和时空维的系统概念，这一系统是一个特定的复杂系统，各子系统的有序运行和协同作用是系统发挥整体功能的基础。安全投资这一概念最早出现在股市中，是基于"安全边际"理论衍生出来，由"UP 投资"首家提出，基于创造 A 股市场环境而独创的安全投资理念投资方法，是监管部门所推动的"长期投资、理性投资、价值投资"的升华。东盟作为中国的近邻，中国开展对东盟的能源投资，首要考虑的便是安全。

我国是一个发展中的大国，能源消费数量非常巨大，但自身能源供给不足，需要通过大量进口得以满足。由于我国进口能源巨大，使能源安全不仅是一个国内保障供应的经济问题，而且是一个关乎国际能源供求和能源地缘政治的战略问题。中国能源对世界市场的高度依赖以及能源供求的紧张状况已成为中国经济发展的瓶颈（Fan He，Donghai Qin，2006）④。为了获得稳定的能源供给，我国政府积极推行能源外交并大力推动能源企业实施"走出去"

---

① 吕致文．我国能源安全的结构性分析［J］．宏观经济管理，2005（9）：33－34.

② 张磊，郑丕谔．我国能源安全面临的问题及应对策略［J］．价格理论与实践，2006（1）：17－19.

③ 余敬，王小琴，张龙．2AST 能源安全概念框架及集成评价研究［J］．中国地质大学学报（社会科学版），2014（3）：70－77.

④ He Fan Qin Donghai, 2006. China's Energy Policy in the 21st Century. China and World Economy, March 2006.

战略，努力在世界各地寻求稳定的油源①。东盟是我国的近邻，具有重要的地缘战略地位，东盟已经成为我国重要的能源供给地和国际能源市场合作伙伴，在我国对外能源战略中占有重要地位。然而，影响我国对东盟能源投资的非安全因素非常多：一是双边政治互信度不高。东盟中的个别国家社会治安较差，构成了我国能源企业前往投资的巨大风险。例如，印度尼西亚存在排华情绪，菲律宾曾发生过中国工作人员被绑架、抢劫、杀害等事件，近年来我国与越南、菲律宾等国家存在的南海争端，2014 年越南发生的排华事件，直接降低了我国与东盟国家双边的政治互信度。二是经济威胁。我国经济的快速增长以及经济政治国际地位的不断上升，使国际社会抛出了“中国威胁论”，这影响了东盟国家对我国的看法，并高度警惕我国国际经济活动。三是基础设施落后。东盟中的一些国家基础设施比较落后，尤其是中南半岛上的国家，基础设施落后既为我国加强对其能源投资提供了巨大的机遇，但也会严重影响我国的投资。因此，“要致富，先修路”已经成为我国对东盟部分国家投资的先行者。

自 20 世纪 60 年代之后，随着全球经济一体化不断深入发展，西方国家以其跨国公司为载体，积极开展国际投资，鼓励企业通过开展对外投资开拓国际市场、获取战略资源。西方发达国家设立专门机构鼓励支持资源能源类境外投资，如西德成立联邦地质调查所（BGR），法国成立了拥有国内外雇员数千人的地址矿物调查所（BRGM）。同时，这些国家积极制定众多鼓励对外投资的政策重点支持资源能源对外投资。例如，美国支持对外投资的重要机构——美国海外私人投资公司（1969 年设立），其为了鼓励企业在发展中国家获取矿产资源，在它为海外投资者提供的专项担保中，特别重视对资源能源类的项目担保。日本专项设立了资源开发投资亏损准备金，政府鼓励技术人才境外调研、培训的经费补助制度中，对于境外的矿产资源调研补助专门做了重点规定（明确探矿调研的补助经费为 75%，探矿费补助 50%）。韩国特别规定了“主要资源开发支援资金贷款”制度，明确规定：如果企业进行的海外资源能源开发符合政府资源开发计划及政

① 刘立涛．能源安全合作中的中国与东盟［EB/OL］．中国－东盟博览会官方网站，www. caexpo. org.

策方针，则主管部门可以出具附有资源需求意见的推荐书或许可书，进出口银行可依此给予贷款（贷款条件非常优惠，期限高达20年、额度达所需资金的70%、利率为8%）。世界经验表明，企业在跨国投资初期的成功往往离不开母国政府的政策支持，资源能源类的跨国投资尤其如此（张广荣，2009）[①]。我国需要全面系统地学习和借鉴国际经验，积极制定相应措施，促进我国对东盟能源投资，保障能源对外投资安全。其中，能源投资安全战略的重点在于石油安全。我国在保持石油进口安全的同时，需要鼓励我国石油企业积极开展对东盟国家的直接投资，开拓石油供应渠道，保障石油安全。

3.3.2 能源投资资源保障战略

我国加强对东盟国家的能源投资，能够避开通过贸易方式导致的能源进口不安全问题，保障我国能源供给充足，满足国内各行各业的能源消费。

首先，对东盟国家能源投资，能够避开通过进口贸易导致的各种关税及非关税壁垒的限制及影响。随着中国－东盟自由贸易区的如期建成及不断深入，商品进出口的关税税率越来越低，关税壁垒作用的发挥越来越小，而非关税壁垒的使用越来越多。非关税壁垒是一国政府采取除关税以外的各种办法，对本国的对外贸易活动进行调节、管理和控制的一切政策与手段的总和。尽管非关税壁垒对于进口产品的用处非常大，但变相制定措施限制本国资源出口也被认为是非关税壁垒的一种措施。以印度尼西亚为例，2013年2月印度尼西亚政府将对近几年来不断上升的煤炭出口量限制，以保护不可再生能源。能源与矿物资源部副部长苏斯洛表示，若不限制出口，煤炭能源可能在15年内耗尽。印度尼西亚限制煤炭出口，对我国从印度尼西亚进口煤炭产生一定的影响，煤炭供给减少，不利于能源供给保障。如果采取直接对印度尼西亚能源进行投资的方式，那么将不会受到贸易的影响，能够保障能源供给。

① 张广荣. 关于我国的资源能源类境外投资的政策思考［EB/OL］. 商务部国际贸易经济合作研究院网站，http：//www. caitec. org. cn/c/cn/news/2009－08/10/news_ 1555. html.

其次，通过对东盟国家能源投资，能够获得充足的能源资源。一国对外直接投资的动机主要包括如下五种：获得自然资源，学习先进技术，开拓海外市场，投资多样化，寻求战略资产。Mutinelli 和 Piscitello（1998）指出，意大利企业投资北美是为了获取和开发技术，以及与技术相关的无形资源和互补资产。Belderbos（2003）研究表明，亚洲企业投资于工业化国家是想通过积极收购先进的企业获取它们已有品牌、新颖的生产技术以及广泛的销售网络，提升非价格竞争力。从资产寻求的角度来看，FDI 已经成为跨国公司开发海外战略资源的手段，并且可以充分利用市场信息、技术、管理知识以及建立的企业形象。战略资产寻求型的对外投资是为了利用稀缺性资源，尤其是各种知识性资源，以提高自身能力。对于我国而言，迫切需要投入到资产寻求型的对外投资浪潮中，解决自身的竞争劣势问题，提高全球竞争力。东盟国家能源资源非常丰富，以越南为例，越南能源资源丰富、种类储量惊人。据越南社科院统计，越南初步探明的石油、天然气储量共 10 亿立方米，估计其总储量可能达到 35 亿~50 亿立方米，在东盟各国位居前三；已经探明的煤炭总量 65 亿吨，且品种多、质量好。越南是东南亚第三大煤炭生产国，也是世界第三大无烟煤生产国。在越南煤炭出口中，中国、日本和韩国是其主要销售市场。据越南海关统计，2013 年 1—7 月，越南对我国煤炭出口量为 610 万吨，其价值达 3.67 亿美元，数量比 2012 年增长 1.86%，价值比 2012 年增长 16.45%，对我国出口量占越南煤炭出口总量的 78%。我国继续成为越南最大的煤炭出口市场。加大对越南等东盟国家的能源投资，获取能源等战略资源。此外，我国与东盟国家有着丰富的新能源与可再生能源资源，在该领域的开发利用方面，各国都积累了较为丰富的经验，为在这一领域开展深层次的合作奠定了良好基础，中国与东盟将合作推进新能源与可再生能源开发利用。

3.3.3 能源投资区位选择战略

区位选择是指按照规定的标准，通过空间分析的方法，确定厂址、电站、管线，或者交通路线等的最佳区位或路径。区位理论是经济地理学以及区域经济学的核心基础理论之一，是解释人类经济活动的空间分布规律。为追逐最大化的经济利益，各决策主体根据自身的需要和相应的约束条件选择最佳的区位，也即决策主体的区位选择过程（田凤岐，2006）[①]。区位选择对于企业进行对外直接投资至关重要，因为不同国家、不同地区的投资环境存在着极大差异，直接影响到企业对外直接投资活动的收益及成败（孙倩，张守芳，2008）[②]。

长期以来，就区位选择的研究形成了新古典理论学派、行为学派、结构学派和新经济地理学派等主要流派，尽管各学派对区位选择研究得出不同结论，但都从不同层面进行了研究。在20世纪70年代，邓宁在国际生产折中理论中提出了"三优势模式"，即所有权优势、区位优势和内部化优势。其中区位优势包括直接区位优势和间接区位优势。直接区位优势来源于对东道国有利的因素，如广阔的产品市场、优惠的外资政策、相对丰富的原材料等。随后，理查德森（1971）创立的综合动因理论认为，企业的跨国投资活动不能完全由经济变量来解释，非经济因素也能发挥巨大作用。为此，他引入了"空间偏好"的概念来表达诸项非经济因素的投资或引资效应。他认为，由于企业管理人员对于国外市场都有一种"心理距离"感，所以他们往往偏好于在熟悉的区域从事经营活动。

国内学者就这一问题进行了研究。例如，江英心、路正南（2009）[③]提出了国际直接投资国别选择的ESP范式，从经济环境、体制和政策三方面全面和深入地分析了企业在准备对外直接投资时应考虑的因素。他们认为，东道国的ESP范式系统对投资主体区位选择具有最基本的制约作用。周铁军、刘传哲（2010）[④]对中国能源企业对外直接投资区位选择进行了实证研究。研究发现，中国能源企业对外直接投资受东道国GDP、外资政策、与中国的贸易联系、与中国的地理距离等因素的显著影响。中国能源企业进行对外直接投资区位选择时，应首先考虑与我国贸易联系紧密的东道国；其次选择经济发展水平低的国家，减轻企业获取能源开采经营权的阻力；最后加强与东道国沟通，争取有利的优惠政策。

---

① 田凤岐．区位选择理论综述［J］．辽宁行政学院学报，2006（12）：57，59.

② 孙倩，张守芳．对外直接投资区位选择理论文献综述［J］．商场现代化，2008（21）：18.

③ 江英心，路正南．国际直接投资的区位选择与政策调整［M］．北京：科学出版社，2009.

④ 周铁军，刘传哲．中国能源企业对外直接投资区位选择的实证研究［J］．南方金融，2010（6）：56－59.

当前，我国开展对东盟国家的能源投资拥有现实的有利条件：首先，我国与东盟国家的贸易规模越来越大，贸易越来越紧密。从中国与东盟双边贸易来看（见表 3－8），贸易总额从 1994 年的 143.40 亿美元增加到 2013 年的 4438 亿美元，双边贸易规模不断扩大。2002 年之前，中国与东盟双边贸易总额增量均低于 100 亿美元（2000 年除外）；2002 年之后，中国与东盟双边贸易总额增量从 2002 年的 131.67 亿美元增加到 2011 年的 437 亿美元（2009 年除外）。可见，2002 年中国－东盟自由贸易区建立之后，中国与东盟双边贸易显著增加，贸易创造效应比较显著[①]。此外，随着中国与东盟双边经贸关系的不断深入，双边贸易总额占中国对外贸易总额的比重也在不断上升，这一比重从 1994 年的 6.06% 上升到 2013 年的 10.67%，尤其是在 2003 年之后，这一比重持续超过 9%。可见，中国对外贸易发生了一定程度的转移，中国－东盟自由贸易区的建立使得中国越来越注重东盟这一大市场。

从中国与东盟 1994—2012 年的贸易结合度[②]来看（见表 3－9），中国与东盟中 3 个较穷国家（缅甸、柬埔寨和越南）的贸易结合度在各年度中基本上都大于 1，说明这三个国家与中国的贸易非常紧密。这三个国家都是中南半岛上的国家，与中国的地理位置比较接近，经济发展水平相对落后，加上受到东南亚金融危机的影响，为了跟上经济全球化和区域一体化的步伐，这些国家需要搭上中国的经济快车（温兆炎，2004）。文莱、印度尼西亚、马来西亚和泰国与中国的贸易结合度指数在各年度基本上都小于 1，其中文莱和印度尼西亚与中国的贸易结合度有上升的趋势，说明这两个国家加强了与中国的贸易联系。菲律宾和新加坡与中国的贸易结合度指数在 1 左右变动，但菲律宾与中国的贸易结合度指数逐年递减，新加坡与中国的贸易结合度指数相对较高。可见，中国与东盟国家的贸易结合度表现出比较明显的差异，但中国与东盟国家的贸易仍然比较紧密。

---

① 贸易创造是指产品从生产成本较高的国内生产转向较低成本的关税同盟中贸易对象国生产，一国从贸易对象国进口的一种过程和现象。

② 这一指数为 $TII_{ij}=\frac{X_{ij}/X_i}{M_{ij}/M_i}$，$TII_{ij}$ 表示 i 国与 j 国的贸易结合度指数；X_{ij} 是 i 国向 j 国的出口额；X_i 是 i 国的出口总额；M_{ij} 是 i 国从 j 国的进口额；M_i 是 i 国的进口总额。若 $TII_{ij}>1$，表明两国间的贸易结合度高于各自与世界市场贸易的平均结合度。

表3–8　主要年份中国与东盟双边贸易状况　单位：万美元

年份	双边贸易总额	双边贸易总额增量	双边贸易占中国对外贸易的比重（%）
1994	1434015	—	6.06
1995	2036896	602881	7.25
2000	3952151	1242014	8.33
2005	13036139	2449460	9.17
2009	21300582	–1831386	9.65
2010	29286054	7985471	9.85
2011	36233000	6946946	9.95
2012	40010000	3777000	10.35
2013	44380000	4370000	10.67

注：2013年的数据根据商务部网站公布的数据计算得到，其余原始数据来源于历年的《中国统计年鉴》，根据原始数据计算得到。

表3–9　中国与东盟国家1994—2012年的贸易结合度指数

年份	文莱	缅甸	柬埔寨	印度尼西亚	老挝	马来西亚	菲律宾	新加坡	泰国	越南
1994	—	2.46	33.70	0.63	7.85	0.66	1.67	0.98	1.28	1.71
1995	—	3.67	8.01	0.62	6.58	0.55	3.32	0.91	0.97	1.93
2000	0.19	3.59	2.49	0.63	4.84	0.42	0.79	1.03	0.46	1.49
2005	0.22	2.95	17.00	0.86	3.50	0.46	0.32	0.87	0.48	1.91
2009	0.42	2.92	20.59	0.90	0.84	0.51	0.60	1.41	0.40	2.87
2010	0.49	3.18	12.73	0.93	0.71	0.42	0.63	1.16	0.53	2.93
2011	0.65	3.25	12.50	0.97	0.68	0.42	0.83	1.44	0.52	3.09
2012	0.78	3.36	10.37	1.00	0.56	0.40	0.98	1.58	0.55	3.10

注：原始数据来源于《中国统计年鉴》各期。

其次，东盟中大多数国家仍属经济发展水平比较落后的国家，这有利于我国开展对其直接投资。以2012年为例，GDP最大的经济体为印度尼西亚，其经济总量为8781.98亿美元，世界排名第16位（见表3–10）。东盟中经济发展比较落后的柬埔寨和老挝等国家，其经济总量排名位列100名之外。从

人均 GDP 来看，印度尼西亚、菲律宾、越南、缅甸、柬埔寨和老挝等国家的人均 GDP 均位列 100 名之外。可见，东盟中经济发展水平比较落后的国家不在少数。相比之下，我国是世界上第二经济大国，企业对外投资实力强，这些有利于开展对东盟国家的直接投资。

表 3－10　　2012 年东盟十国经济状况及世界排名

序号	国家	GDP（亿美元）	GDP 排名	人均 GDP（美元）	人均 GDP 排名
1	印度尼西亚	8781. 98	016	3592	114
2	泰国	3655. 64	032	5281	90
3	马来西亚	3035. 27	035	8617	67
4	新加坡	2765. 20	036	50714	11
5	菲律宾	2504. 36	041	2614	127
6	越南	1380. 71	057	1528	140
7	缅甸	531. 40	074	835	159
8	文莱	166. 28	113	36521	25
9	柬埔寨	142. 41	118	934	157
10	老挝	92. 17	135	1146	144

注：数据来源于《世界银行网站》。

最后，在中国－东盟自由贸易区背景下，我国积极与东盟国家开展合作，实现经济利益最大化。目前，随着中国－东盟自由贸易区建设的推进，我国对东盟的投资领域已经从传统的矿业、建筑业拓展到能源、制造业、商务服务业。在汽车制造业方面，中国的汽车企业如奇瑞、福田、吉利等均已先后在印度尼西亚投资。在电子通信工业方面，中国的电子通信工业也把东盟作为重要海外开拓市场。华为技术有限公司与新加坡移动运营商 M1 有限公司已签订 2. 8 亿新元的五年期合约，华为将向 M1 提供运用第四代移动技术——LTE 技术的电信设备。中兴通讯公司在吉隆坡与马来西亚主要的通信运营商 U MOBILE 签署协议，在马来西亚建设一个覆盖全国的高速无线通信网络。在能源方面，中国浙江大型民营企业恒逸集团在文莱大摩拉岛建设大型石化厂，仅一期工程投资额就将达到约25亿美元。工厂建成后将主要生产汽油、柴油和航空汽油，以及纺织生产所需的化工原料二甲苯和苯。原油日加工能力约13.5万桶，除少部分供应文莱国内市场外，产品主要用于出口。中水电公司协助总公司中国三峡集团，积极参与缅甸上萨尔温（孟东）水电项目，该项目由中、泰、缅三国联合开发，规划装机约700万千瓦，是当今东南亚最大的水电开发项目，预计投资额约100亿美元。在商务方面，中国企业在商务服务业方面不断扩大在东盟国家进行投资。中工国际拿下老挝国家主席府旁的滨河地块开发权，公司通过与老挝万象市政府的开发协议以及与马来西亚银行的转让协议，获得万象国家主席府旁42.5万平方米土地的开发权70%的权益。我国与东盟国家政府间不断加强沟通协调，鼓励投资合作。

总之，从区位选择来看，加强对东盟的能源投资，是当前及未来我国能源对外投资的重点之一，其战略意义非常重大。

3.4 本章小结

本章从两个层面研究了我国能源投资战略，即“引进来”与“走出去”战略，为深入了解我国能源投资问题奠定了基础。

在“引进来”战略方面：改革开放之后，我国积极吸引外资，有力促进了我国经济的快速增长。在不同阶段，我国吸引和利用外资的战略不同。我国对利用外资战略进行了调整，适应了国际经济形势发展的需要，同时对我国各行各业产生了重大影响。在能源领域利用外资方面，我国能源实施“引进来”战略的重点在于新能源的开发和利用，并积极制定了鼓励外商投资于新能源的政策，并加强了新能源领域的国际合作。

在“走出去”战略方面：我国不断加大力度进行对外投资。我国作为世界发展中大国地位的确定，不仅是我国经济快速发展的结果，也为我国加大对外直接投资奠定了坚实的基础。我国“走出去”战略的提出，经历了三个明显的阶段：“走出去”战略思想的形成，到正式提出“走出去”战略，再到加快实施“走出去”战略。当前，我国作为对外投资大国时代已经到来。能源对外投资是我国对外投资的重要构成部分，我国能源对外投资推行多元化战略，中石油、中石化和中海油这三大国内重要的能源企业，积极开展与海外各国的能源投资合作。我国继续加强对中东地区能源投资合作，积极进入中亚和里海地区，加强对俄罗斯的能源投资，并扩大对其他国家或地区的能源投资。我国对东盟能源投资，注重能源投资安全战略、能源投资资源保障战略和能源投资区位选择战略。加强对东盟能源投资，是当前及未来我国能源对外投资的重点之一，其战略意义非常重大。

4 中国与东盟能源投资合作的基础

2012 年 6 月 11 日联合国环境规划署公布的报告显示："2011 年全球可再生能源开发投资额为 2570 亿美元，达历史最高点。由于开发成本大幅下降，太阳能发电在各国得以发展，装机容量在去年一年内增长了 1.7 倍。此外，风力发电也得到实质性增长。从国别来看，中国国内的投资额达到 510 亿美元，位居第一。美国紧随其后，达 480 亿美元。日本达 90 亿美元，与英国和西班牙并列为世界第六。"

——中国经济网，2012 年 6 月 12 日

国际能源署（IEA）发布的《2012 年世界能源展望》指出，在过去十年里，煤炭消费几乎占据全球能源消费增长的一半，增长速度快于所有可再生能源。当前，全球能源消费结构仍然以化石能源为主导，而预计到 2035 年，非常规天然气产量将接近全球天然气产量的一半，世界电力需求以近两倍于世界能源需求的速度增长。此外，水电的稳步增长，风电和太阳能发电的迅速扩张已将可再生能源强化为全球能源结构中不可分割的部分，2015 年可再生能源将成为全球第二大电力来源，2035 年可再生能源发电量将约占电力产量的 1/3。可见，全球传统能源消费的快速增长和新能源开发已经成为全球在能源领域关注的焦点。

区域经济合作应以广泛交互投资为基础，跨国投资主体需要更理性、更长远地制定发展战略。著名的"囚徒困境"探讨了给定个体与许多不同策略个体相互作用的结果。当集体出现时，内部的个体会有不同的策略，利益的博弈也开始出现，最终被群体采纳的策略是集体稳定的，并基于利益最大化的结果。合作的基础是双方关系的持续性，即对未来利益的期许。自 2002 年

中国-东盟自由贸易区成立以来，中国与东盟双边经贸合作不断深入，双边投资越来越多，东盟已经成为中国吸引外资的重要来源地，也是中国企业“走出去”的首选地之一。从“早期收获”计划到“零关税”，从早前“农业先行”到能源等领域的合作，中国与东盟的合作正逐步走向纵深。

当前，中国的能源资源非常有限，无论从能源投资领域还是从能源投资规模来看，中国越来越注重对东盟能源的投资（刘志雄，2013）①。能源领域已经成为中国与东盟经济合作的热点，中国与东盟双边能源领域的投资需要遵循“优势互补，资源共享，互惠双赢，共同发展”的原则。那么，当前中国与东盟双边能源投资合作的基础是什么？本章将针对这一问题，分别从能源投资合作的资源基础、经济基础、相互直接投资基础、贸易基础、技术基础和社会基础六个角度展开研究。

4.1 资源基础

4.1.1 中国能源发展状况

1. 中国能源资源禀赋状况

新中国成立以来，我国不断加大了能源资源勘查力度。总体来看，我国能源资源总量比较丰富，并拥有较为丰富的煤炭资源。2011 年我国煤炭探明储量 1145 亿吨，占世界的比重为 13.3%，列世界第三位。已探明的石油、天然气资源储量相对不足，占世界的比重仅为 1.04% 和 1.5%（见表 4-1）。我国能源资源表现出较大的特点：一是人均能源资源拥有量较低。随着近年来我国资源约束矛盾突出，我国人均能源资源拥有量在世界上处于较低水平，煤炭、石油和天然气的人均占有量仅为世界平均水平的 67%、5.4% 和 7.5%。二是能源资源赋存分布不均衡。煤炭资源主要分布在华北、西北地区，水力资源主要分布在西南地区，石油、天然气资源主要存在东、中、西部地区和海域。三是能源资源开发难度较大。与世界相比，中国煤炭资源地质开采条件较差，极少量可供露天开采。石油天然气资源地质条件复杂，埋藏深，勘探开发技术要求较高。

---

① 刘志雄．后金融危机时代中国对东盟能源投资的障碍及对策［J］．中国矿业，2013（1）：30-33.

表 4－1　2012 年中国传统能源总量及占世界的比重

类别	石油	天然气	煤炭
总量	17.3（10 亿桶）	3.1（万亿立方米）	114500（百万吨）
占比（%）	1.04	1.5	13.3

注：所有数据均来源于《BP 世界能源展望统计数据 2013》。

2. 我国能源生产状况

从历年我国能源生产状况来看，我国能源产量总体上呈快速增长趋势（见表 4－2）。1978 年我国能源产量为 62770 万吨标准煤，2013 年的产量达到 340000 万吨标准煤，是 1978 年的 5.42 倍，居世界第一。改革开放以来，随着我国能源工业快速增长，实现了煤炭、电力、石油天然气、可再生能源和新能源的全面发展，为保障国民经济长期平稳较快发展和人民生活水平持续提高做出了重要贡献。

表 4－2　我国历年能源生产总量　单位：万吨标准煤

年份	生产总量	年份	生产总量	年份	生产总量	年份	生产总量
1978	62770	1995	129034	2002	150656	2009	274619
1980	63735	1996	133032	2003	171906	2010	296916
1990	103922	1997	133460	2004	196648	2011	317987
1991	104844	1998	129834	2005	216219	2012	331848
1992	107256	1999	131935	2006	232167	2013	340000
1993	111059	2000	135048	2007	247279	—	—
1994	118729	2001	143875	2008	260552	—	—

注：2013 年的数据来源于国家统计局网站，其余数据来源于 2013 年的《中国统计年鉴》。

近年来，我国积极发展可再生能源和新能源。2013 年，我国新增发电装机 9400 万千瓦，其中，水电新增 2993 万千瓦，火电新增 3650 万千瓦，核电新增 221 万千瓦，并网风电新增 1406 万千瓦，并网太阳能发电新增 1130 万千瓦。截至 2013 年年末，全国发电装机总量达 12.47 亿千瓦，同比增长 9.3%。其中，水电装机 2.8 亿千瓦，同比增长 12.3%；火电 8.6 亿千瓦，同比增长 5.7%；核电 1461 万千瓦，同比增长 16.2%；并网风电 7548 万千瓦，同比增长24.5%；并网太阳能发电装机容量1479万千瓦，增长了3.4倍。新能源和可再生能源发电装机占比31%，比2012年提高5.76个百分点[①]。在光伏产业方面，2013年，在国务院《关于促进光伏产业健康发展的若干意见》及一系列配套政策支持下，我国光伏发电快速发展。截至2013年年底，全国累计并网运行光伏发电装机容量1942万千瓦，其中光伏电站1632万千瓦，分布式光伏310万千瓦，全年累计发电量90亿千瓦时。2013年新增光伏发电装机容量1292万千瓦，其中光伏电站1212万千瓦，分布式光伏80万千瓦。此外，我国积极开展沼气等生物质能、地热能、潮汐能等其他可再生能源推广应用。以生物质能为例，Jim Lynch（2007）认为，发展"可再生能源资源+生物质能源"是一种很有前途的路线[②]。我国生物质能来源丰富，仅国内秸秆类生物质每年有7亿吨以上在田间直接燃烧，既造成资源浪费，又污染环境[③]，发展生物质能对我国能源与经济的低碳可持续发展具有重要意义。

3. 我国能源消费以传统能源为主

长期以来，我国能源消耗以传统能源为主，煤炭、石油和天然气消费占我国能源消费的90%以上，其中煤炭消费占能源消费的70%左右，石油和天然气消费占能源消费的比重也超过20%以上（见表4－3）。水电、核电、风电的消费比重在不断增加。非化石能源占一次能源消费的比重达到8%，每年减排二氧化碳6亿吨以上。2013年中国能源局更是提出要大力开发页岩气、煤层气等非常规油气资源，确保全年能源供需总体平稳。

表4－3　　1978—2012年中国传统能源总量及占世界的比重

年份	占能源消费总量的比重（%）			
	煤炭	石油	天然气	水电、核电、风电
1978	70.7	22.7	3.2	3.4
1980	72.2	20.7	3.1	4.0
1990	76.2	16.6	2.1	5.1

① 数据来源于国家能源局网站。

② Jim Lynch, Bioenergy Policy Analysis, Copenhagen Biofuel Assessment Conference, June 4～5, 2007.

③ 浮爱青，焦红光．生物质型煤燃烧特性概述［J］．洁净煤技术，2006（2）：63－66.

续 表

年份	占能源消费总量的比重（%）			
	煤炭	石油	天然气	水电、核电、风电
2000	69.2	22.2	2.2	6.4
2005	70.8	19.8	2.6	6.8
2006	71.1	19.3	2.9	6.7
2007	71.1	18.8	3.3	6.8
2008	70.3	18.3	3.7	7.7
2009	70.4	17.9	3.9	7.8
2010	68.0	19.0	4.4	8.6
2011	68.4	18.6	5.0	8.0
2012	66.6	18.8	5.2	9.4

注：资料来源于《中国统计年鉴2013》。

4. 我国能源供需缺口不断增加，能源进口依存度不断提高

目前，我国快速增长的能源消费导致能源消费超过能源生产，并且供需差额不断递增（见表4-4）。1992年，我国能源消费量首次超过能源生产量，两者之间的差额达到1914万吨标准煤。1992年之后，能源消费量与能源生产量的差额进一步增加，2013年两者之间的差额达到35000万吨标准煤。我国能源生产和能源消费之间的缺口，直接导致我国成为重要的能源进口国，以弥补能源生产的不足，能源需求量对外依存度不断增大，能源安全问题需要高度警惕。以2009年为例，2009年我国能源进口占能源消费量的比重就达到10.45%（2011年达到8.83%），与1992年相比增加了8.7个百分点[①]。经济高速增长使我国由煤炭净出口国变成净进口国，2011年我国煤炭进口增长11%，达到1.824亿吨；2012年我国累计进口煤炭（含褐煤）2.9亿吨，比2011年增长29.8%。日本2011年进口煤炭1.752亿吨，减少5.1%，2011年我国打破了日本保持了30多年的煤炭进口第一的纪录。在其他能源方面，2011年我国进口天然气310亿立方米，对外依存度高达20%。2012年，我国

① 能源进口数量采用能源生产与能源消费之间的缺口表示。

天然气进口持续较快增长，当年进口天然气 2933.1 万吨（约合 407.7 亿立方米），同比增长 29.9%。其中，进口管道天然气 1463.3 万吨（约合 203.4 亿立方米），同比增长 41.2%；进口液化天然气 1469.8 万吨（约合 204.3 亿立方米），同比增长 20.3%。天然气进口快速增长，源于天然气需求较快增长。2012 年，我国天然气消费需求保持较快增长，当年国内天然气表观消费量 1445.7 亿立方米，比 2011 年增长 12.8%。

表 4-4　我国能源生产和能源消费差额　单位：万吨标准煤

年份	产消差额	年份	产消差额	年份	产消差额
1978	5626	1996	-2160	2005	-19778
1980	3460	1997	-2449	2006	-26509
1985	8864	1998	-6350	2007	-33229
1990	5219	1999	-8634	2008	-30896
1991	1061	2000	-10483	2009	-32029
1992	-1914	2001	-6531	2010	-28023
1993	-4934	2002	-8775	2011	-30800
1994	-4008	2003	-11886	2012	-29884
1995	-2142	2004	-16808	2013	-35000

注：数据为能源生产量减去能源消费量。

在 2001—2010 年间我国原油进口量由 0.603 亿吨增加到 2.346 亿吨，年增率 16.3%，油品进口量由 2800 万吨增加到 5990 万吨，年增率达 8.82%。2011 年，我国原油进口约 2.54 亿吨，对外依存度高达 56%。我国能源和矿产资源类产品对外依存度越来越高，2012 年进口原油 2.85 亿吨，对外依存度高达 58.7%。相比之下，2001—2010 年间世界原油和油品进口量年增率仅为 1.21% 和 5.32%，我国已成为世界第二大原油消费和进口国。世界能源机构认为，我国的石油需求量 2010 年为 3.5 亿吨，2020 年将为 5 亿吨，而原油产量 2010 年为 2 亿吨，2020 年将为 1 亿吨，2020 年缺口将达 4 亿吨。另据国家发展与改革委员会能源研究所的有关研究显示，到 2020 年我国石油需求量将为 4.5 亿 ~6.1 亿吨，其中进口量将为 2.7 亿 ~4.3 亿吨，进口依存度将达到 60% ~70%。从 2020 年我国主要能源预计产量及需求量来看，除了煤炭基本上能够有充分保证之外，石油和天然气都供不应求，难以保证。可见，我国能源的约束问题将越来越绝对化。随着我国对进口石油依赖程度的提高，今后国际石油市场暂时和局部的短缺，以及油价的异常波动，将对我国石油供给和国民经济产生越来越大的影响和冲击。为了解决这一问题，需要从短期和长期两个方面来考虑。一方面，短期必须抑制需求；另一方面，长期办法可以是加快行业整合，审批建设一批大型煤炭生产项目，还有规划建设煤炭运输铁路专线等（林伯强，2008）①。

总之，随着我国能源资源需求的快速增加，我国能源资源明显不足。我国不仅需要加大能源开发力度，也需要加强能源投资，不仅包括加强海外能源投资，也包括加强对新能源的投资，以缓解我国巨大的能源需求压力。

4.1.2 东盟能源发展状况

4.1.2.1 整体状况

东盟拥有丰富的能源资源，在传统能源资源方面，2012 年东盟石油、天然气和煤炭总量分别为 158 亿桶，天然气为 6.8 万亿立方米，煤炭为 6918 百万吨，分别占世界能源总量的 1.04%、3.2% 和 0.712%（见表 4-5）。在其他能源资源方面，东盟各国蕴藏着丰富的水资源，东盟国家多数地处热带、亚热带地区、太阳日照时间长，具有丰富的太阳能和生物质能源资源，东盟国家积极发展可再生能源。东盟各国政府高度重视可再生能源开发，在《2007—2011 年东盟科技发展计划》中制定了有关能源发展的重点领域。

表 4-5　2012 年东盟传统能源总量及占世界的比重

类别	石油	天然气	煤炭
总量	15.8（10 亿桶）	6.8（万亿立方米）	6918（百万吨）
占比（%）	1.04	3.2	0.712

注：石油的统计包括文莱、印度尼西亚、马来西亚、泰国和越南；天然气的统计包括文莱、印度尼西亚、马来西亚、缅甸、泰国和越南；煤炭的统计包括印度尼西亚、泰国和越南三国。所有数据均来源于《BP 世界能源展望统计数据 2013》。

① 林伯强．短期应抑制需求［N］．中国产经新闻，2008-09-10.

目前，东盟国家日益重视能源开发和利用，东盟科技委员会下属的非传统能源研究分委会已与澳大利亚、中国、欧盟、日本、印度和美国进行了合作项目。东盟十国都根据本国的情况制定了相应的可再生能源发展计划，为今后加强区域性可再生能源开发合作奠定了基础。我国与东盟的能源合作已上升到战略层面，合作内容正从单一的石油天然气贸易向以油气资源的联合勘探与开采、保护能源运输通道的安全、建设新的能源运输通道以及加强开发利用可再生能源与新能源为主过渡。我国快速的能源需求，以及东盟国家较为丰富的能源资源，加上对新能源开发利用的不断重视，为中国与东盟国家不断开展能源合作奠定了基础。

4.1.2.2 国别状况

1. 印度尼西亚能源发展状况

石油和天然气是印度尼西亚国民经济的支柱产业。截至2011年，印度尼西亚石油剩余探明可采储量为37亿桶，占世界总储量的0.22%；天然气剩余探明可采储量为2.9万亿立方米，占世界总储量的1.3%。印度尼西亚主要的含油气区有苏门答腊油气区、爪哇油气区、东加里曼丹油气区，70%的天然气储量位于海域。为了促进石油工业的发展，1960年印度尼西亚制定出台了石油和天然气工业法，并在不同时期颁布了不同的石油法令，有力促进了其能源产业快速发展。在外资利用方面，为吸引外国投资发展本国经济，早在1967年印度尼西亚政府就制定了外国在印度尼西亚的投资法，并不断改善投资环境，鼓励外国投资，并进一步简化手续，降低关税，外资对印度尼西亚的经济发展起了促进作用。然而，从产量来看，印度尼西亚的传统能源石油产量表现出比较明显的下降趋势，石油产量从2001年的68.2百万吨下降到2012年的44.6百万吨（见表4-6）。因此，保障能源安全成为印度尼西亚能源发展的重要目标，同时开发新能源也已经成为印度尼西亚能源发展的重要方向。

表4-6 2001年以来印度尼西亚石油产量 单位：百万吨

年份	2001	2002	2003	2004	2005	2006	2007	2008	2009	2010	2011	2012
产量	68.2	63.3	57.6	55.6	53.7	50.2	47.8	49.4	48.4	48.6	46.3	44.6

注：资料来源于《BP世界能源展望统计数据2013》。

印度尼西亚新能源发展的主要目标是：在可持续发展的框架内，实现高效、清洁、可靠和经济上可担负的能源供应与利用。2005 年印度尼西亚政府颁布了《国家能源管理蓝图 2005—2025》，规划至 2025 年印度尼西亚初级能源消耗的规模将达到相当于 30 亿桶石油的量，新能源在初级能源资源中的比重将超过 13%。其中，生物能源（含生物柴油和生物乙醇）的比重将超过 5%，地热能源将超过 5%。印度尼西亚可再生能源发展计划可分为非商业性开发与商业性开发两类，其中非商业性开发主要是政府推动实施的乡村电力化计划和乡村能源自立计划，而商业性开发主要以私人实体投资为主①。具体来看，印度尼西亚政府耗资 35 兆盾建设核能电站，并于 2008 年对穆利亚核能电站项目进行招标。此外，印度尼西亚政府于 2007—2012 年间实施液化天然气替代石油计划。在生物能源方面，印度尼西亚政府大力种植甘蔗、木薯、棕榈和蓖麻 4 种农作物，并可加工成生物柴油。地热发电在印度尼西亚最具开发潜力，目前已探明的地热资源可发电能力达 29000 兆瓦，占世界总地热资源约 40%，目前开发还不到 6%，已被列为最优先开发的能源品种。在印度尼西亚能源总体规划中，第一阶段：10000 兆瓦电力工程主要以火力发电为主，采用的能源方式主要为燃油和煤炭，分别占印度尼西亚能源使用比例约 49% 和 24%；第二阶段：10000 兆瓦电力工程主要以地热、水电、风电等为主，其中地热电站装机容量为 4900.6 兆瓦，水力电站装机容量为 1800 兆瓦，风力和太阳能电站装机容量共 3290.4 兆瓦，第二阶段能源生产比第一阶段更讲究环保，碳排放量更低。

2. 马来西亚能源发展状况

马来西亚具有丰富的化石燃料资源与水力、生物质能及太阳能等再生能源资源。截至 2011 年年底，马来西亚探明石油资源量为 37 亿桶，天然气 1.3 万亿立方米，分别占亚太地区的 9.01% 和 8.57%，占世界的 0.22% 和 0.71%②。然而，马来西亚的能源需求非常大，年增速达 4% ~5%，马来西亚原油可供开采年限为 22 年零 2 个月，天然气可供开采年限为 27 年零 5 个

① Maritje Hutapea. Energy and Climate Change in Indonesia, Workshop on Climate Change and Energy Bangkok [Z]. 2009.

② 资料来源：BP 世界能源统计 2014。

月[①]，能源供需非常紧张。实际上，马来西亚早在20世纪70年代就制定了相应政策措施发展能源：1975年，马来西亚颁布国家石油政策，目标为：①确保在合理价格下提供足够能源；②提倡扩大政府对能源资源的拥有权，提供良善投资环境；③在经济与社会最佳化情况下开发油气资源，并节约不可再生资源与保护环境。1979年马来西亚颁布国家能源政策，目标为：①供给面：运用最低成本，发展国家内部再生与非再生能源资源，在成本有效性下，确保能源供应之充足性、安全性与多样性；②使用面：节约能源，增加能源使用之效率；③环境面：将能源的生产、运输、转换、使用及消费对环境之负面影响降至最低。1999年，马来西亚发布五大燃料政策，将再生能源视为国内第五类发电来源，并于2001年3月开始推动小型可再生能源发电（SREP）计划，2002年10月授权开始，2007年年初以棕榈油为基础的生物柴油将在该国投入商业化应用。2008年马来西亚宣布“沙劳越州再生能源走廊特区”（Sarawak Corridor of Renewable Energy，SCORE）计划，并同时展开一项绿色发展架构之研究，以确保整个发展过程符合环境友善、绿色元素及维护天然资源的标准，以开发沙劳越州丰富的能源蕴藏量。总之，加强对马来西亚能源领域投资具有十分广阔的前景。目前，我国对马来西亚的投资主要集中于可再生能源、太阳能等，顺应马来西亚能源政策发展的长远方向。

3. 新加坡能源发展现状

由于受到地域的限制，新加坡能源发展先天不足，但其仍极力发展能源产业，保障能源安全，具体体现在如下几个方面[②]：一是利用自身优势，建立世界石油交易中心。新加坡凭借地理战略位置、良好的金融系统、完备的基础设施、透明的法律体系和高素质的劳动力，成为全球三个最重要的石油交易中心之一。二是积极制定优惠政策，巩固地区炼油中心地位。新加坡处于全球航运的十字路口，地处马六甲海峡，这一得天独厚的优越条件，吸引了众多贸易公司前来新加坡投资。目前，新加坡拥有500多家从事原油、成品油贸易公司以及世界著名的石油公司炼油厂，制造业总值达213亿新元。新加坡原油炼制能力已超过139万桶/日，考虑正在研究和规划的几个项目能如

① 资料来源于中国人民大学国际能源战略研究中心。

② 资料来源于国家发展和改革委员会网站中的新加坡能源发展状况。

期实施，其炼油加工能力将超过200万桶/日（1亿吨/年），极大地提升新加坡作为亚洲主要炼油中心的地位。三是鼓励使用天然气，建设地区管网中心。为了减少二氧化碳和二氧化硫排放的危害，维护国家能源安全，促进其成为地区天然气管网中心，新加坡鼓励使用天然气。新加坡天然气全部依赖进口，主要用来发电和化工产业。早在2003年，新加坡就实现计划到2012年天然气发电要占到总发电量60%的目标。四是建设LNG基础设施，培育地区天然气交易中心。新加坡LNG接收终端已经投入使用，这是新加坡的第一个LNG终端，投资约14亿美元，其目标是成为地区天然气中心。

4. 泰国能源发展现状

从泰国的能源储量来看，泰国传统能源储量相对较少，能源资源并非丰富。泰国石油探明储量基本上占亚太地区的1%左右，天然气探明储量占亚太地区的2%左右，煤炭探明储量也基本上占1%（见表4-7）。由于传统能源相对缺乏，为了保障能源安全，泰国80%的石油和40%的天然气需要进口。

鉴于泰国能源发展的实际情况，2009年泰国通过了替代能源发展计划（Alternative Energy Development Plan，AEDP），规划出了未来15年泰国能源发展的路线图①。该计划提出了在2022年使全国能源用量中的20.3%为替代能源（其中14.1%为可再生能源）的目标，可再生电力的目标为总能源消耗量的2.4%，总电力安装量的8%，共3858MW，其中光伏发电的目标为500MW。2011年，为确保未来能源供给稳定，能源部计划研究使用5类新能源，即天然气制合成油（GTL）、煤制油（CTL）液体燃料、二甲醚（DME）、氢气和生质能源（BTL）。通过研究使用这五类新能源，有效解决泰国能源供给问题。

表4-7 主要年份泰国能源探明储量及占比

项目 \ 年份		1991	2001	2010	2011	2012
石油	探明储量（亿桶）	2	6	4	4	4
	占亚太地区比重（%）	0.54	1.48	0.96	0.97	1.07

① Solarzoom. 泰国光伏市场前景分析［EB/OL］. SEMI中国，www.semi.org.cn，2012-03-14.

续 表

项目 \ 年份		1991	2001	2010	2011	2012
天然气	探明储量（万亿立方米）	0.2	0.4	0.3	0.3	0.3
	占亚太地区比重（%）	2.15	3.05	1.82	1.79	1.84
煤炭	探明储量（百万吨）	—	—	1239	1239	1239
	占亚太地区比重（%）	—	—	1.16	1.16	0.47

注：资料来源于《BP 世界能源展望统计数据 2013》。

5. 菲律宾能源发展现状

2011 年 6 月，菲律宾已探明和未探明的能源包括 18.92 亿桶石油、1 兆立方英尺天然气，以及 1.64 亿桶凝油。菲律宾还拥有丰富的煤炭资源等待全面开发，总煤炭资源预计达到 25.3 亿吨。此外，菲律宾地热资源也非常丰富，预计有 20.9 亿桶原油标准能源。然而，菲律宾传统能源储量相对匮乏，该国每年所需的石油几乎全部依靠进口，能源短缺是制约菲律宾经济发展的一个重要因素。

根据 2009 年菲律宾可再生能源联盟调查报告显示，菲律宾所拥有的可再生能源发展潜力超过 2 亿千瓦。其中，地热能 453.1 万千瓦，水电 1309.7 万千瓦，风电 7660 万千瓦，海洋能 1.7 亿千瓦，每年的可利用生物质能潜能大约与 277 百万桶燃料油的能量相当。因此，菲律宾政府决定，将开发可再生能源作为实现能源自给的一个重要方向，大力推动该产业发展[①]。具体来看：①地热能。菲律宾地热资源丰富，是仅次于美国的世界第二大地热能发电国。其中，已证实可开发的地热能潜力为 120 万千瓦，未开发的地热能潜力约为 260 万千瓦。②水力。菲律宾未开发的水力资源潜力约为 1310 万千瓦，其中 85% 可建设装机容量在 1 万千瓦以上的电站。③风能。菲律宾风能发电潜力为每平方米 31 瓦特，是东南亚风能潜力最大的国家。④太阳能。目前，菲律宾棉兰老地区有太阳能发电装机 1000 千瓦。⑤海洋能。菲律宾的海洋能蕴藏面积约为 1000 平方千米，理论上发电

① 资料来源于中华人民共和国商务部网站，www.mofcom.gov.cn，菲律宾可再生能源潜力与政策。

潜力高达 1.7 亿千瓦。⑥生物质能。2012 年菲律宾生物质能预计达到 323.1 百万桶，可用于发电或供热的生物质包括：甘蔗渣，分布在三区、四区、六区和七区；椰子壳，分布在四区、八区、九区和十一区；稻壳与秸秆，分布在二区、三区、四区和六区。自 2008 年年底菲律宾颁布《可再生能源法》以来，菲能源部已经先后与企业签订 206 个可再生能源服务合同，吸引国内外投资超过 20 亿美元。2010 年菲律宾能源部又制定了《2009—2030 年能源规划》，提出在 2030 年将可再生能源电力装机在 2008 年的基础上翻一番。

6. 越南能源发展现状

从越南的能源储量来看，越南能源资源丰富，种类储量惊人。2011 年越南石油探明储量达到 44 亿桶，占亚太地区的 10.65%（见表 4-8）。另据越南社科院统计，越南初步探明的石油、天然气储量共 10 亿立方米，估计其总储量达到 35 亿~50 亿立方米，在东盟各国位居前三；越南的煤炭地质总储量约为 400 亿吨，居东南亚各国煤炭储量首位，2004 年就已经成为世界上最大的无烟煤出口国，是东南亚第三大煤炭生产国，也是世界第三大无烟煤生产国，同时是我国重要的煤炭进口国。然而，据越南《劳动报》2012 年 11 月 28 日报道，自 2005—2030 年越南的能源需求将增加 4 倍，1998—2008 年 10 年间的电力销售增加了 400%。按照这一趋势，自 2015 年起越南将成为能源净进口国。

表 4-8 主要年份越南能源探明储量及占比

项目		1991	2001	2010	2011	2012
石油	探明储量（亿桶）	2	22	44	44	44
	占亚太地区比重（%）	0.51	5.43	10.55	10.65	10.60
天然气	探明储量（万亿立方米）	—	0.2	0.6	0.6	0.6
	占亚太地区比重（%）	—	1.53	3.64	3.58	3.99
煤炭	探明储量（百万吨）	—	—	—	150	150
	占亚太地区比重（%）	—	—	—	0.056	0.056

注：资料来源于《BP 世界能源展望统计数据 2013》。

由于传统能源相对缺乏，为了保障能源安全，越南在能源政策方面鼓励电力、煤炭、油气、新能源和再生能源同步、协调、系统发展，并通过实施国际能源合作，大力发展能源科学技术，不断开发新能源和再生能源等政策来落实国家的能源发展战略。在电力方面，越南拥有煤电、气电和油电等多种发电形式。根据越南《2011—2030 年电力发展第七规划》，2015 年越南电力产量和进口量将达到 1940 亿千瓦·时至 2100 亿千瓦·时，2020 年达到 3300 亿千瓦·时至 3620 亿千瓦·时，2030 年达到 6950 亿千瓦·时至 8340 亿千瓦·时。与此同时，越南将逐步发展形成竞争性的、电力投资经营方式多样性的电力市场，而国家仅保持对传输电网的垄断以保证能源系统安全。按此规划，越南在两个 10 年内将分别需要 488 亿美元和 750 亿美元的资金发展电力。此外，《规划》将优先利用可再生能源发电。根据规划，到 2020 年，越南力争将电力总功率提升到 7.5 万兆瓦，其中可再生能源发电量所占比重从 2010 年的 3.5% 提高至 2020 年的 4.5%，到 2030 年提高至 6%。

7. 缅甸能源发展现状

缅甸油气资源十分丰富，天然气储量位居世界第十，已确定储量为 25400 亿立方米，已探明原油储量为 32 亿桶。缅甸油气主要分布在中部和沿海地区，主要天然气田为莫塔玛海上的耶德那（Yadana）和耶德贡（Yetagun）。据估计，耶得那天然气田的储量为 1500 亿立方米，预计开采年限为 30 年。此外，缅甸利用水力发电很大，据缅甸电力部数据显示，缅甸现有装机容量为 280 万千瓦，而蕴藏水力装机容量高达 5000 万千瓦。

缅甸能源部制定的 21 世纪缅甸能源业发展的政策主要包括：保持能源独立的政策；进一步提高新老能源资源的利用率；提高能源使用效率和进一步节约使用能源；进一步加大其他能源替代产品用于家庭能源消费[①]。缅甸能源发展比较快速：在石油与天然气生产方面，缅甸石油与天然气勘探前景看好，缅甸共有 14 个地质沉积盆地，并且尚有许多地方具有新发现石油与天然气的可能性，并积极与外国公司合作开发。在近海海面国际合作天然气开发方面，缅甸石油与天然气公司与外国公司除了合作开发陆地石油区块，还发现了近

① 资料来源于中华人民共和国商务部网站，www.mofcom.gov.cn，缅甸能源业发展概况。

海天然气田。在陆地石油勘探开采方面，缅甸石油与天然气公司与外国公司合作，进一步扩大双方的合作范围。同时，依靠自己的财力，在缅甸较偏远的实阶省莫莱镇区茵多和洪马林镇区乌约河边的耶波密村开始实施陆地石油勘探计划。在天然气输送管道铺设方面，一方面缅甸石油与天然气公司努力加大石油的勘探与开发工作力度，另一方面努力开展能源业基础设施——天然气输送管道的铺设工程实施。在炼油业及石化工业方面，缅甸石化工业公司下属3家炼油厂：丁茵炼油厂、稍埠炼油厂和丹布亚甘炼油厂，这几家炼油厂的生产能力正在逐年提升。尽管如此，目前缅甸石油供不应求，国内生产的石油大约只能满足全国需求量的2/5，其余3/5需从国外进口，油气资源的供需矛盾十分突出。

8. 老挝能源发展现状

目前，老挝已知煤产地有3个，即南部的沙拉弯、中部的万象西北部和北部的丰沙里。沙拉弯煤田位于沙拉弯东北部，产于强烈褶皱的石炭系中，上覆中生代红层，被断层分割为三部分，即帕斗、恢姆和参快。其中，参快煤层最好，厚约0.8～7.7米，储量较大。万象西北部煤层产在上石炭统，现正在开采。丰沙里煤层主要产在上三叠统和上石炭统，可利用的主要是产在近水平的上三叠统煤层，厚度不大，仅为0.1～1.0米。老挝积极利用外资，大力发展电力行业，目前老挝建成11个水电站，发电总量达15.4亿千瓦·时。此外，老挝的水能储量十分丰富，不仅有效储量丰富，而且水能集中，沿岸植被优良，河谷深窄，隘口众多，河床稳定，建坝河段工厂、企业、农田、居民和其他经济设施极少，大坝淹没损失不大，搬迁人数不多，石料和木料丰富，开发条件极为优越。

9. 柬埔寨能源发展现状

目前，柬埔寨已发现的煤炭资源主要分布在磅同、桔井、上丁等省，储量约700万吨。柬埔寨石油和天然气资源主要集中于三个大的地下盆地，即东部盆地、中央盆地和高棉盆地。2007年，柬埔寨发现巨大的石油和天然气田，并有可能成为新兴的能源输出国，丰厚的能源收益将有助于改善柬埔寨的经济。但总的来看，柬埔寨是一个能源资源比较缺乏的国家，分布较为分散。在电力方面，2011年柬埔寨全国电力供应约27.88亿度，同比增长12%。其中，国内发电10.23亿度，同比增长15%；进口17.65亿度（从泰国、老挝和越南进口分别为4.78亿度、700万度和12.8亿度），同比增长14%①。柬埔寨全国电力需求年增速约为12%，国内发电能力约579兆瓦，已装备422千伏电网和总长45万千米的输电线路。随着柬埔寨经济的发展和电力需求的不断增加，预计到2020年，柬埔寨全国电力年需求将达到115.6亿度，通过进口解决。在电站方面，截至2011年年底，柬埔寨在建、拟建各种类型电力项目共22个。其中，太阳能电站2个，火电厂项目2个，水电站6个。规划建设项目共12个，均为水电站项目。在电网方面，柬埔寨电力来源主要依靠从邻国越南、泰国和老挝进口以及自身的柴油发电，电网建设水平有限。

10. 文莱能源发展现状

文莱是东南亚第三大产油国和世界第四大液化天然气生产国，是世界最富的国家之一。石油和天然气是文莱经济的主要支柱，占其国内生产总值的（GDP）66%和出口收入的93.6%。目前，文莱石油已探明储量约为14亿桶（预计可采至2020年），天然气探明储量约为3200亿立方米（预计可采至2035年）②。为了确保石油及天然气领域持续高增长，2012年文莱政府决定推行石油增产政策，加快石油及天然气资源开发。文莱政府将加快在陆地及海上进行一系列石油及天然气探勘计划，开发新的油区。预计到2035年，文莱每日的石油产量将从现在的40万桶增加至80万桶。文莱政府加快石油及天然气资源开发最终将惠及本地企业，为确保国家经济发展的可持续性，政府将本地企业发展列为优先项目，并通过招商引资为本地人创造更多的就业机会。

在新能源方面，目前文莱已经推出一系列措施支持新能源产业发展，其中包括成立新能源研究所并推出一系列政策鼓励新能源技术研发。此外，为应付未来能源需求，改变过于单一的经济模式，文莱正全面开展替代能源研究计划，探讨开发石油以外的可再生能源。文莱能源部公布的长期策略报告书中指出，为逐渐改变国家经济高度依赖石油、天然气的局面，开发可再生能源被列为国家能源政策的长期目标。政府推行的国家能源政策分为短期措

① 资料来源于中国对外承包工程商会网站，www.chinca.org，驻柬埔寨使馆经商处，柬埔寨电力现状和发展趋势。

② 刘晓闻．石油天然气致富，文莱经济发展多元化［N］．中国经济网，2007-02-23.

施及长期措施，短期措施是以改善能源效益及节能为主，长期措施是以开发可再生能源为主。目前，文莱已经启动国家替代能源研究计划，探讨开发可再生能源的可行性，同时策略研究中心也展开国家能源效应及节能研究计划，从中鉴定更多可行的节能措施。

总之，从中国与东盟能源发展状况不难看出：①中国与东盟能源总量比较丰富，但能源消费需求上升非常快，传统能源越来越无法满足经济快速发展的需要；②中国与东盟都非常重视新能源和可再生能源的开发和利用，但由于经济发展水平不同，开发技术水平差别非常大，因而应积极制定鼓励政策，重视政策支持。中国与东盟能源发展的现实状况为双方开展能源投资合作奠定了资源基础。此外，不难看出，中国与东盟双方都非常重视引进外资，从而解决技术瓶颈。目前，中国正在积极促进新能源技术的开发，并积极与发达国家联手开发新能源技术，如德国大陆集团与中国企业联手开发新能源技术等，这些国际合作均有助于提升我国新能源技术水平，并为开展与东盟国家新能源投资合作奠定坚实的技术基础。

4.2 经济基础

4.2.1 中国作为世界发展中大国地位的确定

1. 改革开放之前中国经济的发展状况

第一阶段：20 世纪 50 年代初期我国社会主义经济体制初步建立

1949 年 10 月 1 日，新中国宣告成立，中华民族开始了探索建设社会主义的新征程。党和政府着手对旧中国半殖民地半封建的经济制度进行根本性的改造和变革，要创建一个社会主义新中国的经济体制。1950—1956 年，我国经济迅速恢复并有所发展，并顺利完成了第一个五年规划。我国社会主义改造顺利完成，由一个落后的半殖民地半封建国家改造成为一个人民当家作主的社会主义国家，新的社会主义经济体制初步建立和形成，这种经济体制是在有步骤地实现从新民主主义到社会主义的转化中形成的。《中共中央关于经济体制改革的决定》指出：新中国成立初期和第一个五年计划期间，我国面临着实现全国财政经济统一、对资本主义工商业进行社会主义改造和开展有计划的大规模经济建设的繁重任务，逐步建立起全国集中统一的经济体制。当时，由于众多方面管制严格，且在社会主义改造的方法和步骤上坚持了从中国实际出发，创造力度较大。

第二阶段：1958—1965 年经济体制改革的初步探索

1958 年 5 月，中共八大二次会议正式通过了“鼓足干劲、力争上游、多快好省地建设社会主义”的总路线，出发点是要尽快改变我国经济文化落后的状况。总路线提出后，党发动了“大跃进”运动。“大跃进”运动，在生产发展上追求高速度，以实现工农业生产高指标为目标。由于忽视了客观经济规律，“大跃进”运动根本不可能迅速地改变我国经济文化落后的状况。实际上，无论是在中国还是在海外，大跃进都被广泛地视为一场空前的经济灾难。首先，在所有制上，急于追求“一大二公”，搞“升级”“过渡”，企图尽快实现单一的全民所有制的国有经济和国家经营。在中央和地方的关系方面，不加分析地下放管理权。在国家和企业的关系上，由于缺乏正确的领导，层层抬高指标，企业失去正常管理，经济效益大大下降。在分配制度上，无论是农村还是城市，都搞“一平二调”，使平均主义进一步发展，极大地挫伤了农民、职工的积极性，劳动生产率不断下降。针对“大跃进”造成的国民经济严重困难，中央决定实行“调整、巩固、充实、提高”的方针并加以贯彻。一是加强中央的集中统一管理，搞好综合平衡；二是开始注意运用经济杠杆的调节作用；三是制定各种管理条例，加强经济监督。到 1965 年，我国已经全面建立起自己的国民经济基础。

第三阶段：1966—1976 年文化大革命

1966 年 5 月至 1976 年 10 月，我国处于文化大革命阶段。在这十年中，我国国民经济发展缓慢，主要比例关系长期失调，经济管理体制更加僵化，拉大了与发达国家之间的差距，失去了巨大的发展机遇。在这十年间，国家仍在进行经济建设，经济基础（所有制）和运行机制（国务院、国家计委领导下的计划经济体制）没有大的改变，“三五”“四五”国民经济计划得到完成，1967 年和 1968 年，大的建设部署安排仍在继续，并取得了一些重要成果，如葛洲坝水利工程、南京长江大桥、刘家峡水电站等。“我国社会主义制度的根基仍然保持着，社会主义经济建设还在进行”“我国国民经济虽然遭到巨大损失，仍然取得了进展。粮食生产保持了比较稳定的增长。工业交通、基本建设和科学技术方面取得了一批重要成果。”① 从具体经济增长率来看，1967—1976 年 10 年间的工农业总产值年平均增长率为 7.1%，社会总产值年平均增长率为 6.8%，国民收入年平均增长率为 4.9%。与 1966 年相比，1976 年工农业总产值增长 79%，社会总产值增长 77.4%，国民收入总额（按当年价格计算）增长 53%。1976 年的钢产量比 1966 年增长 33.5%，原煤增长 91.7%，原油增长 499%，发电量增长 146%，农用氮、磷、钾化肥增长 117.7%，塑料增长 148.2%，棉布增长 20.9%，粮食增长 33.8%，油料增长 61.6%。

总之，改革开放前，我国经济增长波动较大，片面追求总产值的增长速度，实行粗放式扩大再生产，忽视了经济效率和经济效益的追求，导致这一时期的经济增长质量差。与世界相比较，1955 年我国国民生产总值占世界的 4.7%，到 1980 年变成 2.5%，降低了将近一半。1979 年我国人均 GDP 仅为 416 元（人民币）。1978 年世界银行年底的报告指出，我国人均国民生产总值与索马里、坦桑尼亚为伍排在倒数第 20 位，属于世界上最贫穷落后的国家。可见，我国经济非常落后，实行僵化的计划经济体制，存在长期不断的政治和权力斗争，在世界经济中的地位非常低。

2. 改革开放之后中国经济的发展状况

1978 年 12 月 18 日，中国共产党第十一届中央委员会第三次全体会议在北京举行。这次大会，重新确立了党的马克思主义的思想路线，重新确立了马克思主义的政治路线，重新确立了党的正确的组织路线。十一届三中全会是一次拨乱反正的会议，也是一次开创未来的会议。全会明确指出党在新时期的历史任务是把我国建设成为社会主义现代化强国，揭开了社会主义改革开放的序幕。同时，以十一届三中全会为起点，我国进入了改革开放和社会主义现代化建设的新时期，并取得了举世瞩目的建设成就。

改革开放以来，我国经济取得了举世瞩目的成就。从经济总量来看（见图 4-1），我国经济总量（GDP）从 1978 年的 3645.2 亿元增加到 2013 年的 568845 亿元，是 1978 年的 156.05 倍。2001 年我国经济总量首次突破 10 万亿元，达到 109655.2 亿元；2012 年我国经济总量则首次突破 50 万亿元，经济

① 参见《关于建国以来党的若干历史问题的决议》。

总量不断扩大。从经济增长率来看，除了某些年份经济增长率低于8%之外，大部分年份增长率均超过8%。

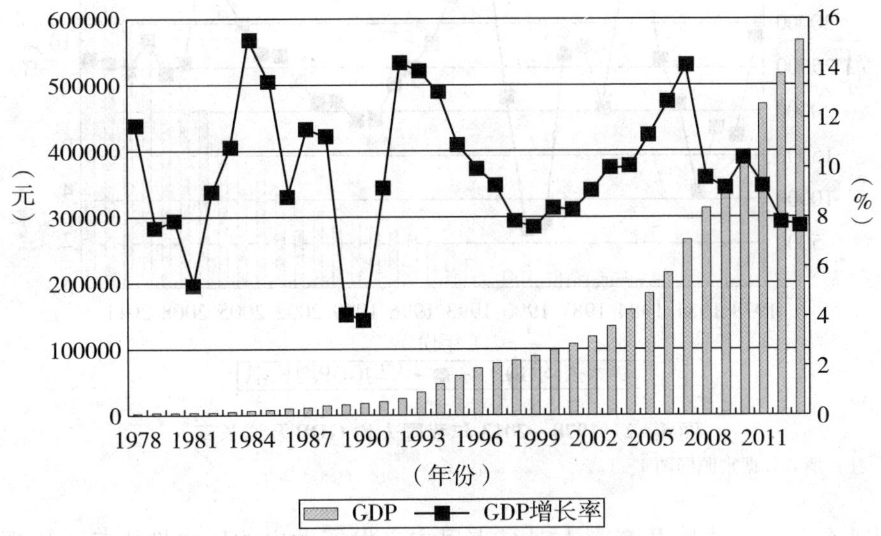

图4－1　1978—2013年我国经济总量及经济增长率

注：2013年的数据来源于《2013年国民经济和社会发展统计公报》，其余数据来源于2012年的《中国统计年鉴》。

从人均GDP来看（见图4－2），我国人均GDP从1978年的381元增加到2011年的41909元，是1978年的110倍。2003年，我国人均GDP首次突破1万元，达到10542元；2010年，我国人均GDP则首次突破3万元。随着人均GDP的不断增加，我国居民生活水平也在不断上升。国家越来越关注民生，人民生活水平质量的提高，也必将推动我国经济增长。

改革开放之后，我国经济的快速发展得益于国家重大战略的决定。1979年经济特区的设立，1988年"科学技术是第一生产力"的提出，1992年社会主义市场经济体制改革目标确立，1995年"两个根本性转变"目标提出，1999年西部大开发战略提出，2001年中国正式成为世贸组织成员，2007年科学发展观写入党章，2012年党的十八大建设"美丽中国"目标的提出，这些重大历史事件，有力地推动了我国经济的快速发展。尤其是1992年我国社会主义市场经济体制改革，成为我国改革开放之后经济社会发展的重要分水岭，具有重大的历史意义：一是在社会主义条件下发展市场经济，这是前无古人

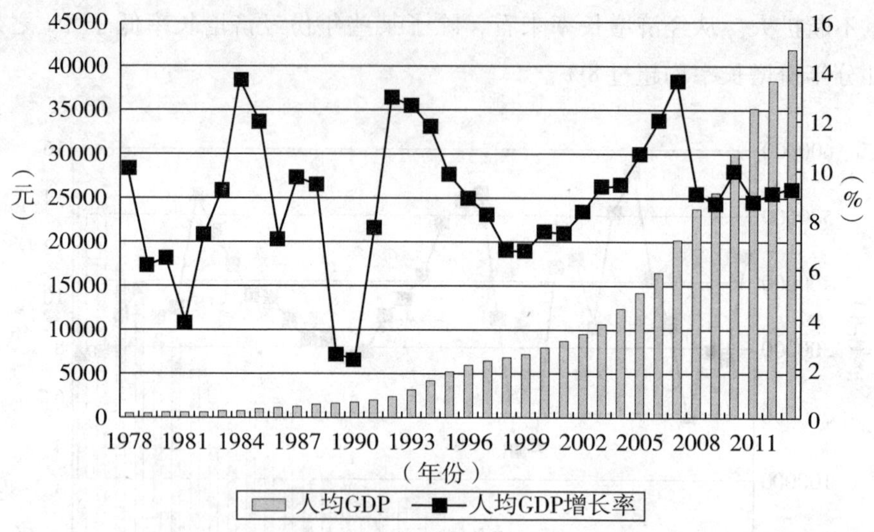

图 4－2　1978—2013 年我国人均 GDP 及增长率

注：所有数据来源同图 4－1。

的伟大创举，是中国共产党人对马克思主义发展做出的历史性贡献，体现了中国共产党坚持理论创新、与时俱进的巨大勇气；二是社会主义也可以搞市场经济的科学论断，解除了思想束缚，对计划和市场问题的认识有了重大突破，为社会主义经济体制改革指明了方向；三是由计划经济体制向市场经济体制转变，实现了改革开放的历史性突破，开创了我国经济、政治和文化发展的新局面①。

3. 我国作为世界经济大国地位的确立

首先，从经济总量所占比重来看（见表 4－9），2003 年至今我国经济总量占世界经济总量的比重在不断上升，所占比重从 2003 年的 4.38% 增加到 2011 年的 11.98%。尽管 2012 年我国经济总量占世界经济总量的比重有所下降，但总体来看我国经济总量在世界的排名却在不断上升。2003 年，我国经济总量仅排在世界的第 6 位，2010 年我国经济总量首次超过日本，成为世界上第二经济大国。我国经济快速发展、世界位次不断提升是改革开放的重大成果。

① 资料来源于推进社会主义的自我完善和发展——关于中国特色社会主义的改革，"三个代表"重要思想学习，www.nbedu.net.cn.

表 4－9　　主要年份几国经济总量占世界经济总量的比重　　单位:%

国家＼年份	2003	2004	2005	2006	2007	2008	2009	2010	2011	2012	2013
美国	29.61	27.99	27.57	26.96	25.18	23.41	24.23	23.13	25.70	21.61	22.71
中国	4.38	4.58	4.95	5.49	6.26	7.37	8.56	9.32	11.98	10.80	12.41
日本	11.29	10.92	9.98	8.82	7.84	7.96	8.70	8.72	9.64	8.54	6.63
法国	4.81	4.89	4.70	4.58	4.64	4.65	4.55	4.06	4.12	4.03	3.70
德国	6.52	6.51	6.11	5.90	5.96	5.92	5.72	5.25	5.34	5.17	4.91
英国	4.97	5.22	5.00	4.93	5.01	4.34	3.73	3.56	3.65	3.63	3.43
中国排名	6	6	5	4	3	3	3	2	2	2	2

注：2009 年之前的原始数据来源于《中宏数据库》，2010 年的原始数据来源于《国际统计年鉴》，2011 年和 2012 年的原始数据来源于国际货币基金组织，2013 年的 GDP 来自于 IMF 于 2014 年 4 月 8 日公布根据原始数据计算得到。

其次，从我国对外贸易的发展状况来看。改革开放以来，我国对外贸易发展非常快速（见表 4－10）。货物进出口总额从 1978 年的 206.4 亿美元增加到 2013 年的 41603 亿美元，是 1978 年的 201.56 倍。其中，货物出口总额从 1978 年的 97.5 亿美元增加到 2013 年的 22100 亿美元，是 1978 年的 226.67 倍；货物进口总额从 1978 年的 108.9 亿美元增加到 2013 年的 19503 亿美元。我国货物进出口贸易的快速增加，使我国对外贸易在国际中的地位在不断提升。

表 4－10　　改革开放以来我国对外贸易状况　　单位：亿美元

年份	进出口额	出口总额	进口总额	年份	进出口额	出口总额	进口总额
1978	206.4	97.5	108.9	2001	5096.5	2661.0	2435.5
1980	381.4	181.2	200.2	2002	6207.7	3256.0	2951.7
1985	696.0	273.5	422.5	2003	8509.9	4382.3	4127.6
1990	1154.4	620.9	533.5	2004	11545.5	5933.3	5612.3
1991	1357.0	719.1	637.9	2005	14219.1	7619.5	6599.5
1992	1655.3	849.4	805.9	2006	17604.4	9689.8	7914.6
1993	1957.0	917.4	1039.6	2007	21765.7	12204.6	9561.2

续 表

年份	进出口额	出口总额	进口总额	年份	进出口额	出口总额	进口总额
1994	2366.2	1210.1	1156.1	2008	25632.6	14306.9	11325.7
1995	2808.6	1487.8	1320.8	2009	22075.4	12016.1	10059.2
1996	2898.8	1510.5	1388.3	2010	29740.0	15777.5	13962.4
1997	3251.6	1827.9	1423.7	2011	36418.6	18983.8	17434.8
1998	3239.5	1837.1	1402.4	2012	38671.2	20487.1	18184.1
1999	3606.3	1949.3	1657.0	2013	41603	22100	19503
2000	4742.9	2492.0	2250.9	—	—	—	—

注：2012 年之前的数据来源于历年《中国统计年鉴》，2013 年的数据来源于《2013 年国民经济和社会发展统计公报》。

从2000年至今，我国货物进出口总额占世界的比重在不断上升，所占比重从2000年的3.60%上升到2012年的10.48%，低于美国的同期水平，排名世界第2位（见表4－11）。

表4－11　主要年份几国货物进出口总额占世界比重的比较　单位:%

国家＼年份	2000	2005	2007	2008	2009	2010	2011	2012
中国	3.60	6.66	7.69	7.85	8.75	9.71	9.90	10.48
日本	6.52	5.20	4.72	4.73	4.49	4.78	4.56	4.57
美国	15.49	12.34	11.20	10.59	10.54	10.60	10.19	10.53
法国	5.06	4.53	4.21	4.08	4.14	3.68	3.58	3.37
英国	4.81	4.21	3.75	3.35	3.31	3.14	3.20	3.11

注：2010 年前的原始数据来源于《国际统计年鉴》，2011—2012 年的原始数据来源于《中国统计摘要 2013》，根据原始数据计算得到。

从货物出口额所占比重的世界排名来看，2009年我国首次超过德国成为全球第一大出口国，当年的出口总额为12016亿美元。2009年至今，我国连续成为世界最大出口国，货物出口所占比重从2009年的9.8%增加到2012年的11.2%（见表4－12），这再次证明了我国在世界经济中的地位。

表 4－12　主要年份几国货物出口总额占世界比重的比较

国家＼年份	货物出口（十亿美元）				占世界的比重（%）			
	2009	2010	2011	2012	2009	2010	2011	2012
中国	1201.6	1577.8	1898.6	2048.71	9.8	10.6	10.4	11.2
美国	1056.0	1278.3	1480.6	1547.3	8.7	8.6	8.1	8.4
德国	1120.0	1258.9	1473.9	1407.1	9.2	8.5	8.1	7.7
日本	580.7	769.8	822.7	798.6	4.8	5.2	4.5	4.4

注：资料来源于 WTO statistical data sets，April 2012。

再次，从我国对外直接投资的发展状况来看。1998 年，我国开始实施“走出去”战略，采取相应的政策措施鼓励和支持有条件的企业“走出去”，按照国际通行规则到境外投资，开展互利合作和共同开发。2001 年加入世界贸易组织后，我国的经济发展和改革开放进入一个新阶段，与世界经济的联系互动关系增强，对外投资呈现出迅速发展态势，规模逐年扩大（见图 4－3）。1990—2012 年，我国对外直接投资额累计达到 4460.81 亿美元。其中，我国对外直接投资净额（流量）保持连续十年增长，2012 年达到 878 亿美元，比 2011 年增长 17.6%，对外直接投资名列全球第 3 位。2012 年，我国境内投资者共对全球 141 个国家和地区的 4425 家境外企业进行了直接投资，累

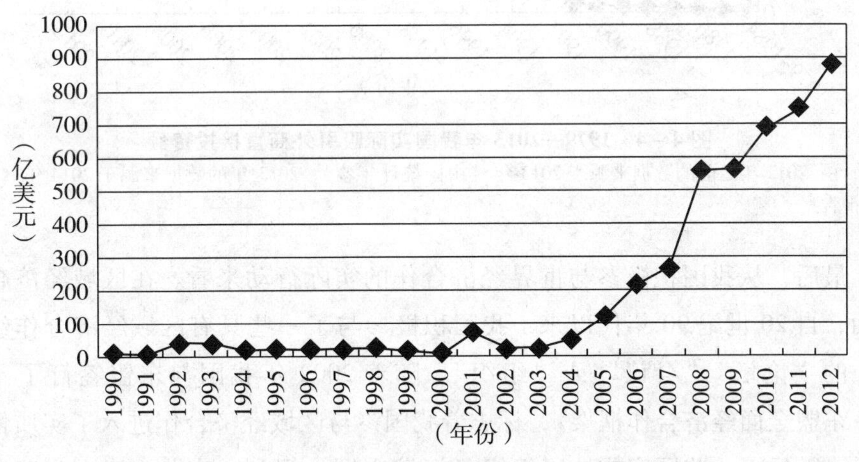

图 4－3　1990—2012 年我国对外直接投资额

注：其中 1990—2002 年的数据来自于各年度联合国贸发会议的世界投资报告；2003—2012 年的数据来自于各年度商务部的《中国对外直接投资统计公报》。

计实现非金融类直接投资772.2亿美元，同比增长28.6%。我国对外直接投资的快速增长，表明我国经济实力在不断提升。

从我国历年吸引的外商直接投资来看，我国吸引的外商直接投资在不断增加（见图4-4）。1979—2013年我国吸引的外商直接投资累计达到14000.12亿美元。具体来看，2013年我国吸引的外商直接投资额是1985年的63.34倍。2014年《世界投资报告》指出，中国吸引外国直接投资仍稳居全球第二，与位居全球第一的美国的距离进一步缩小。中国已经建立160多个双边经贸合作机制，签订150多项投资协议，中国企业正在成为国际投资的重要参与者。早在2010年我国实际使用外资就已经超过1000亿美元，居发展中国家的首位，全球第二位。同时，流入中国服务业的外国直接投资首次超过制造业，并将继续保持此趋势。

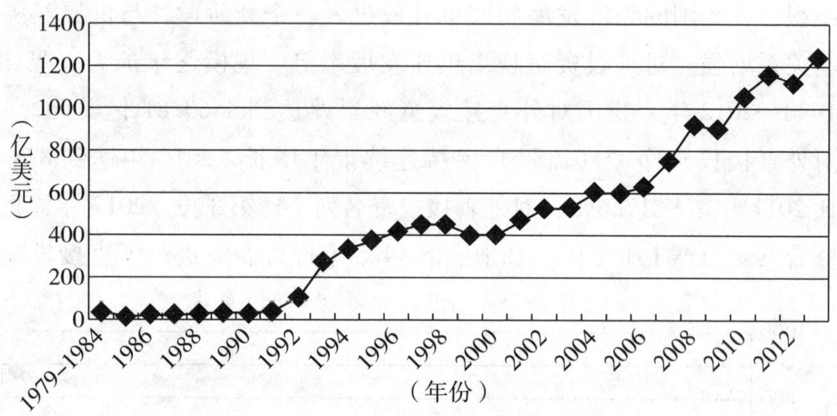

图4-4 1979—2013年我国实际吸引外商直接投资额

注：2012年之前的数据来源于2013年《中国统计年鉴》，2013年的数据来源于2014年《世界投资报告》。

最后，从我国积极参与世界经济合作的实际行动来看。在区域经济合作方面，自20世纪90年代以来，我国积极参与了一些具有区域经济合作组织性质的“论坛”“会议”或“组织”。随着2002年我国与东盟签订了《中国-东盟全面经济合作框架》，标志着我国参与区域经济合作进入了实质性的阶段。随后，一些国家或地区组织（海湾六国、智利、南非、澳大利亚、新西兰、巴西、墨西哥等）相继提出要与中国签订双边自由贸易协定或建立自由贸易区的建议。2008年金融危机之后，我国积极参与国际货币基金组织和多边开发机构的危机应对活动。在2008年国际金融危机后，国际货币基金组织因贷款迅速增加，提出了增加其资金充足性和补充资金的设想。我国积极支持基金组织，以创新、务实的态度探讨通过各种融资方式解决资金不足问题。我国积极研究有关方面提出的扩大新借款安排，支持基金组织的创新融资方式，并与其展开磋商。目前，我国已购买包括世界银行在内的多边开发机构的债券。在资金安全有保障且能获得回报的基础上，我国今后还将继续积极参与多边开发机构的危机救助活动。

在贸易融资方面，我国积极参与有关方面的国际合作，推动国际贸易融资发展。我国参与了世界银行国际金融公司（IFC）的贸易融资计划，并与IFC就购买其私募债券用于贸易融资问题初步达成一致，中国进出口银行与有关国家银行签订了贸易融资协议。此外，我国积极支持发挥区域性金融组织、区域性合作机制以及双边合作的危机救助作用，分担主要国际金融组织机构的融资压力，如积极推动亚洲开发银行实现普遍增资，支持其开展贸易融资活动。同时，为维护亚洲地区贸易平稳发展，我国支持亚行扩大现有贸易融资便利项目规模的努力，并愿意积极加强与亚行在贸易融资领域的合作，帮助亚太地区发展中国家恢复贸易正常发展，减少金融危机对各国经济的冲击。

总之，从我国经济总量及占世界比重、对外贸易的发展状况、对外直接投资的发展状况和我国积极参与世界经济合作的实际行动来看，我国经济在世界经济中的地位越来越高，在世界经济中扮演着越来越重要的角色，我国作为世界经济大国地位的确立是新中国成立之后六十多年来不断奋斗的结果，这也为我国开展与东盟能源投资合作奠定了坚实的经济基础。

4.2.2 东盟国家经济快速发展

1. 经济规模不断扩大，在全球经济的地位不断提升

从整体来看，20世纪80年代之后，东盟十国经济快速增长，经济规模不断扩大（见图4-5）。经济总量从1985年的2352.19亿美元增加到2012年的23055.42亿美元，是1985年的9.80倍。据亚洲开放银行预测，2013年与2014年东盟经济增长速度分别为5.4%和5.7%。然而不难看出，在20世纪90年代中期东盟经济增长出现了较大的波动。1997年东南亚金融危机严重影响了东盟经济增长，使东盟各国在1998年普遍出现严重的经济衰退。尽管随

后的1999年和2000年东盟经济出现快速复苏和强劲反弹，但在2001年东盟多数国家经济增长急转直下甚至出现负增长，随后东盟经济再次出现复苏。东盟国家经历了东南亚金融危机之后的严重衰退、迅速复苏、再陷衰退到重新复苏的增长轨迹（王勤，2007）①，主要源于以下几方面原因：一是经济全球化与信息化进程的加快，促使东盟经济增长波动增大；二是东南亚金融危机之后东盟国家经济的脆弱性，使之难以抵御世界经济周期波动的冲击；三是东南亚金融危机之后区域国际分工格局的巨变，直接影响东盟国家经济增长的动力机制（王勤，2003）②。2002年之后，东盟经济再次快速增长，2002—2012年，东盟经济总量增长了2.48倍。

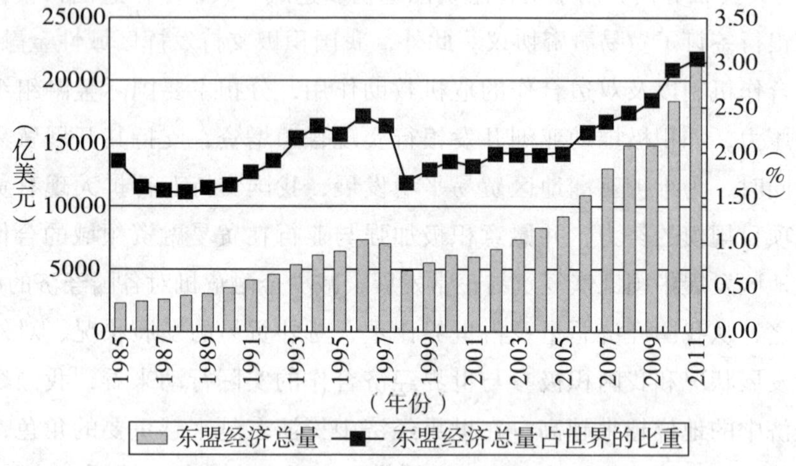

图4-5 1985—2012年东盟十国经济总量及占世界的比重

注：文莱2011年的数据来源于世界银行网站，柬埔寨1992年之前的数据和缅甸2009年之前的数据均来自于历年的《世界经济年鉴》，其余数据来源于《国际统计年鉴》。

随着经济快速增长，东盟经济总量占世界经济总量的比重也在不断提升。1988年东盟十国经济总量占世界的比重仅为1.55%，2012年所占比重达到3.22%，几乎提升了一倍。东盟对外开放水平提升和经济持续快速增长，使区域经济合作的外部条件和内在动力获得了统一，由此展示了东盟在世界经

① 王勤．论经济全球化与东南亚经济发展［J］．厦门大学学报：哲学社会科学版，2007（2）：61-66.

② 王勤．东盟经济增长的波动及其趋势［J］．南洋问题研究，2003（2）：24-29.

济全球化和区域经济合作中的重要地位。东盟正确地选择了适合自身的发展战略，顺应了世界经济全球化和区域经济一体化的发展潮流与趋向（魏达志，2007）①。2002 年中国－东盟自由贸易区的成立，有力推动了东盟经济的快速发展，改变了东盟国际政治经济面貌，极大增强了东盟在世界经济中的分量，提高了国际地位。

2. 东盟对外贸易规模不断扩大，贸易地位不断上升

随着科学技术的突飞猛进，世界各国生产力巨大发展，国际分工进一步深化，各国、各地区经济相互依赖程度加深，国际间经济往来不断密切，对外贸易已经成为处理国际经贸关系重要的外交手段。进入 21 世纪之后，世界贸易飞速发展，贸易总量从 2000 年的 131800 亿美元增加到 2012 年的 368456.63 亿美元，是 2000 年的 2.80 倍。与同期世界贸易相比，东盟十国的贸易变化更为明显，其进出口总额、出口总额和进口总额分别从 2000 年的 8126 亿美元、4320 亿美元和 3805 亿美元增加到 2012 年的 24683.37 亿美元、12522.71 亿美元和 12160.60 亿美元，分别是 2000 年的 3.04、2.90 和 3.20 倍（见表 4－13）。

表 4－13　　东盟十国对外贸易状况及占世界贸易的比重

项目 年份	进出口		出口		进口	
	总额（亿美元）	占比（%）	总额（亿美元）	占比（%）	总额（亿美元）	占比（%）
2000	8126.00	6.17	4320.00	6.69	3805.00	5.66
2005	12584.42	5.90	6556.57	6.25	6028.00	5.55
2007	16410.55	5.80	8656.02	6.18	7756.00	5.42
2008	19288.22	5.91	9897.79	6.14	9388.00	5.68
2009	15379.68	6.09	8147.87	6.51	7232.00	5.69
2010	20040.74	6.55	10524.61	6.91	9501.00	6.18
2011	24116.02	6.59	12621.51	6.91	11494.50	6.26
2012	24683.37	6.70	12522.71	6.85	12160.60	6.56

注：2010 年之前东盟十国和世界的数据来源于历年的《国际统计年鉴》，2011—2012 年的数据通过百度搜索得到。2012 年文莱的数据均为估计值，世界的数据是根据中国进出口、出口和进口的数据及所占世界的比重推算得到。

① 魏达志．东盟经济一体化进程与发展趋向［J］．开放导报，2007（2）：37－40.

从东盟对外贸易占世界贸易的比重来看，无论是进出口总额、出口总额还是进口总额，所占比重均有提升。其中，东盟进出口总额所占比重、出口总额所占比重和进口总额所占比重分别从2000年的6.17%、6.69%和5.66%增加到2012年的6.70%、6.86%和6.56%。作为一个整体，目前东盟是全球第四大经济体，预计未来5～10年东盟将超越日本成为世界第三大经济体。

东盟对外贸易的快速增长源于三方面原因：一是东盟相对良好的宏观经济环境。进入20世纪90年代之后，东盟国家社会相对比较稳定，宏观经济整体持续向上，基础设施建设面广、项目多，对全球资金具有不可抗拒的吸引力，东盟一直以来都是外国投资者青睐的主要投资目的地之一。尽管2008年爆发的国际金融危机对东盟产生了重大影响，但东盟经济逆势而动，强劲增长。为了应对国际金融危机的冲击，东盟国家采取了积极的财政政策和宽松的货币政策，扩大内需，经济发展势头良好。二是长期以来东盟实行的出口替代战略①，不仅促进对外贸易迅速扩大，也极大地推动该地区的经济增长。东盟的出口导向型经济最初是以农矿初级产品出口为主，并在逐步增加加工深度和发展相关产业的基础上，推动制成品出口。20世纪80年代之后，东盟的出口加工业发展迅速，制造业的繁荣和制成品出口的增加已经成为带动整个地区经济增长的主导力量（慕海平，1992）②。正是由于实施出口导向型经济发展战略，东盟不仅积累了发展外向型经济的经验，而且也奠定了重要的物质基础。东盟各国多为出口导向型经济，对外部需求和资金高度依赖。东盟能够大量吸引外资，较高的资信地位成为东盟吸引外资和技术的有利场所，为其促进对外贸易发展提供了良好的基础条件。三是中国与东盟双边贸易快速发展，有力地拉动了东盟对外贸易的发展。2000年，中国与东盟双边贸易额仅为395.2亿美元，占当年东盟对外贸易总额的4.86%；2012年中国－东盟贸易额创历

① 出口替代战略又称为出口替代工业化政策或出口导向工业化政策，是外向型经济发展战略的产物，是指一国采取各种措施扩大出口，发展出口工业，逐步用轻工业产品出口替代初级产品出口，用重、化工产品出口替代轻工业产品出口，以带动经济发展，实现工业化的政策。

② 慕海平．东盟国家的经济发展趋势及与我国的经济关系［J］．世界经济与政治，1992（4）：18－22.

史新高，达4000.93亿美元。其中，中国对东盟出口2042.72亿美元，同比增长20.1%；自东盟进口1958.21亿美元，比2011年增长1.5%，中国与东盟双边贸易额占东盟对外贸易总额的比重高达16.21%。2013年，我国与东盟双边进出口总额为4436.1亿美元，比2012年增长10.9%，高于全国外贸增速3.3个百分点，增速居我国主要贸易伙伴前列。中国连续五年成为东盟的第一大贸易伙伴，东盟继续成为中国的第三大贸易伙伴。

3. 东盟吸引外资不断增加，成为世界上吸引外资重要的地区

从1995—2012年东盟十国吸引FDI来看（见表4-14），东盟吸引外资不断增加，成为世界上吸引外资重要的地区。1995年，东盟吸引的FDI为263.48亿美元，2012年达到1193.4亿美元，是1995年的4.53倍。东盟中的新加坡一直是东南亚地区吸纳外商直接投资的最大国家，2011年外商直接投资猛增31.6%，突破640亿美元，占东盟吸纳外商直接投资总额的54.7%。新加坡税率低，法律体系良好。同时，新加坡对外直接投资也保持较高的增长速度，2011年达到252亿美元，同比增长19%，其中对东盟区域内的投资逐步增加。此外，东盟中的印度尼西亚、马来西亚等国也是积极吸引外商直接投资重要的国家。而随着经济开放政策的持续落实以及投资环境的不断改善，越南、老挝、缅甸、柬埔寨四个新东盟成员国在吸纳外商直接投资方面表现日益突出。

表4-14　历年东盟十国吸引的FDI总额　单位：百万美元

年份	FDI	年份	FDI	年份	FDI
1995	26348.10	2001	13331.49	2007	75650
1996	29446.84	2002	14534	2008	47076
1997	33147.41	2003	17145	2009	37881
1998	22847.05	2004	25700	2010	75758
1999	24589.91	2005	38100	2011	117000
2000	11452.87	2006	45000	2012	119340

注：2012年的数据来源于2013年《世界投资报告》，其余历年的数据均来自于世界银行网站。

国际咨询机构科尔尼公司发布的《2012年全球外商直接投资（FDI）信心指数》显示，亚洲国家尤其是新兴经济体是2012年最具吸引力的投资目的地。其中，新加坡的排名从2010年的第24位跃升为第7位，印度尼西亚则从第20位提升到第9位，越南位列第14位，而泰国则排名第16位。东盟吸引的外商直接投资占世界的比重从2000年的0.82%增加到2012年的8.84%，所占比重大幅度提升。

从东盟对外直接投资来看，2000年东盟对外直接投资仅为81.02亿美元①，2010年对外直接投资额达到422.23亿美元，是2000年的5.21倍。从东盟对外直接投资占世界对外直接投资的比重来看，所占比重也有了大幅度提升，从2000年的0.66%增加到2010年的3.19%。新加坡是东盟中对外直接投资最多的国家，截至2012年年末，新加坡累计对外直接投资4627亿新元，比上年年末增长3.7%。对外投资目的地主要为东盟（占22%）、中国（占20%）和欧盟（占13%），中国连续6年为新加坡第一大对外投资目的国。

总之，从东盟经济发展水平、经济总量占世界比重、对外贸易的发展状况、吸引外资和对外直接投资的发展状况来看，东盟经济在世界经济中的地位越来越高，在世界经济中扮演着越来越重要的角色。中国作为世界经济大国及其地位的提升，以及东盟经济的快速发展，为双边之间的能源投资合作奠定了经济基础。

4.3 相互直接投资基础

4.3.1 中国对东盟直接投资状况

1. 金融危机前中国对东盟直接投资

首先，投资规模不断增加。随着东盟国家投资环境日趋完善和便利，以及我国企业实力的不断增强，东盟已成为我国进行海外投资的首选地，我国对东盟的直接投资步伐明显加快。从历年我国对东盟直接投资的流量来看

① 2010年的数据缺少印度尼西亚、越南和缅甸三国。

(见表4－15)，2002年之前，我国对东盟的投资相对较少，甚至在某些年份，对外直接投资出现净流入。2003年之后，我国对东盟的直接投资明显增加，当年我国对东盟的投资项目为65个，直接投资金额为1.89亿美元。可见，2002年中国－东盟自由贸易区的成立，影响了我国对东盟直接投资，也促进了我国对东盟的能源投资。2007年我国对东盟的投资呈加速上涨趋势，当年对东盟的投资达到9.68亿美元，是2006年投资水平的2.88倍。2008年金融危机席卷全球，造成世界经济下滑，但这并不影响我国对东盟的投资，我国对东盟的投资依然保持强劲的快速增长势头，当年对东盟的投资达到24.84亿美元。

表4－15　　1995—2008年中国对东盟的直接投资流量　　单位：亿美元

年份	1995	1996	1997	1998	1999	2000	2001
对东盟的直接投资	1.37	1.18	0.62	2.91	0.63	－1.33	1.47
年份	2002	2003	2004	2005	2006	2007	2008
对东盟的直接投资	－0.81	1.89	2.26	1.58	3.36	9.68	24.84

注：1995—2006年的数据来源于陈霜华、查贵勇（2008），2007—2010年的数据来源于2010年的中国对外直接投资统计公报。

从历年我国对东盟直接投资的存量来看（见表4－16），存量不断增加。2003年我国对东盟的直接投资存量为5.87亿美元，2005年的直接投资存量达到12.56亿美元，比2003年的水平翻了一番。2007年我国对东盟的直接投资存量增加到39.53亿美元，是2005年直接投资存量的3倍之多。2008年，尽管受到国际金融危机的影响，但直接投资存量迅速增加，增至64.86亿美元。

表4－16　　2003—2008年中国对东盟直接投资存量　　单位：万美元

年份	2003	2004	2005	2006	2007	2008
合计	58695	95570	125615	176338	395317	648699

注：中国对东盟各国直接投资存量的原始资料来源于2010年的中国对外直接投资统计公报，根据原始资料计算得到。

从具体的国别投资来看，我国对东盟国家的投资位居前3位的分别是新加坡、越南和泰国。目前，我国在新加坡挂牌上市的中资或含中资的企业已达100多家，在泰国累计投资设立非金融类中资企业278家，我国也连续多年成为柬埔寨第一大投资国。截至2008年年底，我国对缅甸投资累计达13.31亿美元。其中，对矿产、电力、油气领域类的投资分别为8.66亿、2.81亿和1.24亿美元，我国已经成为缅甸的第四大投资国①。

其次，投资领域和投资形式不断扩大。从投资领域来看，我国对东盟投资的领域向深度和广度延伸，涉及制造业，批发和零售业，电力、煤气及水的生产供应业，商务服务业，建筑业，采矿业，交通运输及仓储业，专业技术服务业，农林牧渔业，房地产业，餐饮业等多个领域（李世泽，2007）②，投资形式也从直接投资发展到包括技术投资BOT等多种形式。尤其是在矿业领域的投资方面，我国对东盟国家在矿业领域的投资既有区位优势，也具有政策环境优势。东盟国家，尤其是紧邻的越南、老挝和缅甸等国，矿产勘查的程度不高，希望引进我国的资金、技术来推动国内资源开发，促进经济发展，这为我国增加对东盟国家的矿业投资创造了良好条件（刘文正，2009）③。2008年，我国对东盟投资的领域主要在以下几个方面：电力/煤气及水的生产和供应业11.76亿美元，占47.3%，主要分布在新加坡、缅甸、老挝、印度尼西亚等；交通运输、仓储业和邮政业占11.3%，主要分布在新加坡；采矿业占9.7%；制造业占9.5%；租赁和商务服务业占6.5%，建筑业占6.6%、批发和零售业占3.7%④。在矿业领域的投资方面，我国对东盟国家在矿业领域的投资既有区位优势，也具有政策环境优势。东盟国家，尤其是紧邻的越南、老挝和缅甸等国，矿产勘查的程度不高，希望引进我国的资金、技术来推动国内资源开发，促进经济发展，这为我国增加对东盟国家的矿业投资创造了良好条件（刘文正，2009）⑤。

---

① 中国驻缅甸大使馆经济商务参赞处. 2008年中缅经贸合作数据［EB/OL］，http://mm.mofcom.gov.cn/article/zxhz/hzjj/200902/20090206038342.html.

② 李世泽. 基于OLI模式的中国对东盟直接投资的动因分析［J］. 中国与东盟，2007（3）：18－23.

③ 刘文正. CAFTA框架下中国－东盟相互投资的特征分析［J］. 东南亚纵横，2009（10）：15－19.

④ 资料来自于2008年中国对外直接投资统计公报。

⑤ 刘文正. CAFTA框架下中国－东盟相互投资的特征分析［J］. 东南亚纵横，2009（10）：15－19.

可见，我国对东盟的直接投资分布越来越广。

最后，越来越重视对东盟的投资。从我国历年对外投资总额来看（见表4－17），1995年我国企业对外投资额为20亿美元，2008年对外投资额达到559.1亿美元。在我国企业“走出去”步伐进一步加快，对外投资规模不断扩大的同时，2005年之后我国对东盟的投资开始呈现上升趋势，占我国对外投资的比重不断提高。2005年我国对东盟的直接投资占我国对外直接投资的比重仅为1.29%，2008年这一水平达到4.44%。可见，我国越来越重视对东盟的投资。

表4－17 中国对外直接投资以及对东盟的投资占对外投资的比重

年份／项目	1995	1996	1997	1998	1999	2000	2001
中国对外直接投资总额（亿美元）	20	21	26	27	19	10	69
中国对东盟直接投资占比（%）	6.85	5.62	2.38	10.78	3.32	－13.30	2.13
年份／项目	2002	2003	2004	2005	2006	2007	2008
中国对外直接投资总额（亿美元）	27.0	28.5	55.0	122.6	211.6	265.1	559.1
中国对东盟直接投资占比（%）	－3.00	6.63	4.11	1.29	1.59	3.65	4.44

注：1995—2001年中国对外直接投资总额来源于陈立敏（2008）①，2002—2008年的数据来源于2010年的《中国对外直接投资统计公报》。中国对东盟直接投资占对外投资的比重是根据表4－1和表4－3中的数据计算得到。

从2007—2008年我国对外直接投资地区当年的投资流量来看（见表4－18），我国对东盟的投资位于第二位，仅次于中国香港，但与中国香港的差距非常明显。2004年，为了推进对外投资便利化进程，商务部根据《行政许可法》和《国务院关于投资体制改革的决定》，在2003年行政审批改革试点的基础上，下发了《关于境外投资开办企业核准事项的规定》，并与国务院港澳办联合下发了《关于内地企业赴香港、澳门投资开办企业核

① 陈立敏．外商来华直接投资与中国企业对外投资的差异分析［J］．亚太经济，2008（8）：52－56.

准事项的规定》，这些规定为我国对中国香港的快速投资奠定了良好的基础。另外，我国对东盟的投资较大，投资水平超过对澳大利亚的投资，也远超对欧盟、美国等这些世界上最大经济体的直接投资。从存量来看，我国对东盟的投资也较大。从具体的数据来看，我国对东盟的直接投资占比从2007年的3.7%增加到4.4%，投资存量也从2007年的3.4%增加到2008年的3.5%。

表4－18　2007—2008年中国对主要经济体投资情况表

经济体	2007年流量		2008年流量		2007年年末存量		2008年年末存量	
	金额（亿美元）	占比（%）	金额（亿美元）	占比（%）	金额（亿美元）	占比（%）	金额（亿美元）	占比（%）
中国香港	137.3	51.8	386.40	69.1	687.8	58.3	1158.45	63.0
欧盟	10.44	3.9	4.67	0.8	29.4	2.5	31.74	1.7
美国	1.96	0.8	4.62	0.8	18.8	1.6	23.90	1.3
澳大利亚	5.3	2.0	18.92	3.4	14.4	1.2	33.55	1.8
俄罗斯联邦	4.8	1.8	3.95	0.7	14.2	1.2	18.38	1.0
东盟	9.7	3.7	24.84	4.4	39.5	3.4	64.87	3.5

注：资料来源于2007年和2008年《中国对外直接投资统计公报》。

总之，随着中国－东盟自由贸易区的建设及不断深入，投资自由化、投资便利化的开展和投资环境的改善，为我国企业到东盟投资提供了制度保证。我国与东盟之间的投资壁垒逐渐消除，相互投资逐渐增多。加强对东盟国家的投资，是我国实施“走出去”战略的必然选择。

2. 金融危机后中国对东盟直接投资状况

首先，投资规模进一步增加。尽管2008年金融危机席卷全球，造成世界经济下滑，但这并不影响我国对东盟的投资，我国对东盟的投资依然保持强劲的快速增长势头。在后金融危机时代，我国对东盟的直接投资快速增长，2012年达到44.19亿美元，对东盟直接投资的规模日益显著（见表4－19）。从历年我国对东盟直接投资的存量来看，存量不断增加。2008年之后我国对东盟直接投资的存量从2009年的95.71亿美元增加到2012年的236亿美元，4年间增加了1.47倍。

表 4-19 2009—2012 年中国对东盟的直接投资流量

年份	2009	2010	2011	2012
投资流量（亿美元）	26.98	44.05	29.07	44.19
投资存量（万美元）	957142	1435021	1730000	2360000

注：2009—2010 年的数据来源于 2010 年的中国对外直接投资统计公报。2011—2012 年的数据来源于中国－东盟博览会官方网站：http：//www.caexpo.org，2012 年中国对东盟非金融类直接投资增 50%。

其次，投资领域和投资主体进一步扩大。在投资领域方面：从投资流量来看，在 2010 年我国对东盟投资的主要流向中，金融业 10.79 亿美元，占 24.5%，主要分布在泰国、菲律宾、新加坡、马来西亚、印度尼西亚、越南等；采矿业 8.98 亿美元，占 20.4%；电力/煤气及水的生产和供应业 7.91 亿美元，占 18%；制造业占 11%，主要分布在越南、新加坡、马来西亚、泰国、印度尼西亚等；建筑业占 7.9%，主要分布在柬埔寨、新加坡、菲律宾等；批发和零售业占 3.9%，主要分布在新加坡①。在 2012 年我国对东盟投资的主要流向中，采矿业 17.14 亿美元，占 28.1%，主要分布在印度尼西亚、老挝、泰国、缅甸等；电力、热力、煤气及水的生产和供应业 10.82 亿美元，占 17.7%，主要分布在缅甸、新加坡、印度尼西亚和柬埔寨等；制造业 9.88 亿美元，占 16.2%，主要分布在泰国、越南、马来西亚、柬埔寨、印度尼西亚、新加坡、老挝和菲律宾等；批发和零售业 6.83 亿美元，占 11.2%，主要分布在新加坡、印度尼西亚和老挝等；建筑业 6.01 亿美元，占 9.9%，主要分布在老挝、新加坡、柬埔寨和印度尼西亚等；租赁和商务服务业 4.4 亿美元，占 7.2%，主要分布在新加坡、老挝、越南和菲律宾等；农、林、牧、副、渔业占 4.9%，主要分布在老挝、柬埔寨和印度尼西亚等②。从投资存量来看，2010 年我国对东盟投资中的电力、煤气及水的生产供应业 27.77 亿美元，占 19.3%，主要分布在新加坡、缅甸、柬埔寨、印度尼西亚等；批发和零售业 18.75 亿美元，占 13.1%，主要分布在新加坡、越南、马来西亚、泰国等；制造业 19.02 亿美元，占 13.3%，主要分布在越南、马来西亚、泰国、柬埔寨、老挝等；采矿业占 12.8%；金融业占 12.3%，主要分布在泰国、新

① 资料来源于 2010 年《中国对外直接投资统计公报》。

② 资料来源于 2012 年《中国对外直接投资统计公报》。

加坡、马来西亚、印度尼西亚、菲律宾等；租赁和商务服务业占 8.2%，主要分布在新加坡、越南、老挝等；建筑业占 8.1%，主要分布在柬埔寨、泰国、缅甸、新加坡等；交通运输、仓储业占 5.9%，主要分布在新加坡；农/林/牧/渔业占 3.7%，主要分布在老挝、越南、印度尼西亚、缅甸、柬埔寨、泰国、菲律宾等；科学研究/技术服务业和地址勘查业占 2.1%；房地产业占 0.8%①。从 2012 年我国对东盟投资存量的行业分布来看，电力、热力、燃气及水的生产供应业 51.2 亿美元，占 18.1%，主要分布在新加坡、缅甸、柬埔寨、印度尼西亚、老挝和越南等；采矿业 40.33 亿美元，占 14.3%，主要分布在印度尼西亚、缅甸、老挝、新加坡和泰国等；批发和零售业 35.58 亿美元，占 12.6%，主要分布在新加坡、泰国、越南和印度尼西亚等；租赁和商务服务业 33.88 亿美元，占 12%，主要分布在新加坡、老挝、泰国、越南和菲律宾等；制造业 33.48 亿美元，占 11.9%，是我国对东盟投资涉及最广泛的行业；金融业 25.77 亿美元，占 9.1%，主要分布在新加坡、泰国、马来西亚、印度尼西亚和菲律宾等；建筑业占 7.9%，主要分布在柬埔寨、新加坡、泰国、老挝、马来西亚和越南等国家；交通运输、仓储业占 7.4%，主要分布在新加坡；农、林、牧、副、渔占 3.5%，主要分布在老挝、印度尼西亚、柬埔寨、越南、缅甸和泰国等；科学研究和技术服务业占 1.6%；房地产业占 0.6%；信息运输、软件和信息服务业占 0.4%；居民服务和其他服务业占 0.3%②。在投资主体方面，我国国有企业和知名企业已经成为投资东盟市场的主力军，其对东盟的投资占一半以上。我国中小企业也在不断加快进入东盟市场步伐，这是由于中小企业越来越拥有产业边际优势和小规模技术优势。

最后，进一步重视对东盟的投资。从 2008 年之后我国历年对外投资总额来看（见表 4-20），我国对外直接投资总额从 2009 年的 565.3 亿美元增加到 2012 年的 772.2 亿美元，对外直接投资出现较大幅度的增长。2012 年，我国境内投资者共对全球 141 个国家和地区的 4425 家境外企业进行了直接投资，累计实现非金融类直接投资 772.2 亿美元，比 2011 年增长 28.6%。在我国企业“走出去”步伐进一步加快，对外投资规模不断扩大的同时，我国对东盟

① 资料来源于 2010 年《中国对外直接投资统计公报》。
② 资料来源于 2012 年《中国对外直接投资统计公报》。

的投资开始呈现上升趋势，占我国对外投资的比重不断提高，从2009年的4.77%增加到2012年的5.72%。

表4-20　中国对外直接投资以及对东盟的投资占对外投资的比重

项目 \ 年份	2009	2010	2011	2012
中国对外直接投资总额（亿美元）	565.3	688.1	746.5	772.2
中国对东盟直接投资占比（%）	4.77	6.40	3.89	5.72

注：2009—2010年的数据来源于2010年的《中国对外直接投资统计公报》。2011—2012年的投资总额数据来源于相应年度的《国民经济和社会发展统计公报》。

从2009—2011年的相关数据来看（见表4-21、表4-22和表4-23），我国对东盟的直接投资从2009年的26.98亿美元增加到2011年的59.05亿美元，比2009年增长118.87%。而从存量来看，我国对东盟的直接投资存量从2009年的95.71亿美元增加到2011年的214.62亿美元，比2009年增长124.24%，增长速度大于同期投资流量增长速度。从中国对东盟直接投资流量占中国对外直接投资流量的比重来看，这一比重表现出较大幅度的增长，从2009年的4.8%增加到2011年的7.91%，存量所占比重则从2009年的3.9%增加到2011年的5.05%。此外，2011年我国对东盟的投资流量占对亚洲投资流量的比重则增加到12.98%，比2009年的6.68%增加了6.3%；2011年我国对东盟的投资存量占对亚洲地区投资存量的比重也增加到7.07%，高于2009年5.16%的水平。

近年来，我国政府着手建立服务保障和风险控制体系，逐步消除财税、金融、外汇、保险、人员出入境等方面的体制机制障碍，为企业投资东盟提供更多便利①。此外，我国通过设立中国-东盟投资合作基金、优惠信贷等多种形式，向东盟提供资金支持，对促进东盟国家经济发展起到了积极作用。当前，东盟国家经济社会持续快速发展，加上中国-东盟自由贸易区建设的不断深入，东盟已经成为我国企业"走出去"的首选地之一，我国对东盟的

① 方慧玲．自贸区效应促中国企业加大投资东盟——中国-东盟自贸区两周年相互投资述评[N]．广西日报，2012-03-29.

表 4-21　　2009—2012 年中国对主要经济体投资流量情况表　　单位：亿美元

经济体名称	2009			2010			2011			2012		
	金额	同比（%）	比重（%）	金额	同比（%）	比重（%）	金额	同比（%）	比重（%）	金额	同比（%）	比重（%）
中国香港	356.0	-7.9	63.0	385.05	8.2	56.0	356.55	-7.40	47.76	512.38	43.70	72.72
欧盟	29.66	535.1	5.3	59.63	101.0	8.7	75.61	26.80	10.13	61.20	-19.06	8.67
美国	9.09	96.7	1.6	13.08	44.0	1.9	18.11	38.49	2.43	40.48	123.52	5.73
澳大利亚	24.36	28.8	4.3	17.02	-30.2	2.5	31.65	85.97	4.24	21.73	-31.34	3.07
俄罗斯联邦	3.48	-11.9	0.6	5.68	63.0	0.8	7.16	26.02	0.96	7.85	9.64	1.11
东盟	26.98	8.6	4.8	44.05	63.2	6.4	59.05	34.06	7.91	61.00	3.30	8.60
合计	449.57	1.4	79.6	524.51	16.7	76.3	746.54	4.50	73.42	704.64	-5.61	80.94

注：资料来源于历年的《中国对外直接投资统计公报》，根据相关数据计算得到。

表 4-22　　2009—2012 年中国对主要经济体投资存量情况表　　单位：亿美元

经济体名称	2009		2010		2011		2012	
	金额	比重（%）	金额	比重（%）	金额	比重（%）	金额	比重（%）
中国香港	1644.99	66.9	1990.56	62.8	2615.19	61.57	3063.72	57.6
欧盟	62.77	2.6	124.97	3.9	202.91	4.78	315.38	5.9
美国	33.38	1.4	48.74	1.5	89.93	2.12	170.80	3.2
澳大利亚	58.63	2.4	78.68	2.5	110.41	2.60	138.73	2.6
俄罗斯联邦	22.2	0.9	27.88	0.9	37.64	0.89	48.88	0.9
东盟	95.71	3.9	143.50	4.5	214.62	5.05	282.38	5.3
合计	1917.68	78.1	2414.33	76.1	3270.7	77.01	4019.89	75.5

注：资料来源同表 4-22。

直接投资不断扩大。截至2012年6月底，我国在东盟投资额已达188亿美元，仅2008年以后新增投资额就占我国对东盟累计投资总额的70%以上。在后金融危机时代，我国对东盟直接投资迅猛，投资领域和投资重视程度都在进一步加强。我国对东盟国家投资领域已经从传统的矿业、建筑业拓展到能源、制造业、商务服务业等领域，投资形式从直接投资发展到技术投资、BOT等多种形式。

4.3.2 中国对东盟国别直接投资

1. 中国对印度尼西亚直接投资状况

日前，印度尼西亚以其稳定的经济增速和巨大的市场潜力，成为吸引外资的新星，也成为东盟十国中最具有吸引力的投资目的地。印度尼西亚吸引外资的快速增长主要源于基建投入不断加大以及消费市场快速增长。同时为了吸引外资，印度尼西亚不断完善相关法规，如设置一站式服务平台和电子服务平台，为外资办理简化手续①。

随着我国对外直接投资的快速增加，我国对印度尼西亚的直接投资在快速增加。从投资流量来看，中国对印度尼西亚的直接投资从2003年的2680万美元增加到2012年的136129万美元，是2003年的50.79倍（见表4-23）。从投资存量来看，中国对印度尼西亚的直接投资存量已经从2003年的5426万美元增加到2012年的309804万美元，与2003年相比增加飞速（见表4-24）。中国对印度尼西亚的投资主要集中在能源、矿产、基础设施领域，制造业领域的投资也开始增加，并采取并购、BOT、投资设厂等对外投资方式（林梅，2007）②。

表4-23　2003—2012年中国对东盟国家直接投资流量　单位：万美元

时间 国别	2003	2004	2005	2006	2007	2008	2009	2010	2011	2012
印度尼西亚	2680	6196	1184	5694	9909	17398	22609	20131	59219	136129
马来西亚	197	812	5672	751	-3282	3443	5378	16354	9513	19904
新加坡	-321	4798	2033	13215	39773	155095	141425	111850	326896	151875

① 刘慧，丁刚．印度尼西亚：吸引外资的新星［N］．人民日报，2012-04-30.

② 林梅．中国企业在印度尼西亚投资的现状与前景［J］．南洋问题研究，2007（4）：1-6.

续 表

时间 国别	2003	2004	2005	2006	2007	2008	2009	2010	2011	2012
泰国	5731	2343	477	1584	7641	4547	4977	69987	23011	47860
菲律宾	95	5	451	930	450	3369	4024	24409	26719	7490
越南	1275	1685	2077	4352	11088	11984	11239	30513	18919	34943
缅甸	—	409	1154	1264	9231	23253	37670	87561	21782	74896
老挝	80	356	2058	4804	15435	8700	20324	31355	45852	80882
柬埔寨	2195	2952	515	981	6445	20464	21583	46651	56602	55966
文莱	—	—	150	—	118	182	581	1653	2011	99

注：数据来源于历年的《中国对外直接投资统计公报》。

表 4－24　　2003—2012 年中国对东盟国家直接投资存量　　单位：万美元

时间 国别	2003	2004	2005	2006	2007	2008	2009	2010	2011	2012
印度尼西亚	5426	12175	14093	22551	67948	54333	79906	115044	168791	309804
马来西亚	10066	12324	18683	19696	27463	36120	47989	70880	79762	102613
新加坡	16483	23309	32548	46801	144393	333477	485732	606910	1060269	1238333
泰国	15077	18188	21918	23267	37862	43716	44788	108000	130726	212693
菲律宾	875	980	1935	2185	4304	8673	14259	38734	49427	59314
越南	2873	16032	22918	25363	39699	52173	72850	98660	129066	160438
缅甸	1022	2018	2359	16312	26177	49971	92988	194675	218152	309372
老挝	911	1542	3287	9607	30222	30519	53567	84575	127620	192784
柬埔寨	5949	8989	7684	10366	16811	39066	63326	112977	175744	231768
文莱	13	13	190	190	438	651	1737	4566	6613	6635

注：数据来源于历年的《中国对外直接投资统计公报》。

2. 中国对马来西亚直接投资状况

随着中国对外直接投资的快速增加，中国对马来西亚的直接投资也快速增加。从投资流量来看，中国对马来西亚的直接投资从 2003 年的 197 万美元增加到 2010 年的 19904 万美元，尤其是在 2008 年国际金融危机之后，2008

年当年对马来西亚的直接投资额为3443万美元。从投资存量来看，中国对印度尼西亚的直接投资存量已经从2003年的10066万美元增加到2012年的102613万美元，比2003年有了飞速增加。马来西亚市场的优势在于基本设施水平，为中国企业进入东盟市场的桥头堡。当前，中国已经成为马来西亚重要的投资国。目前，中国企业对马来西亚的直接投资可以集中于如下十大领域：一是电气与电子业；二是以棕榄油为基础的工业；三是木材工业；四是橡胶工业；五是农业与食品工业；六是化学工业；七是材料业；八是交通工具业；九是机械制造业；十是纺织与成衣业[①]。

3. 中国对新加坡直接投资状况

随着中国对外直接投资的快速增加，中国对新加坡的直接投资也快速增加。从投资流量来看，中国对新加坡的直接投资从2003年的-321万美元增加到2012年的151875万美元。2008年国际金融危机之前，我国对新加坡的直接投资快速增长，从2005年的2033万美元增加到2008年的155095万美元，是2005年的76.29倍。金融危机之后，由于国际经济整体上处于衰退时期，我国对新加坡的直接投资存在一定程度的下降，2010年的直接投资下降到111850万美元。2011年，我国对新加坡的直接投资出现大幅度增加，但在2012年却又在下降。从投资存量来看，我国对新加坡的投资存量从2003年的16483万美元增加到2012年的1238333万美元，是2003年的75.13倍。我国对新加坡直接投资流量占对东盟直接投资的比重从2005年的12.89%增加到2012年的24.90%，投资存量所占比重则从2005年的25.91%增加到2011年的43.85%，新加坡是我国投资东盟中的最重要国家。

新加坡基础设施先进，新加坡港口是深水港的天然优势，是世界转口贸易枢纽中心之一，加上新加坡政府高效和以全球为竞争目标的发展方针，使其领先于亚洲众多国家，并在世界经济领域中占有一席之地。然而长期以来，新加坡的产业结构相对单一，其制造业主要是以电子与工程为主，生化医疗科学产业比较薄弱，这为我国的高科技企业带来了巨大机遇。2002年5月，新加坡经济发展局和中国科技部下属的科技推动机构——中国火炬高科技产

① 资料来源：马来西亚的十大主要投资领域，http://www.haicong-registry.com/News529.html，海聪集团发布。

业开发中心签署了设立中国海外创新中心的谅解备忘录，并于2003年10月正式成立，着力促进中国与新加坡及全球科技企业之间的联系与合作，拓展更多商机。

4. 中国对泰国直接投资状况

目前，泰国已经为外国投资者建立了完善的投资基础设施。不断完善的现代化的交通设施，以及发达的通信和IT网络，为投资者提供了最佳的投资和居住环境。在投资政策方面，泰国的投资政策主要以自由化和鼓励自由贸易为原则。泰国鼓励外国投资项目，特别是致力于促进技能的提高，具备先进技术和技术革新的项目会受到泰国政府的高度重视和奖励。

随着我国对外直接投资的快速增加，我国对泰国的直接投资在快速增加。从投资流量来看，中国对泰国的直接投资从2003年的5731万美元增加到2012年的47860万美元，是2003年的8.35倍。从投资存量来看，中国对印度尼西亚的直接投资存量已经从2003年的15077万美元增加到2012年的212693亿美元，比2003年有了飞速增加。从投资领域来看，泰国投资促进委员会（BOI）指出，泰国政府将重点支持中国企业在泰国投资前景良好的产业，投资领域主要集中在农业及农产品加工业、机械及运输设备制造业以及服务业及公用事业，这些企业给我国企业带来了巨大的商机①。目前，我国对泰国投资的重要作用日益增加，尤其是2005—2010年的7年间，我国企业向泰国投资促进委员会申请优惠待遇的投资总额年均增长41.9%。

5. 中国对菲律宾直接投资状况

菲律宾外国投资政策的主要依据是《1987年外国投资法》（E. O. 226）和《1991年7042共和国法》（R. a. 7042）。在此基础上，菲国家投资署（Board of Investment，BOI）每年公布一个旨在鼓励国内外投资的“投资优先计划”（Investment Priority Plan，IPP），以特殊的优惠待遇，单独管理各类经济区、出口加工区和保税区的国内外投资。菲律宾给予外资的优惠政策主要视外资投向的行业和地区而定，与独资或合资企业（公司）无关。其中，投资于BOI每年修改、增补的IPP领域，包括非常规燃料的生产，或使用非常

① 广东省对外经济合作企业协会会刊．广东对外经济合作，2005（4）。

规能源的工业设备的制造；或同类最终产品的生产、制造或加工过程中使用或转化使用了煤或其他非常规燃料，或在同一过程中使用或转化使用了相当比例的菲律宾当地原料。2013 年，据菲律宾《马尼拉公报》报道，菲律宾政府正在制定三项政策以吸引外资。一是修正矿业法案使政府税收比例更加公平，二是重审限制外资投资清单，三是制定财政优惠政策。这些政策的实施将促进投资自由化，建立更多经济区以及更加清晰的经济政策将有助于吸引外资。

随着我国对外直接投资的快速增加，我国对菲律宾的直接投资在快速增加。从投资流量来看，中国对菲律宾的直接投资从 2003 年的 95 万美元增加到 2012 年的 7490 万美元，是 2003 年的 78. 84 倍。从投资存量来看，中国对菲律宾的直接投资存量从 2003 年的 875 万美元增加到 2012 年的 59314 万美元，比 2003 年有了飞速增加。目前，我国对菲律宾的直接投资领域集中于制造业等领域，但菲律宾政府希望我国企业投资菲律宾能源、矿产、汽车等领域，并帮助菲律宾提高农业生产水平，丰富农产品种类。

6. 中国对越南直接投资状况

越南政府重视和鼓励外商投资，2013 年 1 月，越南计划投资部提出了 2013 年吸引外资 130 亿 ~ 140 亿美元目标，制定了相应措施，提出按行业、领域、地区及投资商有重点地促进外国投资，避免无序招商引资，同时加强 FDI 在建项目赢利扶持。

随着我国对外直接投资的快速增加，我国对越南的直接投资在快速增加。从投资流量来看，中国对越南的直接投资从 2003 年的 1275 万美元增加到 2012 年的 34943 万美元，是 2003 年的 27. 41 倍。从投资存量来看，中国对越南的直接投资存量已经从 2003 年的 2873 万美元增加到 2012 年的 160438 万美元，比 2003 年有了飞速增加。从投资领域来看，中国对越南的投资领域广泛，潜力巨大。据越南计划投资部的数据统计，从 1988 年至 2010 年 7 月末，中国在越南直接投资项目 743 个，注册直接投资金额 31. 73 亿美元，在 91 个国家、地区对越南的投资中排名第十五位，每个项目平均投资规模 400 万美元。中国在越南的直接投资项目主要集中在加工、制造领域，分别占投资总数量的 73. 2% 和投资总额的 69% 。其次分布在房地产投资领域，占投资总额的 14% 。

7. 中国对缅甸直接投资状况

2012 年，缅甸政府颁布《缅甸联邦共和国外国投资法》，允许外资投资电力、石油和天然气、矿业、饭店和旅游业、房地产和通信等行业。据缅甸计划与经济发展部外资与公司注册司发布的数据显示，外商在缅甸矿产领域的投资，已成为继电力、油气之后的第三大投资领域，投资总额已近 30 亿美元，达到了 28.14 美元，占外资总额的 6.89%（电力方面的外资为 190.67 亿美元，占 46.41%；油气为 141.81 亿美元，占 34.52%）①。

随着我国对外直接投资的快速增加，我国对缅甸的直接投资在快速增加。从投资流量来看，中国对越南的直接投资从 2004 年的 409 万美元增加到 2012 年的 74896 万美元，是 2004 年的 183.04 倍。从投资存量来看，中国对缅甸的直接投资存量已经从 2003 年的 1022 万美元增加到 2012 年的 309372 万美元，是 2003 年的 302.71 倍。目前，中国与缅甸经贸合作快速发展，合作领域从原来单纯的贸易和经援扩展到工程承包、投资和多边合作。中国对缅甸的主要投资领域为：石油天然气、电力、矿产业、制造业、饭店旅游业。目前，走进缅甸开展投资合作的中国企业逐步增多，并位居外国对缅甸投资首位。

8. 中国对老挝直接投资状况

老挝政府正采取各种富有吸引力的招商引资政策，其中包括加强基础设施建设、完善法律法规、简化投资审批程序、加强境外投资促进活动等，以最大限度地吸引外国投资，加快老挝经济发展步伐。具体来看，外商在老挝可以享受最高达 7 年的免除利润税待遇，随后还可享受 10% 的利润税率。此外，外商可以在其投资企业中使用不超过 10% 的外国员工，也可以配备老挝缺乏的相关投资项目的专家、技术及管理人员。老挝鼓励外资重点发展的经济领域包括：电力开发、农林商品生产和加工、养殖业、加工业、手工业、矿产业和服务业等，鼓励主要使用当地资源和劳动力。

随着我国对外直接投资的快速增加，我国对缅甸的直接投资在快速增加。从投资流量来看，中国对老挝的直接投资从 2003 年的 80 万美到 2012 年的

① 资料来源于中华人民共和国商务部网站：www.mofcom.gov.cn，缅甸矿产业成为外商投资的第三大领域。

80882万美元，是2003年的1011.03倍。从投资存量来看，中国对老挝的直接投资存量已经从2003年的911万美元增加到2012年的192784万美元，是2003年的211.62倍。目前，我国对老挝的直接投资快速增加，自1989年以来，中国对老挝投资项目超过400项，成为对老挝第一大投资国，投资领域包括矿业、水电站、工业、农业、服务业等。

9. 中国对柬埔寨直接投资状况

近年来，柬埔寨致力于加强基础设施建设，稳定社会秩序。柬埔寨《投资法》不断健全，并制定相应的外商投资鼓励政策，投资环境日趋完善。柬埔寨规定，在柬埔寨进行经济贸易活动比较宽松，可以个人、合伙、公司等不同的商业组织形式注册，且注册资本标准较低。从事进出口贸易，不受国籍限制。目前，柬埔寨鼓励外商投资农业、旅游业、环保、高科技、劳动密集型工业、出口型工业、基础设施和能源等重要领域。对投资的鼓励主要包括全部或部分免征关税及其他税务。

我国对柬埔寨的直接投资在快速增加，具体表现如下：从投资流量来看，中国对柬埔寨的直接投资从2003年的2195万美元增加到2012年的55966万美元，是2003年的25.50倍。从投资存量来看，中国对越南的直接投资存量已经从2003年的5949万美元增加到2012年的231768万美元，是2003年的38.96倍。低廉的劳动力、优惠的税收政策等成为众多投资者到柬埔寨的原因之一，但市场准入政策则成为投资企业考虑的主要原因之一①。据中国商务部统计，2012年上半年，中国企业在柬埔寨新签承包工程合同28个；合同总额4.74亿美元，增长97.3%；营业额6.19亿美元，增长21.4%；外派人数3016人，增长47.8%。中国企业派出赴柬劳务合作人数97人，增长273.1%。截至2012年6月底，中国企业在柬埔寨承包工程累计合同额56.88亿美元，营业额35亿美元。目前，中国是柬埔寨最大的外来直接投资国，对柬埔寨的投资领域主要包括水电、贸易、旅游、农业、电信和交通等。中国是柬埔寨重要的发展伙伴，中国对柬埔寨的投资和援助有利于促进柬埔寨社会稳定、经济发展、文化保护等多方面。

① 张立军．中国成柬埔寨最大投资方，华资企业热衷六大领域［EB/OL］．新华网，2005－10－20.

10. 中国对文莱直接投资状况

文莱政府于1975年和2001年曾颁布鼓励投资法令。该法令规定，以投资项目可能带来的实际利益，确定适当的税务优惠，并划定十个工业项目以及这些工业所生产产品为“先驱工业”和“先驱工业产品”，以此来吸引外资。实际上，中国和东盟十国采取的外资政策分为两种类型，一类属于自由和较自由型的外资政策；另一类属趋于开放型外资政策。其中，新加坡、文莱和马来西亚属于前者。近年来，文莱政府加大吸引外资的力度。文莱政府实施多元化经济政策，鼓励发展重点领域：石油、天然气的下游产业及能源工业，如炼油、天然气液化、化肥、塑料、化工原料等。

我国对文莱的直接投资在快速增加。从投资流量来看，中国对文莱的直接投资从2005年的150万美元增加到2011年的2011万美元，是2005年的13.41倍。从投资存量来看，中国对文莱的直接投资存量从2003年的13万美元增加到2012年的6635万美元，是2003年的510.38倍。目前，中国与文莱经贸合作快速发展，两国在政治、经济、文化、教育和旅游等各领域的合作都取得积极进展。

4.3.3 东盟对中国直接投资状况

1. 东盟对华投资规模不断增加

东盟对华投资始于20世纪80年代，投资金额逐年增长。东盟一直以来都是中国吸引外资的重要来源之一，目前东盟已经成为中国第五大外资来源地。从整体上看，东盟对华投资从1988年的39.17百万美元增加到2008年的54.61亿美元，表现出一定的上升趋势（见图4-6）。从不同阶段来看，1998年之前，东盟对华投资快速增加；1998—2004年，东盟对华投资比较平稳；2005年之后则变动较大。从累计对华投资数额来看，1988—2012年东盟累计对华投资达到766.84亿美元，东盟已经成为中国吸引外资的重要来源地之一。

金融危机之后，东盟对中国直接投资在不断增加，投资额从2009年的46.78亿美元增加到2012年的70.70亿美元，4年之内增加了51.13%。2009年东盟对华投资总额比2008年略有下降，投资减少关键在于东盟对华投资大户如新加坡和泰国大幅度减少对华投资。

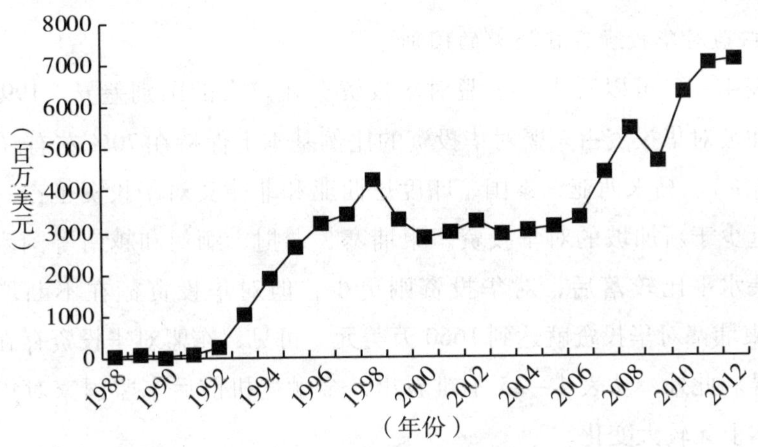

图 4-6 1988—2012 年东盟对华直接投资总额

注：2011 年之前的原始数据来自于《中国统计年鉴》各期和中华人民共和国商务部网站。2012 年的数据来源于中国新闻网：肖莹莹．中国东盟双向投资已超千亿美元，中国占比扩大，2013-02-05.

2. 东盟对华投资领域不断拓宽

东盟对华投资的领域从早期的农产品加工、纺织、服装、玩具、建筑材料、房地产开发、饭店，到近年来的基础设施、医药卫生、机械制造、金融、电力和海运等行业（李欣广，2007）①。20 世纪 80 年代之后，鉴于劳动力成本水平不断提高，为了节约成本、提高产品在国际市场上的竞争力，东盟国家逐渐将许多劳动密集型产品的制造和组装转移到中国。其中，纺织服装、鞋类、电子电器组装、家具、石化产品、饲料加工等是东盟资本投资比较集中的部门。近年来，第三产业中的饭店、酒店和住宅等房地产开发项目，成为东盟对华投资的热点。以新加坡为例，新加坡对华直接投资领域进一步扩大，尤其是在服务业，如银行保险等金融业、交通运输业、旅游业、商业零售业等领域。目前，服务业成为新加坡对华投资的重点行业。新加坡还将大量资本投向饭店餐饮业和房地产业，如新加坡斥巨资创建的苏州高新技术开发区。总之，从投资领域上看，东盟对华投资仍以垂直一体化型直接投资为主，领域主要集中在制造业，多为两头在外的生产加工类项目，产品多为出

① 李欣广．中国与东盟经济双向开放中的产业转移（之二）——中国与东盟国家双向投资中的产业转移［J］．东南亚纵横，2007（11）：15-19。

口（刘志雄，2011）①。

3. 东盟对华投资存在较大的国别差异

从表4－12可以看出，东盟对华投资存在较大的国别差异。1996—2012年，新加坡对华投资占东盟对华投资的比例基本上保持在70%左右（2012年为89.14%）。马来西亚、泰国、印度尼西亚和菲律宾对华投资也占一定的比例，但远少于新加坡的对华投资。柬埔寨、老挝、缅甸和越南等国家，由于经济发展水平比较落后，对华投资则更少，但对华投资额在不断增加，如2012年柬埔寨对华投资就达到1660万美元。可见，东盟对华投资存在较大的国别差异。此外，从表4－25不难看出，金融危机前后东盟国家对华投资的状况基本上无较大变化。

表4－25 主要年份东盟国家对华投资占东盟对华投资的比例 单位:%

年份＼国家	新加坡	马来西亚	泰国	印度尼西亚	菲律宾	文莱	柬埔寨	老挝	缅甸	越南
1996	70.36	14.40	10.28	2.93	1.74	—	0.23	0.00	0.02	0.05
1999	80.35	7.23	4.51	3.93	3.57	0.01	0.08	—	0.33	0.00
2000	76.36	7.13	7.16	5.17	3.91	—	0.07	0.11	0.08	0.02
2005	85.15	5.95	1.58	1.43	3.11	2.64	0.05	—	0.06	0.02
2006	67.45	11.74	4.32	3.00	4.01	8.78	0.06	—	0.22	0.41
2007	72.52	9.05	2.04	3.06	4.45	8.58	0.14	0.07	0.07	0.02
2008	81.22	4.52	2.37	3.06	2.32	6.23	0.05	0.12	0.06	0.04
2009	77.06	9.16	1.04	2.39	2.37	7.44	0.29	0.05	0.07	0.13
2010	85.84	4.65	0.81	1.22	2.18	4.90	0.16	0.15	0.06	0.03
2011	87.04	5.11	1.44	0.66	1.60	3.65	0.25	0.08	0.15	0.02
2012	89.14	4.49	1.10	0.90	1.87	2.14	0.23	0.03	0.05	0.04

注：东盟十国历年对中国的直接投资数据均来自于《中国统计年鉴》各期。其中，1996—1997年的数据为外商直接投资及其他，其余年份的数据为外商直接投资。文莱1996—1997年和2000年，老挝1999年、2005—2006年数据缺乏。

① 刘志雄．东盟对华投资现状及投资效应的实证研究［J］．东南亚纵横，2011（10）：26－31.

新加坡依然是东盟对华投资的主体。东南亚金融危机后，新加坡进行了国内经济转型和经济结构调整，加上中国利用外资政策的调整，新加坡对华投资占东盟对华投资的比例有所下滑。2005 年之后，新加坡对华投资回升，对华投资协议额以两位数的速度上升，增长态势良好。就东盟国家而言，无论是从 2012 年的投资额还是从累积额来看，新加坡都是东盟十国中对华投资额最多的国家。东盟四国①也是中国重要的外资来源地。20 世纪 80 年代中后期，东盟四国利用"四小龙"和日本的产业转移，调整经济结构，重点发展劳动密集型出口加工业，尤其是家用电器、电子和汽车零部件等技术含量较高的劳动密集型行业，带动了整体经济的复苏和持续增长②。1985 年之后，东盟四国对华直接投资表现出 4 个不同的阶段特征（见图 4－7）。第一阶段：1985—1990 年。这一阶段是东盟四国开始对外直接投资的初始时期，东盟四国对华直接投资相对较少，从 1985 年的 1228 万美元增加至 1989 年的 6514 万美元，1990 年的直接投资有所回落。第二阶段：1991—1996 年。这一时期东盟四国对华直接投资迅速增加，尤其是在 1992—1993 年，由 1992 年的 1. 51 亿美元增加至 1993 年的 6. 26 亿美元，增幅达到 314. 57%。1996 年，东盟四

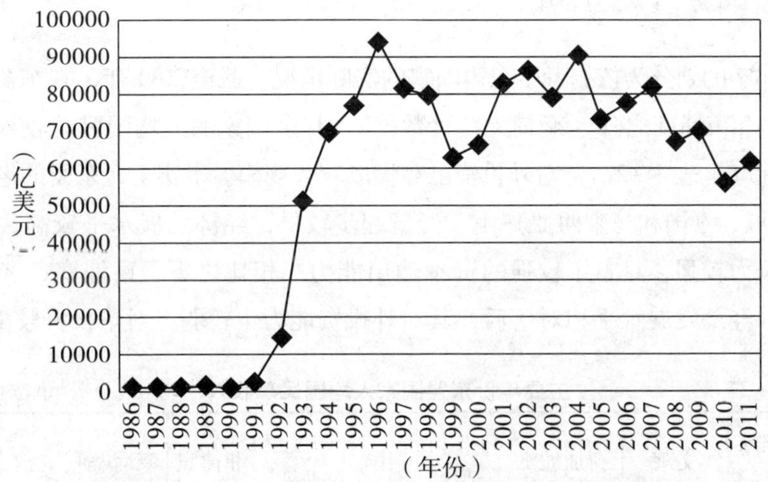

图 4－7　1986—2012 年东盟四国对中国的直接投资

注：1987 年的数据缺乏，1988—1991 年为东盟四国在华投资协议金额，各年度数据来源于《中国对外贸易统计年鉴》各期，其余数据来源于《中国统计年鉴》各期。

---

① 东盟四国包括印度尼西亚、马来西亚、泰国和菲律宾。

② 张蕴岭. 亚洲现代化透视［M］. 北京：社会科学文献出版社，2001.

国对华直接投资达到历史最大值，为9.36亿美元。第三阶段：1997—1999年。这一时期，东盟四国对华直接投资逐年递减，主要是受到东南亚金融危机的影响。第四阶段：2000年之后。随着东南亚金融危机的逐渐远去，东盟四国又开始加大对华直接投资的力度，对华直接投资保持稳定。

东盟对华投资表现出很大的国别差异，这在很大程度上与本国的经济发展水平相关。那么，一国的对外投资与本国的经济增长之间具有怎样的关系呢？邓宁在其投资理论中将一国的人均GNP与对外直接投资相联系，总结出一国对外投资和外国直接投资的一般规律（见表4-26）。他认为，随着经济的发展，一国的人均资本流出额和人均资本流入额都将增加。当人均GNP突破2500美元时，对外投资会形成较大的规模[①]。

表4-26　经济发展水平与资本流入、流出的关系　单位：美元

人均GNP	4000以上	2500~3999	1000~2499	500~999	400~499	300~399	125~299
人均资本流出额	23	20	3.2	0.4	0.2	0.2	0
人均资本流入额	16.3	15.7	12.9	8.6	7.4	3.2	0.5

注：资料来源于王林生（1994）。

以邓宁的划分为依据考察东盟国家的实际情况。截至2011年，在东盟国家中除了老挝和柬埔寨之外（缅甸无统计数据），其余国家的人均国民总收入均超过2500美元（见表4-27），对外投资已经形成较大规模。事实上，东盟的老成员国（如新加坡、泰国和马来西亚）由于经济起步较早，经济发展水平较高，企业的国际竞争力较强，具备了较强的资本输出能力。相比之下，柬埔寨、老挝和越南等国，经济发展水平相对落后，其对外投资能力也较弱，对华投资较少。

表4-27　主要年份东盟国家人均国民总收入　单位：美元

年份＼国家	文莱	新加坡	马来西亚	泰国	印度尼西亚	菲律宾	柬埔寨	老挝	越南
1990	12540	11200	2260	1410	590	690	—	190	120
2000	14670	22960	3450	1960	590	1030	300	280	390

① 王林生．跨国经营理论与实践［M］．北京：对外贸易教育出版社，1994.

续 表

国家 年份	文莱	新加坡	马来西亚	泰国	印度尼西亚	菲律宾	柬埔寨	老挝	越南
2005	22540	27670	5200	2670	1250	1260	460	450	620
2008	32501	34760	6970	2840	2010	1890	600	740	890
2009	35900	36537	6975	3894	2349	1745	667	940	1052
2010	47200	51500	8500	4355	3005	2007	814	1069	1162
2011	45753	52569	13685	7694	3716	3478	1848	2242	2805

资料来源：2008 年之前的数据来源于《国际统计年鉴》2009，2009—2010 年的数据来源于世界银行数据，2011 年的数据来源于联合国开发计划署。其中，2010 年的数据为人均 GDP。

4. 东盟对华投资表现出鲜明特点

东盟一直以来都是我国吸引外资的重要来源地，东盟对华投资表现出如下特点和趋势：①东盟对华直接投资，最初主要是利用中国廉价的劳动力和优惠的外商直接投资政策来华投资设厂，就地生产，转口外销，其中一部分也直接销售到中国市场上，属于降低生产成本型和市场占有型直接投资。目前，东盟对华投资已经突破了降低生产成本型和占有市场型等这些基本的直接投资模式，逐渐转向投资目的和投资模式的多样化阶段。②加强对中国西部地区的投资。由于中国扩大了对外开放和加强西部大开发，东盟在华的投资领域由现在的集中于东南沿海地带向内陆和西部地区发展，特别是劳动密集型、资源密集型和当地市场依赖性较强的行业将有较大幅度的增长。③投资的产业分布将由现在的以制造业为主向服务业和高新农业扩展，旅游、证券、商贸、运输、律师及会计师专业服务将会明显增多。④投资方式多样化，东盟国家增加在投资基金、证券融资、参与国企改造和收购金融不良资产等方式的投资将有所增多。⑤投资的规模和结构更趋合理。长期以来，东盟对华投资的主体集中在新加坡、马来西亚、印度尼西亚、泰国和菲律宾五国，而来自文莱、越南等国家的投资将会增多，投资规模由现有的较小规模的以加工贸易和劳动密集型加工产业为主向资金和技术密集型产业发展，投资来源结构更加多元化。总之，东盟对华投资不断增加，来自东盟的投资主体也发生了较大变化。东盟的老成员国由于经济起步早，经济发展水平和企业国际竞争力远远超过4个东盟新成员国，具备了较强的资本输出能力，因而在中国-东盟自由贸易区框架下，东盟的老成员国依然是对华投资的主力。

从中国与东盟相互直接投资状况来看，中国与东盟双边之间不断加大了对彼此之间的投资，并视对方的投资为重要的来源地，这种不断扩大的相互直接投资为双边之间的能源投资合作奠定了基础。

4.4 贸易基础

4.4.1 中国与东盟双边贸易快速增长

20世纪90年代之后，中国与东盟的双边贸易不断加强。从中国对东盟的出口来看（见表4-28），1994年中国对东盟的出口仅为716055万美元，2012年中国对东盟的出口达到20427050万美元，是1994的28.53倍。从中国自东盟的进口来看，1994年中国从东盟的进口仅有717960万美元，2012年年底这一数额达到19581950万美元，是1994年的27.27倍。从中国与东盟的进出口总额来看，双边的贸易总额迅速增加，从1994年的1434015万美元增加到2012年的40009000万美元，是1994年的27.90倍。随着《中国与东盟全面经济合作框架协议》的签署，关税和非关税壁垒削减，中国与东盟的双边贸易迅速扩大，目前东盟已成为中国第四大出口市场与第三大进口来源地。从中国与东盟的贸易差额来看，长期以来中国在与东盟的双边贸易中基本表现为逆差（1995年和1997年除外），2004年之前逆差逐年递增，2005年之后逆差逐年递减，2009年中方逆差额降到最低点为49211万美元。中国对东盟进口的加大符合比较优势的经济原理，中国出于自身发展的需要从国外大量进口，通过建立自由贸易区消除贸易壁垒获得贸易创造效应，能使中国获得比区外更加低廉成本的商品（薛娜等，2007）①。2012年，中国改变了与东盟长期贸易逆差的态势，出现84.51亿美元的顺差。

① 薛娜，魏浩，阎鸿飞．“中国-东盟自由贸易区”建立对中国双边贸易影响的实证研究［J］．经济与管理，2007：5-9

表 4－28 1994—2012 年中国－东盟贸易额及占中国对外贸易额的比例

单位：万美元

项目 年份	中国对东盟的出口		中国从东盟的进口		贸易总额		贸易差额
	金额	占比（%）	金额	占比（%）	金额	占比（%）	
1994	716055	5.92	717960	6.21	1434015	6.06	－1905
1995	1047352	7.04	989544	7.49	2036896	7.25	57808
1996	1030847	6.82	1085000	7.82	2115847	7.30	－54153
1997	1269955	6.95	1245634	8.75	2515589	7.74	24321
1998	1116405	6.07	1263397	9.01	2379802	7.34	－146992
1999	1217452	6.25	1492685	9.01	2710137	7.52	－275233
2000	1734059	6.96	2218092	9.85	3952151	8.33	－484033
2001	1838541	6.91	2322931	9.54	4161472	8.16	－484390
2002	2358449	7.24	3119676	10.57	5478125	8.82	－761227
2003	3092689	7.06	4732770	11.47	7825459	9.20	－1640081
2004	4289939	7.23	6296740	11.22	10586679	9.17	－2006801
2005	5536721	7.27	7499418	11.36	13036139	9.17	－1962697
2006	7131116	7.36	8952656	11.31	16083772	9.14	－1821540
2007	9414680	7.73	10838583	11.34	20253262	9.32	－1423903
2008	11431677	7.99	11700291	10.33	23131969	9.02	－268614
2009	10625686	8.84	10674897	10.61	21300582	9.65	－49211
2010	13815981	8.76	15470072	11.08	29286054	9.85	－1654091
2011	17007061	8.96	19301809	11.07	36308870	9.97	－2294748
2012	20427050	9.97	19581950	10.77	40009000	10.35	845100

注：2012 年中国对东盟贸易的数据来源于中国经济网：www.ce.cn，2012 年中国对外贸易的数据来源于《2012 年国民经济和社会发展统计公报》；其余原始数据来源于《中国统计年鉴》各期，将中国与东盟十国的进、出口额加总，计算得到相应年度中国与东盟贸易占中国对外贸易总额的比例。

从中国与东盟贸易占中国与世界贸易的比例来看，中国对东盟的出口占中国总出口的比例平稳增加，从 1994 年的 5.92% 增加到 2012 年的 9.97%；中国从东盟的进口占中国总进口的比例增加较快，从 1994 年的 6.21% 增加到 2011 年的 11.07%（2012 年为 10.77%），比 1994 年增加了将近 5 个百分点。从贸易总额来看，中国与东盟的双边贸易占中国对外贸易总额的比例由 1994

年的6.06%增加到2012年的10.35%，双边贸易不断加强，中国与东盟的区域内贸易特点越来越明显。从增长率（采用简单算术平均数计算）来看，中国对东盟出口的年平均增长速度和从东盟进口的年平均增长速度分别为21.61%和21.34%，中国与东盟贸易的平均增长速度达到21.36%。由此可见，中国与东盟的双边贸易快速发展，中国对东盟的出口与从东盟的进口都保持相对快速均衡的增长。

实际上，中国和东盟双边贸易的快速发展有其内在的必然性：双方在资源禀赋、产业结构和生产能力等方面各有所长，并形成了一定的产业分工格局，因而在贸易商品结构方面具有较强的互补性，但中国与东盟在双方市场竞争的区域之间和产品构成方面却存在竞争关系（唐文琳、范祚军，2005）[①]。面对这种贸易关系，如何加强中国与东盟的经济合作，成为双方需要解决的共同课题。但由于东盟经济发展和产业发展不平衡，加强中国与东盟的经贸合作必将产生“共赢”。

4.4.2 中国与东盟的能源贸易已有一定规模

中国与东盟能源贸易始于20世纪70年代。1978年7月，中国与菲律宾签订了原油长期贸易协定，成为中国与东盟间的第一份能源贸易协定。20世纪90年代之后，中国与东盟的能源贸易不断加强，东盟越来越成为中国海外能源发展战略的重要合作伙伴。东盟是中国能源进口的重要来源地，目前东盟已经成为中国第三大原油进口贸易伙伴。2008年，东盟对中国出口能源（海关编码27，包括原油、成品油、煤炭）122.84亿美元，占东盟对中国出口总额的14.4%。其中，在原油出口方面，印度尼西亚对中国出口原油最多，占东盟对中国出口原油的35.1%；马来西亚、越南和泰国所占比重分别为22.5%、27.2%和19.3%[②]，能源合作已经成为中国与东盟经济合作的热门领域之一，中国与东盟在能源领域间的合作逐渐密切。

然而近年来，东盟对中国出口能源下降，尤其是原油的出口。2008年，东盟对中国出口原油397.42万吨，比2003年出口下降近2倍。东盟对中国原

① 唐文琳，范祚军．中国–东盟双边贸易结构分析与政策建议［J］．中国流通经济，2005（7）：44–47

② 数据来源于：中国行业咨询网 http：//www.china–consulting.cn。

油出口的大量缩减，主要是由于印度尼西亚、越南和马来西亚原油减产，出口萎缩，加上泰国和文莱国内消费大增，导致对中国出口下降。从东盟主要产油国合计数据来看（见表4-29），2012年东盟5个主要产油国石油产量为115.3百万吨，比2001年减少了19.8百万吨。其中，印度尼西亚石油产量减少比较明显，从2001年的68.2百万吨减少到2012年的44.6百万吨。东盟国家自身面临石油需求缺口扩大问题，意味着中国与东盟之间的石油贸易规模将有下降的趋势（谢忠考，林建坤，2010）①。

表4-29　东盟主要产油国石油产量变化情况　单位：百万吨

国家＼年份	2001	2002	2003	2004	2005	2006	2007	2008	2009	2010	2011	2012
文莱	10.0	10.3	10.5	10.3	10.1	10.8	9.5	8.6	8.3	8.5	8.1	7.8
印度尼西亚	68.2	63.3	57.6	55.6	53.7	50.2	47.8	49.4	48.4	48.6	46.3	44.6
马来西亚	32.5	34.2	35.4	36.3	34.6	32.7	33.8	34.0	32.2	32.0	28.9	29.7
泰国	7.3	8.1	9.5	9.3	11.4	12.5	13.2	14.0	14.6	14.8	14.8	16.2
越南	17.1	17.3	17.6	20.7	19.0	17.2	16.3	15.2	16.7	15.3	15.5	17.0
合计	135.1	133.2	130.6	132.2	128.8	123.4	120.6	121.2	120.2	119.2	113.6	115.3

注：资料来源于《BP世界能源展望统计数据2013》。

从我国的能源出口来看，我国主要的石油出口地之一便是东盟。2008年金融危机之前，我国对东盟出口原油逐年下降，2008年降至81.89亿美元，占我国当年出口原油总量的21.9%。金融危机之后，我国对东盟能源出口明显好转，东盟是中国最大的原油、成品油出口目的地，近年来中国出口到东盟的原油、成品油分别占中国同期出口量的30%和70%。其中，成品油中以汽油、柴油出口到东盟的数量最大。2009年上半年我国对东盟出口成品油374.3万吨，增长1.9倍，增速是同期我国向其他地区出口增速的最高。

总之，无论是从双边贸易还是从能源贸易来看，中国与东盟均视对方为重要的贸易伙伴，尤其是在中国-东盟自由贸易区建立之后，双边的贸易规模不断扩大，贸易交往越来越紧密。能源贸易也已经成为中国与东盟双边贸

① 谢忠考，林建坤．中国东盟石油合作新领域及前景分析［J］．世界地理研究，2010（3）：50-56.

易的重要领域，这为双边加强能源投资合作奠定了基础。

4.5 技术基础

4.5.1 中国能源开发技术水平不断提升

从整体来看，我国能源技术水平迅速提升。例如，在煤炭行业，我国煤炭行业对设备及系统进行节能改造、完善煤炭综合加工体系、提高煤炭利用效率；在石油石化行业，不断创新节能科技，建立比较完善的技术体系，取得了国际领先地位。在电力行业，大力改造传统火力发电为水力发电，采用节水环保型发电机组，积极发展热电联产，推进燃煤与燃油技术改造。在具体领域的运用中，钢铁行业通过加强生产过程中副产煤气回收利用，有效降低煤气放散率。我国传统能源领域能源开发水平不断提升，政府和企业在其中起到至关重要的作用。在政府层面，政府积极制定环境税收、绿色信贷、排污权交易、生态补偿机制等环境经济政策，极大地推动了能源工业的持续稳定发展。能源企业投资多元化、能源投资快速增长、市场规模不断扩大、科技水平迅速提高、能源市场环境日益改善（王勇，郭建民，2011）[①]。

在新能源领域技术开发方面，我国技术水平不断提高，在世界新能源领域开发技术占有一席之地。在太阳能开发技术方面，目前我国太阳能技术、产业和应用均取得了全面进步。2009 年我国政府开始实施“金太阳示范工程”，通过光伏产品的规模化应用带动国内太阳能发电的商业化进程和技术进步，并网光伏系统开始商业化推广，光伏微网技术开发与国际基本同步。我国大规模发电技术已有所突破，部分关键器件已产业化。在太阳能建筑供能方面，我国的被动太阳能建筑技术已经基本发展成熟。在风能开发技术方面，国内中小型风电的技术中“低风速启动、低风速发电、变桨矩、多重保护”等一系列技术得到国际市场的瞩目和国际客户的一致认可，已处于国际领先地位。在生物质能开发技术方面，我国在将农林固体废弃物转化为可燃气的技术，在生物质固化、发电及生物液体燃料技术应用方面，均取得了巨大进

---

① 王勇，郭建民．对中国创新能源开发利用模式的思考［J］．经济与管理研究，2011（9）：116－119.

展，我国已经基本掌握了农林生物质发电、城市垃圾发电、生物质致密成型燃料等技术。在核电技术开发方面，我国核电已初步具备百万千瓦级压水堆自主设计和工程建设能力，多项技术研发取得重大突破。例如，我国核电站主管道自动焊技术达到国际先进水平。在世界上率先掌握了第三代核电AP1000的核岛筏基大体积混凝土一次性整体浇注技术、核岛钢制安全壳成套技术、模块设计和制造技术、主管道制造技术、核岛主设备大型锻件制造技术五大核心关键技术，为推进我国核电产业技术水平的整体跨越，为实现我国第三代核电AP1000的自主化、批量化建设打下了坚实的基础。

总之，我国能源开发技术水平不断提升，在世界上拥有一席之地，但整体来看我国的能源技术与世界先进水平仍有差距，加上我国的能源技术还没有形成品牌。我国需要实现能源技术大规模“走出去”，加强能源开发技术的国际合作。

4.5.2 东盟国家能源开发技术存在较大差异

由于经济发展水平存在较大差异，东盟十国能源开发技术水平也存在较大差异。新加坡是东盟十国中经济发展水平最高的国家之一，它非常注重新能源开发，新能源开发技术水平较高；而老挝和柬埔寨等国家的经济发展水平落后，大多依靠传统能源消费，以及依靠中国对其投资的水电站开发水利资源，其在新能源领域开发技术非常落后。

作为世界最大的太阳能晶片、蓄电池以及太阳能板生产国，新加坡政府一直以来致力于清洁技术的发展，力争推动其能源密集型经济向低碳经济转变，在亚洲地区引领绿色能源、绿色服务的革命。以新加坡新能源电网公司为例，新能源电网公司以提供高可靠、高质量、可持续发展的电力供应和一流服务作为智能电网发展的理念与愿景。近年来，该公司在电力设施建设、电网监控、配网自动化、智能化的用户服务、分布式发电、清洁能源接入等方面经过快速发展，已具有显著的优势（王雁雄，2011）[①]。新加坡地处热带，所研发的清洁技术具有较强针对性。2011年，新加坡建立亚洲首个太阳能燃料实验室，该实验室的目的就是希望能够模拟植物的光合作用，利用太

① 王雁雄．新加坡智能电网技术对大理智能电网建设的启示［J］．战略性新兴产业的培育和发展——首届云南省科协学术年会论文集，2011.

阳能把普通的水分解为氧气和氢气，而氢气本身就是一种非常实用和洁净的燃料。如果该计划能够研发成功，就能够带足够的水开车上路。

东盟中的其他国家，如柬埔寨、老挝和越南，其能源开发技术水平较低。柬埔寨的新能源发展较为缓慢，目前还处于研究和论证阶段。为了使所有的村庄在2020年100%实现电气化，政府专门设立了乡村电气能源基金，制定了可再生能源行动计划并积极与其他国家开展合作。老挝的太阳能光热利用起步很晚，并积极与周边国家合作，汲取好的经验和技术，开始制定自己的新能源开发战略，并将重点放在太阳能热水产业、太阳能电池、太阳能蓄水池等。越南拥有较好的光热资源，但技术水平总体偏低，需要中国及其他亚洲地区国家的合作支持。

总之，东盟国家能源技术开发水平存在较大差异，这不仅是在为东盟国家未来能源发展提供重要契机，也为中国与东盟加强能源合作奠定基础。

4.6 社会基础

4.6.1 越来越注重通信设施建设

从表4－30可见，中国与东盟十国每百人手机、固定电话用户数表现出比较明显的递增趋势。中国从2003年的41.35人增加到2009年的79.66人，6年之内几乎增加了1倍。东盟中新加坡、泰国、文莱和越南已经超过100，尤其是新加坡，早在2003年新加坡每百人手机、固定电话用户就达到132.85人，远高于其他国家的水平。随着近年来各国越来越重视通信设施建设，各国的通信技术水平在不断提高，在通信快速发展的时代，掌握先进通信技术便能掌握更大商机。

表4－30　　每百人手机、固定电话用户　　单位：人

年份 地区	2003	2004	2005	2006	2007	2008	2009
中国	41.35	49.89	57.06	63.22	69.27	74.14	79.66
文莱	72.93	78.72	85.6	101.1	115.81	122.27	126.82

续 表

地区 \ 年份	2003	2004	2005	2006	2007	2008	2009
柬埔寨	3.94	6.55	7.9	12.4	18.3	29.39	38.14
印度尼西亚	12.43	18.81	27.56	35.42	50.26	75.2	84.02
老挝	3.2	4.83	12.73	18.41	25.82	34.65	53.27
马来西亚	63.51	75.7	93.28	91.23	104.3	118.47	126.3
缅甸	0.9	1.08	1.31	1.61	1.86	2.38	2.52
菲律宾	31.39	43.35	44.62	53.39	69.08	79.91	85.44
新加坡	132.85	140.34	146.02	150.91	169.68	170.12	170.51
泰国	44.11	52.38	57.88	71.86	89.62	102.43	132.93
越南	8.83	18.39	30.61	51.12	61.37	115.52	136.64

注：数据来源于《中宏数据库》。

从表4－31人均国际互联网带宽来看，无论是中国还是东盟国家，其人均国际互联网带宽都表现出比较明显的增加趋势。中国人均国际互联网带宽从2003年的21.12比特/人增加到2009年的650.69比特/人，是2003年的30.81倍。东盟中的马来西亚，其人均国际互联网带宽也从2003年的93.39比特/人增加到2009年的5096.87比特/人，是2003年的54.58倍。东盟中经济比较落后的柬埔寨，其人均国际互联网带宽也有一定的上涨趋势。

表4－31　　人均国际互联网带宽　　单位：比特/人

地区 \ 年份	2003	2004	2005	2006	2007	2008	2009
中国	21.12	57.43	104.4	195.8	279.94	483.36	650.69
文莱	511.94	876.59	1499.7	1470.42	1442.11	1580.5	—
柬埔寨	1.34	1.32	1.3	—	18.85	—	—
印度尼西亚	4.96	6.96	6.87	15.64	35.09	110.39	—

续 表

地区 \ 年份	2003	2004	2005	2006	2007	2008	2009
老挝	0.26	2.42	3.4	8.36	30.86	128.92	142.4
马来西亚	93.39	126.84	124.56	625.72	1547.66	2373.59	5096.87
缅甸	0.19	1.27	1.94	1.93	5.96	19.67	—
菲律宾	28.21	38.31	37.6	—	112.72	—	—
新加坡	3782.44	5928.91	—	15004.09	22783.42	—	—
泰国	22.28	46.05	103.23	148.99	329.55	817.6	—
越南	12.83	23.06	43.5	84.1	147.73	580.72	—

注：数据来源于《中宏数据库》。

4.6.2 科学技术水平越来越高

从表4-32可见，中国及东盟国家高科技出口都有了比较大幅度的上升。中国高科技出口从2003年的1075.43亿美元增加到2009年的3482.95亿美元，是2003年的3.24倍。东盟中的新加坡和泰国的高科技出口都有比较大幅度的增加，两国的这一数值分别从2003年的760.36亿美元和182.04亿美元增加到2009年的972.07亿美元和286.55亿美元。东盟中的印度尼西亚、马来西亚、菲律宾和越南的高科技出口保持相对稳定，但印度尼西亚和越南的高科技出口相对较少，尤其是越南的高科技出口仅保持在10亿美元左右。从表4-33中东盟六国的加总来看，2006年之后中国高科技出口数额就开始超过东盟六国，两者的差距在不断增加。目前，中国已经成为高科技出口国[①]，但中国出口的这些“高科技”产品绝大多数依然只是“中国制造”，而不是“中国创造”，这是中国经济整体上面临的一个现实问题，需要中国政府制定出更有力的政策，创造更有利的条件，扶植更多的创新型本土高科技企业。

① 据荷兰中央统计局2012年12月5日发布的一份公报显示，中国在2011年已经超过德国，成为荷兰最大的高科技产品供应国。

表 4-32　　高科技出口　　单位：亿美元

地区＼年份	2003	2004	2005	2006	2007	2008	2009
中国	1075.43	1616.03	2142.46	2711.70	3370.06	3813.45	3482.95
印度尼西亚	45.80	58.09	65.71	59.00	52.25	56.25	59.40
马来西亚	473.32	532.23	576.50	634.11	651.07	427.64	515.60
菲律宾	239.42	258.55	259.98	276.26	295.08	268.75	215.31
新加坡	760.36	937.58	1050.78	1241.37	1055.49	1203.45	972.07
泰国	182.04	205.77	224.80	269.53	309.25	323.70	286.55
越南	5.92	6.19	8.69	12.73	23.76	16.85	—
东盟加总	1706.86	1998.41	2186.46	2493	2386.9	2296.64	2048.93

注：数据来源于《中宏数据库》。

4.6.3 交通运输状况不断优化

航空货运是经济全球化的关键因素，也是改变全球制造、供应和销售方式的要素。随着经济全球化的快速发展，航空货运已从传统的机场到机场间的运输转为在供应链上从产品制造商到终端客户的纵向一体化过程。从表 4-33 可见，与东盟国家相比较，中国航空货运量表现出大幅度上涨趋势，航空货运量从 2003 年的 5650.63 百万吨/千米增加到 2009 年的 11976.44 百万吨/千米，是 2003 年的 2.12 倍。东盟国家中的马来西亚、新加坡、泰国和越南的航空货运量也有一定程度的上升。以新加坡为例，新加坡的航空货运量比较大，与东盟其他国家相比优势非常明显。新加坡是亚太地区一个重要的航空枢纽，是世界上最开放的国家之一。目前，新加坡已与全球 100 个以上国家和地区签署了航空服务协议。新加坡航空货运的快速发展得益于政府的大力支持，已制定出一系列保持新加坡机场的货运能力超过需求的宏伟战略目标，并按计划、分阶段建设一站式航空货运中心。

从表 4-34 可见，中国和东盟大多数国家的港口基础设施质量都在不断提高。中国的港口基础设施质量从 2007 年的 3.98 增加到 2010 年的 4.32。新加坡的港口信息质量比较高，达到 6.0 以上，平均保持在 6.78 左右。菲律宾的港口信息质量相对较低，是东盟国家中港口信息质量最低的国家。

表 4 – 33　　航空货运量　　单位：百万吨/千米

年份 地区	2003	2004	2005	2006	2007	2008	2009
中国	5650. 63	7024. 25	7579. 4	7692. 2	11189. 54	11386. 06	11976. 44
新加坡	6653. 36	7192. 82	7571. 26	7981. 25	7955. 56	7310. 16	7390. 96
泰国	1764. 12	1868. 58	2002. 42	2106. 87	2454. 55	2288. 96	2132. 55
越南	164. 46	216. 53	230. 19	216. 01	258. 49	295. 76	311. 5

注：数据来源于《中宏数据库》。

表 4 – 34　　港口基础设施质量

年份 地区	2007	2008	2009	2010
中国	3. 98	4. 32	4. 28	4. 32
文莱	—	4. 97	4. 83	4. 48
柬埔寨	3. 42	3. 35	3. 5	3. 9
印度尼西亚	2. 66	3. 04	3. 4	3. 62
马来西亚	5. 72	5. 71	5. 52	5. 58
菲律宾	2. 82	3. 16	3	2. 76
新加坡	6. 83	6. 78	6. 78	6. 76
泰国	4. 65	4. 42	4. 69	5. 03
越南	2. 77	2. 83	3. 28	3. 6

注：数据来源于《中宏数据库》。

从交通运输状况来看，中国与东盟国家都在不断优化，但东盟国家发展水平差异较大，经济发展水平不同，交通运输状况不同。然而，这种差异正好为中国与东盟开展合作提供了契机。

4.7 本章小结

本章主要研究中国与东盟能源投资合作的基础，研究的视角分别包括：资源基础、经济基础、相互投资基础、贸易基础、技术基础和社会基础。无论是从哪一个层面来展开分析，都为中国与东盟开展能源投资合作奠定了坚实的基础。

在资源基础方面，目前中国与东盟都非常重视新能源和可再生能源的开发和利用，但由于经济发展水平不同，开发技术水平差别非常大，但双方都非常重视引进外资，从而解决技术瓶颈。中国正在积极促进新能源技术的开发，并积极与发达国家联手开发新能源技术，这些国际合作均有助于提升我国新能源技术水平，并为开展与东盟国家新能源投资合作奠定坚实的技术基础。

在经济基础方面，我国经济在世界经济中的地位越来越高，扮演着越来越重要的角色，同时东盟经济在世界经济中的地位也越来越高。中国作为世界经济大国地位的提升和东盟经济的快速发展，为双边之间的能源投资合作奠定了经济基础。

在相互直接投资基础方面，中国目前已经成为世界上重要的对外直接投资国，中国对东盟的直接投资也越来越多。东盟对华投资不断增加，在中国－东盟自由贸易区框架下，东盟的老成员国依然是对华投资的主力。中国与东盟双向投资的不断增加，以及东盟中仍然存在经济发展水平相对落后的国家，这为中国与东盟相互能源投资提供了契机。

在贸易基础方面，无论是从双边贸易还是从能源贸易来看，中国与东盟均视对方为重要的贸易伙伴，尤其是在中国－东盟自由贸易区建立之后，双边的贸易规模不断扩大，贸易交往越来越紧密。能源合作也已经成为中国与东盟双边贸易的重要领域，这为双边加强能源投资合作奠定了基础。

在技术基础方面，中国能源尤其是新能源技术水平在不断提高，而东盟国家能源技术开发水平存在较大差异，这不仅是在为东盟国家未来能源发展提供重要契机，也为中国与东盟加强能源合作奠定基础。

在社会基础方面，中国与东盟越来越注重通信设施建设，科学技术水平越来越高，交通运输状况在不断优化。然而，由于经济发展水平不同，东盟国家发展水平差异较大，这种差异正好为中国与东盟开展合作提供了契机。

5 金融危机前后中国与东盟能源投资合作

"为了满足不断增长的能源需求，保证石油安全，亚太经合组织能源部长拟通过鼓励和促进石油市场的投资与贸易、改善应急机制和措施、增强石油数据共享、促进高效能运输和可替代燃料的发展来达到这方面的目的。"

"如何实现在满足能源需求的同时减少对环境的影响，需要各成员加强在提高能源使用效率、发展更清洁和更高效能源技术、吸引更多能源投资和促进跨界能源贸易等方面的合作。"

——2007 年 5 月亚太经合组织能源部长会议通过的《达尔文宣言》

随着经济全球化的不断深入和世界经济的快速发展，各国能源的依赖程度不断加深，能源合作已经成为国际经贸合作的重要内容之一。由于传统能源贸易经常遭受各国限制，如关税壁垒以及非关税壁垒措施时常运用，能源直接投资则成为获取能源资源的重要方式。2002 年中国 - 东盟自由贸易区的成立，开启了中国与东盟国家经贸合作的新纪元。目前，我国不断加强对东盟的能源投资。在对传统能源的投资方面：印度尼西亚、缅甸和文莱是我国重要的东盟国家能源投资对象。在印度尼西亚，中海油拥有 9 个区块的权益，中石油拥有 7 个合同区块的权益，中石化也拥有 1 个勘探区块。与 2009 年相比，2010 年中石油在印度尼西亚的分支投资额由 4.91 亿美元提高至 6.39 亿美元，勘探的油井数从 19 个增至 21 个。中石油已在苏门答腊岛的 Jabung 区块生产出天然气，并将其通过管道出售给新加坡，公司在东爪哇省与印度尼西亚国有石油企业 Pertamina 合作开发的 Tuban 区块也已产出原油。在缅甸，

中缅双方政府签署了《关于建设中缅原油和天然气管道的政府协议》，中石化获得了6个沿海地区区块的勘探开采权。在泰国，中石化与泰国国家石油公司已签订了一份长期液化天然气及成品油的贸易合同。在新加坡，中国华能集团获得了新加坡约1/4的电力市场份额，以及世界第三大炼油中心——新加坡裕廊岛登布苏工业区的热电多联产项目开发权。在能源合作勘探和联合开发方面，中国与东盟也在不断加强合作，如中石化与越南最大国有石油贸易公司Petrolimex共同斥资在越南中部地区兴建了包括炼油厂在内的合资企业。在新能源的投资方面：中国在新能源与可再生能源领域中积累了丰富的经验，与东盟国家形成优势互补，推动新能源产业的快速发展（张征宇，2011）①。例如，中国与泰国共同组织实施了面向东南亚、南亚地区建筑太阳能系统研发与示范国际科技合作项目，并于2012年11月中国－东盟新能源与可再生能源新技术交流与对接活动中两国建立太阳能示范基地达成合作协议。此外，中国水利电力对外公司在菲律宾就参与实施了13个项目的建设，菲律宾大马尼拉供水项目是由中国进出口银行提供优惠出口买方信贷，是改善菲律宾大马尼拉地区供水质量的重大民生工程。

总之，中国与东盟国家的能源合作不断深入，对东盟国家的能源投资不断加强。然而，2008年爆发的国际金融危机，对世界各国经济产生了重大影响。在后金融危机时代，中国与东盟都面临着能源需求的快速增长，这有可能阻碍双方在能源领域的进一步合作。中国与东盟双方尤其需要通过加强对再生能源系统的有效扶持，提高新能源和可再生能源的生产和使用水平；增加投资以加强各种再生能源的研发活动；采取有效政策鼓励私人部门参与再生能源生产；重视提高能源的有效利用，增加再生能源的供应比例，以实现未来能源的可持续发展。在“十二五”时期，中国将继续加快实施“走出去”战略，深化在能源、资源等领域互利合作，提高国际化经营水平（李永强，2011）②。

本章在前一章研究中国与东盟能源投资合作的基础之上，进一步分析金融危机前后中国对东盟能源投资，东盟对中国能源投资的状况，以更加明晰

① 张征宇．新能源将成为加快转型重要支撑［N］．人民日报，2011－04－18.

② 李永强．能源将成为中国对外投资主要方向［N］．中国能源报，2011－05－04.

中国与东盟双边能源投资合作之路。

5.1 金融危机前中国对东盟能源投资

5.1.1 中国对印度尼西亚的能源投资

东盟国家尤其是印度尼西亚，其能源资源相对比较丰富，加强对印度尼西亚的能源投资，已经成为中国海外能源发展战略中的重要内容。

在煤炭投资方面，印度尼西亚煤炭发热量较低，是较好的配煤品种。印度尼西亚是全球最大的煤炭输出国之一，拥有相当丰富的煤炭储备，相对于中国国内同品质煤炭，其在价格方面拥有优势。中国投资于印度尼西亚煤炭资源开发，能为中国高速的经济发展提供稳定的能源供应。2006 年 10 月，印度尼西亚和中国签署了一份价值 35.6 亿 ~42.6 亿美元的能源投资协议，协议包括印度尼西亚的 PT Sumber Gas Sakti Prima 和中国成达工程公司等中国公司在南苏拉威西省合作开发的煤炭化学工厂项目，投资规模 6.87 亿美元。2008 年 1 月，中国神华能源股份有限公司在印度尼西亚合资建设煤电项目，进一步降低成本。

在石油与天然气投资方面，早在 2002 年，中海油就从西班牙公司手中买下印度尼西亚油田，一举成为印度尼西亚最大的海上石油生产商。同年，中石油与印度尼西亚戴文能源集团达成协议，收购其在印度尼西亚的油气资产，包括油田和天然气田。以中油国际（印度尼西亚）公司为例，2002 年该公司油气产量当量为 221 万吨，2010 年达到 579 万吨，是 2002 年的 2.62 倍（见下图）。2002 年，中国石油通过耗资 2.16 亿美元收购总部设在美国的德文能源公司在印度尼西亚的投资组合进入印度尼西亚，这是中国石油首次进军海外上游领域。在天然气方面，2003 年 2 月，中海油完成收购印度尼西亚东固液化天然气项目储量的股权，并成功收购了英国天然气集团在印度尼西亚 Mutufi 产品分成合同中拥有权益中的 20.77%。可见，中国的石油公司奉行“走出去”战略，积极投资于印度尼西亚等石油和天然气丰富的国家，为中国石油供给提供了一个稳定的来源。

在电力投资方面，2005 年中国投资约 11 亿美元扩建位于印度尼西亚爪哇中部地区的 Tanjung Jati A 煤炭发电厂，该电厂装机容量为 132 万千瓦。2007 年 3 月，中国企业和印度尼西亚签署了价值 28 亿美元的电力投资协议，协议共涉及五个投资项目，估计总发电能力达 1 万兆瓦。其中，中国机械工业集团公司、中国电工设备总公司和印度尼西亚的 PT Penta Adi Samudra 将在西爪哇 Indramayu 地区合作建设三座发电厂，投资规模总计达 8.632 亿美元。中国成达工程公司与印度尼西亚的 PT Truba Jurong 签署协议，投资 4.92 亿美元在万丹省 Labuan 建造两座 316 兆瓦的发电站。哈尔滨电站工程有限责任公司与印度尼西亚 PT Mitra Selaras Utama 投资 4.662 亿美元在东爪哇 Probolinggo 建造一座发电站。印度尼西亚 PT Prianamaya 与 Tronoh 公司以及名为 Zeelan 的中国公司将共同投资 5.58 亿美元，在爪哇中部的 Rembang 建造两座电站。本次协议的签署，标志着中国和印度尼西亚两国能源合作进入一个新的发展阶段，进行能源合作不仅能促进印度尼西亚经济发展和提高人民的福利，而且能实现互利共赢。

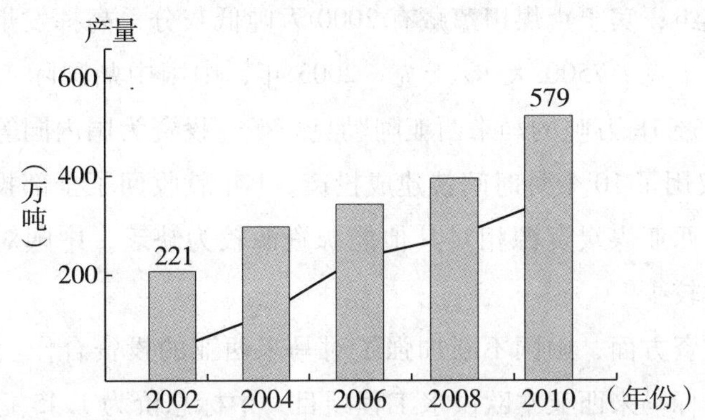

2002—2010 年公司印度尼西亚业务油气产量当量

注：资料来源于中国石油天然气集团公司出版的《中国石油在印度尼西亚》报告。

在新能源投资方面，中国政府积极引导和鼓励中国企业对印度尼西亚的投资，投资领域从能源、资源行业，逐步拓展至工业、交通、电信、新能源和可再生能源、服务业、农业和渔业等各个行业，带动印度尼西亚经济全面发展。2007 年 1 月，中海油与两家合作伙伴共同投资 55 亿美元在印度尼西亚开发生物燃料项目——利用棕榈油生产生物柴油和利用甘蔗或木薯生产生物乙醇，标志着中海油首次进军海外生物燃料领域，此外，中国对印度尼西亚的投资也受到大型能源集团、民营企业、国际资本、风险投资等诸多投资者的广泛关注。

可见，中国企业不断加大对印度尼西亚的能源投资，同时非常注重自身能源安全。中国对印度尼西亚能源的投资，不仅涉及传统能源如煤炭和石油等，也越来越注重对新能源的投资，在带动印度尼西亚当地经济发展的同时，也为国内能源的巨大需求提供了保障。目前，中国向印度尼西亚的直接投资还处于初始阶段，未来将继续加大对印度尼西亚的投资（刘志雄，黄寒，2012）①。

5.1.2 中国对马来西亚的能源投资

在煤炭投资方面，马来西亚的煤炭储量约为17 亿吨，主要分布在沙捞越州、沙巴州、霹雳州、雪兰莪州和玻璃市州，其中14 亿吨（约82%）位于沙涝越州。沙捞越州的美里—皮拉煤田煤层厚1～3 米，为高挥发，中灰分、低硫次烟煤，资源量超过3.87 亿吨。锡里泰克煤田煤层厚约1 米，产自始一渐新统锡里泰克组；宾土卢煤田蕴藏有2000 万吨低灰分，高挥发烟煤，热值可达7000 大卡/千克～7500 大卡/千克。2003 年，中国中鼎国际工程公司自行设计建设了年产18 万吨的马来西亚阿勃克煤矿，投资为国内同等煤矿建设投资的1/10，仅用了10 个月时间就建成投产，1 年就收回了全部投资。总体而言，由于马来西亚煤炭资源相对其他能源资源较为缺乏，中国对马来西亚的煤炭投资相对较少。

在电力投资方面，中国不断加强了对马来西亚的投资合作。2008 年，中国水电集团中标马来西亚本欧供水工程项目，中标总价为1.45 亿马来西亚令吉，为中国水电建设集团立足马来西亚，开发和拓展东南亚市场奠定了坚实的基础。2008 年9 月，华电运营公司签约马来西亚亚民都鲁209E 联合循环电站工程项目，项目本期建设总装机容量为125 兆瓦等级，为其提供为期一年的发电运营技术支持服务②。2008 年10 月，中国三峡开发总公司承建马来西亚沐若水电站，该电站位于马来西亚婆罗洲岛的砂捞越州，装机容量94.4 万

① 刘志雄，黄寒．中国对印度尼西亚能源投资存在问题的分析及对策［J］．江苏商论，2012（12）：44－48.

② 亚民都鲁209E 联合循环电站工程项目位于马来西亚砂劳越州民都鲁市，该项目是在老厂现有2 台PG9171E 型燃气轮机发电机的基础上扩建1 套209E 燃气－蒸汽联合循环发电机组，本期建设总装机容量为125MW 等级。

千瓦，是砂捞越州政府推动的第一个大型水电项目，工程合同总金额达10亿美元。

在新能源投资方面，马来西亚发展建造风力涡轮、太阳能板、生化柴油厂房，是绿地投资的主要接受国家。2008年，马来西亚宣布了雄心勃勃的发展全球领先的生物柴油计划。根据“沙捞越新能源走廊工程”计划，马来西亚将投资15亿美元发展新能源，保证该国能源资源的开发，走可持续发展之路。

从上述分析不难看出，与对印度尼西亚的能源投资相比，中国对马来西亚的能源投资显得明显不足，投资领域较少，涉及范围较窄，投资领域比较集中于电力和新能源，这与马来西亚的能源资源现实相符合。未来，中国仍需要积极开拓马来西亚市场，加强对马来西亚的能源投资。

5.1.3 中国对新加坡的能源投资

在传统能源方面，1997年，中国航油（新加坡）股份有限公司在新加坡成立。2001年3月，中航油在新加坡上市，海外上市为中航油的资本扩张做好了铺垫。2004年3月，中国航空油料集团公司在新加坡与ENOC签署了两项备忘录，标志着中国公司首次大规模进入国际石油储运市场。同时，在亚洲石油交易中心新加坡拥有重要的石油中转站，将供应链从中东通向新加坡，运达中国。除中航油之外，中国石化、中国石油、中艺华海、中国化工进出口总公司等国内主要的石油生产、加工及贸易企业都在新加坡纷纷设立分公司或分支机构，从事石油贸易。2008年3月，中国华能集团已经成功竞得新加坡淡马锡全资子公司大士能源有限公司的100%股份，总价值达42亿新元，这是中国电力企业在海外进行的最大收购案。

在新能源方面，早在2007年，新加坡政府就制定了新能源政策，具体包括六个方向：一是要开放能源竞争市场，让更多能源供货商加入；二是开辟更多能源管道，从各国引进不同能源；三是提高能效率；四是发展能源工业，包括太阳能和燃料电池；五是通过东南亚国家协会等平台，加深国际能源合作；六是推行跨部门合作。目标是希望在八年内将新加坡能源业产值提高1.7倍，由2007年的200亿新元增加到340亿新元。此外，新加坡政府在清洁能源方面投入约7亿新币设立不同的研发基金，计划到2020年，可再生能源发电量占巅峰发电总量的5%，主要是太阳能和生物质能。目前，据新加坡经发局资料显示，新加坡新能源产业中，太阳能的投资规模占50%，其次是风能。新加坡将对新能源外资给予一系列优惠政策，包括税务优惠、技术研发资金支持及土地优惠政策。金融危机之前，中国对新加坡的新能源投资几乎没有。

总之，金融危机之前，中国对新加坡能源投资相对较少，这是因为新加坡能源资源并不丰富。然而，中国与新加坡能源投资合作前景非常广阔，新加坡在资金方面优势明显，中国在市场、技术等方面拥有一定优势，有利于双边能源投资合作。

5.1.4 中国对泰国的能源投资

在传统能源方面：2005 年 9 月，中国海洋石油总公司与泰国国家石油公司、泰国石油勘探开发有限公司签署了合作备忘录：中国海洋石油总公司和中国海洋石油有限公司同泰国的两家公司在泰国境内及海外的部分地区共同寻求合作勘探、开发、生产油气田的机会，并在泰国境内对将到合同期的老区块共同寻求新的机会。由于泰国拥有丰富的天然气资源，从 2007 年起，经过 3 年多努力，中国的延长石油集团成功中标泰国 L31/50 区块，迈出了开拓国际市场的坚实一步。

在电力投资方面，2008 年 3 月，中国水电建设集团公司和泰国合作伙伴 Italian - Thai 公司组成的联营体与业主（EGAT）就泰国乔比雅水电站签订承包合同，标志着该项目正式进入执行阶段。该项目是中国首批向泰出口的灯泡机组，同时也将是在泰国投入运行的首座灯泡贯流式水电站，对于开拓中国水电建设集团在泰国水电市场、扩大中国水力发电设备出口意义重大。

金融危机前，中国对泰国能源投资处于起步阶段，在传统能源、电力投资方面都有了开创性的进展，但在新能源投资方面却很少涉及。然而，泰国拥有丰富的太阳能资源，依据规划，泰国的太阳能装机容量将从 2008 年的 36 兆瓦增加到 2017 年的 550 兆瓦，至少增加 15 倍。这一良好的发展趋势为我国积极对泰国太阳能产业进行投资提供了良好的信号。

5.1.5 中国对菲律宾的能源投资

2005 年 3 月 14 日，中国海洋石油总公司、菲律宾国家石油公司以及越南石油和天然气公司在菲律宾首都马尼拉签署为期 3 年的《在南海协议区三方联合海洋地震工作协议》，3 家公司在一个总面积为 14.3 万平方千米的协议区内研究评估石油资源状况。

然而，与东盟其他国家相比较，中国对菲律宾的能源投资，无论是传统能源还是新能源，都相对较少。在传统能源尤其是石油方面，菲律宾积极通过各种办法开发南海石油，并拒绝与中国能源合作，导致中国石油企业进入菲律宾相当困难。在新能源方面，尽管菲律宾能源部长积极呼吁中国对其投资，但中国南海问题、反华问题始终存在，严重影响中国对菲律宾的能源投资。

5.1.6 中国对越南的能源投资

在传统能源方面，2006 年 11 月，中石油旗下的中国寰球工程公司与越南化学工业集团公司签署了越南宁平煤头化肥项目的总承包工程合同，合同金额约 4.32 亿美元。2008 年 7 月，中国石化与越南最大国有石油贸易公司 Petrolimex 共同斥资 45 亿美元，在越南中部地区兴建一家包括炼油厂在内的合资企业，两公司同意从新加坡或中东进口原油供给炼油厂，该炼油厂原料加工能力可达每年 1000 万吨原油，或每日 20.08 万桶。

在电力方面，2008 年 12 月，中国电力投资集团（CPI）与越南设备安装总公司（Lilama）在河内签订合作协议，以 BOT 方式投资越南疑山第 2 热电厂的投标。

总之，中国对越南能源投资在不断加强，合作空间较大。在传统能源如石油和天然气方面，中国与越南在南海问题上仍存在矛盾，双方的能源投资合作相对较少。未来，中国与越南双方应积极探索能源投资合作。

5.1.7 中国对缅甸的能源投资

目前，在缅甸的中国能源投资公司有：中石化国际勘探开发公司缅甸石油有限公司、云南电网公司缅甸办事处、中国水利水电建设集团公司、华中电力国际经贸有限责任公司、中海石油（缅甸）有限公司、中国水利电力对外公司。

在传统能源方面，近年来中国加大了在缅甸的能源投资，中石油、中海油以及中石化均在缅甸均设有项目。2007 年 1 月，中国石油天然气勘探开发公司与缅甸石油天然气公司签订正式合同，获得缅甸 3 个深水区块的石油天然气勘探开采权。根据新签合同，这 3 个深水区块位于缅甸若开邦近海，分别是 AD－1 区块、AD－6 区块和 AD－8 区块，总面积为 1 万平方千米。2008 年，中国石油集团公司与缅甸签署天然气购销协定，缅甸 A－1 和 A－3 油气区块的天然气将输送至中国，合同期限为 30 年，2013 年开始供气。

在水电方面，2007 年 1 月中国第一个在缅甸投资的水电 BOT 项目——缅甸瑞丽江一级水电站开发运营合资协议在缅甸内比都签署。该项目以 BOT（建设—经营—移交）方式运作。其中，云南联合电力开发有限公司占合资公司 80% 的股份，为控股方，全面负责瑞丽江水电站项目的开发、运营和管理工作。电站投产后将由合资公司运营四十年，再移交给缅甸联邦政府。2008 年 12 月，瑞丽江一级水电站 2 号机组正式并网发电，首次实现境外投资水电能源回送国内，标志着我国水电开发企业在探索境外水能资源的开发合作与利用，在努力实践国家对外资源开发战略方面迈出了稳健的一步。

与东盟其他国家相比，中国对缅甸的能源投资比较顺利，投资力度在不断加强，合作空间较大。在传统能源如石油和天然气方面，甚至是水电方面，中国企业积极开展对缅甸投资，并成为对缅甸的最大直接投资国。

5.1.8 中国对老挝的能源投资

老挝属于欠发达国家，煤炭严重缺乏，水电丰富，电网建设滞后，全国仍有 1/6 的农村不通电。从 1989—2008 年的 20 年时间里，中国对老挝投资累计逾 40 亿美元，已成为对老挝第一大投资国；投资累计达 443 个项目，投资领域涵盖矿业、水电站、工业、农业、服务业等。2008 年 10 月，经过历时 4 年论证的老挝南俄 5 水电站项目正式开工。这一水电站是中国水电集团以 BOT 方式对老挝进行投资开发的水电站项目，电站总装机 12 万千瓦，年发电量 5.07 亿千瓦时，工程总投资近 2 亿美元，其中集团国际公司持有 85% 的股份，其余 15% 为老挝国家电力公司持有，项目特许经营期 25 年，建设期 4 年。2007 年 6 月，中国水电建设集团国际工程有限公司和中国电子进出口公司组成的联营体与老挝政府签署了老挝芭莱（PAKLAY）水电站 BOT 项目的投资开发备忘录，这一项目是中国水电集团国际公司在老挝继南俄 5 水电站

BOT 项目和南欧 8 水电站 BOT 项目之后再次获得的一个水电站投资项目开发权，标志着集团国际公司在老挝水电领域的投资开发又上新台阶。该项目是一座以发电为主，兼有航运等综合效益的大型水电枢纽工程，属于河床式电站，总装机容量为 132 万千瓦，安装 10 台轴流转浆式水轮发电机组，发电引用流量 4500 立方/秒，装机年利用小时 4894 小时，多年平均发电量 64.6 亿度，千吨两级船闸，总投资约 17 亿美元，是一座极具投资开发潜力的大型水电站工程。

可见，在金融危机之前，中国对老挝能源投资集中于水电领域，对其他能源领域的投资比较少，这主要是基于老挝丰富的水力资源和落后的基础设施，投资老挝水电是中国对老挝能源投资的最佳选择。

5.1.9 中国对柬埔寨的能源投资

据世界银行预测，柬埔寨海上石油储量约 20 亿桶。然而，由于尚未进入实质开采阶段，柬埔寨石油产品全部依赖进口。中国对柬埔寨能源方面的投资主要集中于电力投资，中国水电不断以 BOT 方式进入柬埔寨电力市场。早在 2006 年，中国水电就与柬埔寨签订甘寨水电站项目。这一项目是柬埔寨政府以国际竞标和 BOT 模式开发实施的水电站项目，也是中国水电建设集团在境外第一个自己投资建设的水电项目，工程总投资 2.805 亿美元，于 2007 年 9 月动工兴建。电站总装机容量为 193.2 兆瓦，年平均发电 4.98 亿千瓦·时，项目特许经营期 44 年，其中施工期 4 年，商业运行期 40 年。2008 年 11 月，中国大唐集团公司在柬埔寨投资建设的第一个电力项目——柬埔寨斯登沃代水电站暨金边—马德望电网工程建设项目正式开工，标志着中国大唐集团公司在实施国际化战略上取得了新的重大突破，同时对促进柬埔寨能源开发和经济社会发展将产生重大而深远的影响。柬埔寨斯登沃代水电站暨金边—马德望电网工程建设项目是由中国大唐集团公司控股的云南东南亚经济技术投资实业有限公司投资 3.6 亿美元建设的。其中，斯登沃代水电站位于柬埔寨西部菩萨省列文县欧桑乡，是柬埔寨工业矿业能源部规划开发西部水电资源、满足柬埔寨全国电力消费增长需求的重要电源点之一。电站总装机容量 12 万千瓦，分两级开发：第一级为坝后式电站，总装机 2 万千瓦；第二级为引水式电站，总装机 10 万千瓦，电站多年平均发电量为 4.55 亿千瓦·时，年利用小时为3989小时。

近年来，中柬两国经贸关系发展较快，合作领域不断拓宽。中国已经成为柬埔寨最大的投资者，但对柬埔寨能源领域的投资仍比较少，尤其是对其传统能源的投资。在电力方面的投资，中国积极为柬埔寨建设电力、电网、电站等，推动柬埔寨的快速发展。

5.1.10 中国对文莱的能源投资

文莱的石油储藏量和天然气储藏量均十分丰富，文莱已探明原油储量为14亿桶，天然气储量为3200亿立方米，是世界上第四大天然气生产国家，也是东南亚第三大天然气生产国。

2000年10月，中国石化访问文莱，与文莱就中国购买文莱石油事宜达成协议。然而，尽管文莱能源丰富，也制定了积极吸引外资政策，但中国对文莱的能源投资规模较小，投资项目较少。

5.2 金融危机后中国对东盟能源投资

5.2.1 中国对印度尼西亚的能源投资

在煤炭投资方面，2010年中国自印度尼西亚进口的煤炭数量为4290万吨，2012年达到5200万吨，比2010年增长20%（Bob Kamandanu，2012）。2010年3月，中国中铁集团与印度尼西亚巴克塔山国有控股煤矿公司（PTBA）签署了印度尼西亚南苏门答腊煤炭运输线项目设计施工运营（DBO）合同，合同总额共计48亿美元，包括设计施工总承包合同13亿美元，合同工期4年；运营合同价35亿美元，合同工期20年。在石油投资方面，2012年10月，中石化印度尼西亚巴淡仓储项目举行了开工仪式。中石化在印度尼西亚建立油库及炼油厂，既能够节省运输费用，其成品油又可借此跳板面向国际市场。在天然气投资方面，2010年10月，中国海洋石油、印度尼西亚的Samudra Energy Ltd. 以及Husky Energy，HSE. T共同签署了一项谅解备忘录，三家公司共同投资Madura Strait PSC天然气项目。2010年，中石油在印度尼西亚投资增长30%，达到6.39亿美元。2012年，中石化开始涉足仓储物流及石油金融业务，计划在印度尼西亚投资2亿美元建设石油仓储项目。

在电力投资方面，2010年8月，中国华电集团公司控股投资兴建的印度尼西亚阿萨汉一级水电站（印度尼西亚第二大水电站）正式投入运营。阿萨汉一级水电站位于印度尼西亚北苏门答腊省阿萨汉河上游河段，是阿萨汉河上游河段水电规划三级开发方案的第一级电站。电站厂房内设两台单机容量为90兆瓦的水轮发电机组，总装机180兆瓦。该项目是华电集团在海外同时承担投资、建设、运营维护任务的第一个项目，为印度尼西亚当地提供了1100个就业机会。2010年11月，中国水电集团以2.8亿美元签约印度尼西亚东加里曼丹2×10万千瓦火电项目，这是中国水电集团继2008年以2.45亿美元承揽亚齐火电项目后，再次成功进入较为高端的印度尼西亚工程总承包市场，是中国水电在非水电领域取得的又一重大成果。2012年8月，中国电建集团下属单位中国水电股份公司与印度尼西亚肯查纳公司顺利签署了印度尼西亚白水水电站项目施工合同。印度尼西亚白水水电站由印度尼西亚肯查纳公司投资建设，位于印度尼西亚苏门答腊岛明古鲁省，装机容量21兆瓦，主要工程包括进场公路、拦河坝、溢洪道、引水隧洞、发电厂房及金属结构制作安装等，合同工期30个月。2012年8月，中国华电集团公司投资修建的印度尼西亚巴厘岛一期燃煤电厂项目正式举行开工奠基仪式，标志着中国与印度尼西亚在能源和基础设施建设领域的合作得到进一步深化。其中，印度尼西亚巴厘岛一期燃煤电厂项目总投资额为6.3亿美元，总装机容量3×142兆瓦，中国华电作为投资商和总承包商将控股运营30年。2013年5月，中国电力投资集团将投资170亿美元，在印度尼西亚北加里曼丹卡延河兴建水力发电站。该水电站计划能生产7千兆瓦电力，将在7年内分阶段进行，每个阶段生产700兆瓦电力。

在新能源的投资方面，2012年6月，WWF（世界自然基金会）在其报告中指出，中国在全球清洁能源技术的制造方面继续保持领先地位。近年来，中国对印度尼西亚能源的投资除了针对传统的能源之外，还积极在清洁能源方面加深与印度尼西亚的合作，为中国和印度尼西亚两国能源合作创造更多、更好的机遇。中国的这一举措源于中国在新能源开发方面具有一定的优势，中国已经超过德国，成为仅次于美国的全球可再生能源投资第二大国。具体来看，中国政府在积极引导和鼓励中国企业对印度尼西亚的投资，投资领域从能源、资源行业，逐步拓展至工业、交通、电信、新能源和可再生能源、服务业、农业和渔业等各个行业，带动印度尼西亚经济全面发展。2012 年 7 月，中国航天机电公司与印度尼西亚矿能部可再生能源司、印度尼西亚巴塞尔公司签署了《关于太阳能能源发展谅解备忘录》，各方将建立战略合作关系，以在印度尼西亚采用更加高效和更低成本的方式建设太阳能项目。

金融危机之后，印度尼西亚仍然是中国在东盟国家重要的能源投资对象。中国对印度尼西亚能源投资，不仅涉及传统能源如煤炭和石油等，也越来越注重对新能源的投资，在带动印度尼西亚当地经济发展的同时，也为国内能源的巨大需求提供了保障。

5.2.2 中国对马来西亚的能源投资

在煤炭投资方面，由于马来西亚煤炭资源相对其他资源而言较为缺乏，中国对马来西亚的煤炭投资相对较少。在石油投资方面，2009 年中石油投资马来西亚输油管道项目，绕开马六甲海峡。同年，中石油在马来西亚向一个价值 100 亿美元的炼化项目投资，并同意在 20 年收购该炼厂生产的油品。2011 年，中国石油化工集团公司与私营公司 Sabio Oil and Gas Sdn Bhd. 及伊朗公司 ODCC 旗下子公司 International Oil Design and Construction Sdn Bhd. 组成一个财团，负责开发马来西亚国有油气公司 Petroliam Nasional Bhd. 名下的一处小型油田，中石化集团持有该财团 40% 的股权。

在电力方面，马来西亚水电资源比较丰富，是中国水电重要的海外投资国。2008 年国际金融危机之后，中国企业继续拓展以水电开发为主的投资业务，通过参股、BOT、BT 等模式进入水电投资领域并积极进入火电、风电等其他开发领域。2009 年 12 月，中国国家电网与马来西亚新财富基金 Malaysia Development Berhad（MDB）签署了联合合作协议，中国国家电网公司计划投资 80 亿美元在马来西亚东部砂劳越省建设一个世界级的炼铝厂和三个大型水电站。中国水电集团也积极开拓投资马来西亚市场，并于 2010 年 3 月以 2.5 亿美元中标马来西亚胡鲁登嘉楼水电站土建主体工程，总装机 250 兆瓦。2012 年 4 月，中国水电（马来西亚）公司与业主子公司海星海洋公司在马来西亚柔佛州首府新山市签订设计施工总承包协议，合同金额约合人民币 90. 12 亿元，建设周期 36 个月，合同模式为设计施工总承包。2012 年 3 月，中国水电以 90 亿元签约马来西亚丰盛港填海项目，合同金额约合人民币 90. 12 亿元，建设周期 36 个月，合同模式为设计施工总承包。该项目是马来西亚东部经济走廊（ECER）的重要组成部分，是一个集商业、住宅、娱乐和旅游为一体的综合开发项目。

2010 年联合国贸发会议指出，马来西亚发展建造风力涡轮、太阳能板、生化柴油厂房，是绿地投资的主要接受国。实际上，马来西亚非常重视对新能源的投资。2008 年，马来西亚宣布了雄心勃勃的发展全球领先的生物柴油计划。根据“沙捞越新能源走廊工程”计划，马来西亚将投资 15 亿美元发展新能源，保证该国能源资源的开发走可持续发展之路。2010 年 10 月，马来西亚种植园和商品部削减对柴油的补贴，并于 2011 年正式实施。

金融危机之后，我国对马来西亚的能源投资主要集中于可再生能源太阳能。2012 年，中国格瑞士太阳能赢得马来西亚的电站项目。马来西亚彩钢瓦光伏屋顶电站项目装机容量为 100 千瓦，将全部采用格瑞士太阳能 GS 彩钢瓦光伏屋顶安装方案。然而，马来西亚能源部长 Datuk Seri Dr S. Subramaniam 认为，到 2020 年，马来西亚电力以及电子领域的太阳能工程人才缺口将达到 12600 人。人才的巨大缺口将阻碍马来西亚实现成为中国和德国之后第三大太阳能电池生产商的目标。在太阳能光伏市场方面，2011 年马来西亚太阳能光伏市场仅为 7 兆瓦，但预计到 2050 年马来西亚太阳能光伏市场将达到 8874 兆瓦，这为中国与马来西亚两国开展合作奠定良好的基础，中国也需要进一步加大对马来西亚新能源的投资。

总之，我国对马来西亚石油和天然气的投资在不断增加，对其水电的投资也成为投资的重要领域，但对其新能源的投资力度却有待增强。马来西亚预计会成为中国和德国之后兴起的全球第三大太阳能电池生产国，到 2020 年马来西亚太阳能电池产量将占据全球总产量的 17%。可见，马来西亚新能源领域具有广阔的市场，我国需要进一步加强对马来西亚新能源领域的投资。

5.2.3 中国对新加坡的能源投资

在传统能源方面：2009 年 5 月，中石油通过间接全资拥有的中国石油国际事业新加坡公司，收购吉宝集团下属的全资子公司吉宝油气服务有限公司持有的新加坡石油公司全部45.51%股份（不包含库存股）。该收购的代价为每股6.25新加坡元（约合人民币29.58元），总价约为14.7亿新加坡元（约合人民币69.4亿元）。2010年1月，中石化润滑油分公司在新加坡投资建设润滑油脂项目获得批准。

在新能源方面，2010年9月，四川汉龙集团与新加坡太阳能研究院正式签约，在新加坡投资1亿美元，设立聚光光伏（CPV）海外总部，着重技术研发、系统集成和市场开发。2011年，英利绿色能源公司在新加坡设立区域总部，以满足其在东南亚地区的销售和业务拓展。在生物质能方面，2012年中国广东核电集团公司在新加坡投资设立一座生物质能光电一体化发电厂及其洁净能源业务的区域总部，首阶段将投资4200万元。该生物质能发电厂是将木材和园艺废料作为燃料，同时在其屋顶有一个70千瓦峰值的太阳能装置，总装机容量为10兆瓦，充分利用废弃生物质资源，既减少碳排放，也实现资源综合利用。这项投资将增强新加坡的洁净能源生态系统，并巩固新加坡作为亚太洁净能源市场中的战略性地位。在电力方面，华能大士能源耗资20亿新元（约合16.1亿美元）的登布苏热电多联产项目于2013年2月27日正式投产，这是中资企业迄今为止在新加坡的最大一笔投资，也是华能国际电力2008年收购大士能源后在新加坡的第一个投资项目。这一项目的正式投产，不仅仅代表华能自身的投资成果，更反映了中新两国之间日益深化的经济纽带。

总之，由于新加坡传统能源的不足，我国对新加坡传统能源的投资显得比较少，而重点对新加坡新能源的投资，集中体现在太阳能、生物质能和电力投资，这符合新加坡能源发展政策。未来，我国仍需要积极开拓新加坡市场，加强对新加坡的能源投资。

5.2.4 中国对泰国的能源投资

在传统能源方面：2010年2月，中国延长石油与泰国签署了天然气项目特许权开发合同。延长石油中标的区块为L31/50号，位于泰国东中部呵叻盆地、距离首都曼谷280千米的孔敬府。2011年12月，中石油麾下的两家泰国分公司与泰国Thai Petroplus公司和其他合作伙伴签署了一项有关在泰国共同寻找石油勘探权的合同。可见，金融危机之后中国对泰国传统能源投资在加强。

在电力方面：2012 年 5 月，广西建工集团与泰国国家地方电网总公司在南宁就泰国智能电网集控系统项目和泰国海滩滩涂风力发电项目签订合作协议。泰国智能电网集控系统项目总体规模是对泰国地方电网 1600 多万用户普及推行智能电表系统，属于长期持续性工程，项目包括智能控制系统、线路铺设、终端安装等工程内容。风力一期工程建设计划在泰国南部洛坤府暹罗湾海滩滩涂，建设规模为 20 台 30 千瓦风力发电机组，总合同约 10 亿元。2012 年 5 月，中国水电股份公司承建的泰国乔比雅水电站项目竣工并移交泰国皇室。乔比雅项目由中国水电股份公司与意大利泰（ITD）公司联合承建，在业主首批小水电项目中率先实现竣工发电。电站装机两台 6 兆瓦灯泡机组，是中国向泰国出口的首批灯泡发电机组，也是中资公司在泰中标并成功实施的第一个小水电项目。

在新能源方面：我国积极对泰国太阳能产业进行投资。2009 年 4 月，泰国促进投资委员会（BOI）修改 3 种行业申请促进投资的条件，包括造船及维修企业、太阳能电池生产企业，以及研发技术、科技及创新技术（STI）的项目，迎合市场变化，吸引企业进行投资。在政策的支持下，2011 年无锡尚德太阳能电力有限公司计划投资 2000 万美元在泰国设立太阳能电池装配企业，该公司已与泰国 BANGCHAK 公司合作建成一个 3.8 万千瓦的太阳能发电项目。

总之，我国对泰国能源投资在不断加强，但合作的空间仍然比较大，集中体现在太阳能、生物质能和电力投资等方面，这符合泰国能源的发展政策。未来，我国仍需要积极开拓新加坡市场，加强对泰国的能源投资。

5.2.5 中国对菲律宾的能源投资

与东盟其他国家相比较，我国对菲律宾的能源投资，无论是传统能源还是新能源，都相对较少。在传统能源尤其是石油方面，菲律宾积极通过各种办法开发南海石油，并拒绝与中国能源合作，导致中国石油企业进入菲律宾相当困难。在电力方面，2009 年 1 月，中国国家电网获得菲律宾国家输电网 25 年特许经营权。菲律宾国家电网公司是由中国国家电网公司与菲律宾蒙特罗电网资源公司、卡拉卡高电公司共同出资设立的合资公司，其中国家电网公司占40%股权，这一项目是中国在菲律宾最大的投资项目。在新能源方面，尽管菲律宾能源部长在积极呼吁中国对其投资，但中国南海问题、反华问题始终存在，严重影响我国对菲律宾的投资。

5.2.6 中国对越南的能源投资

在电力方面：2010年8月，国家发改委正式核准南方电网公司投资越南永兴燃煤电厂一期BOT项目，预计2014年首台机组投产。2011年11月，重庆五矿机械进出口有限公司（CMMC）与越南电力建设股份总公司（VNECO）在越南岘港市签署越南回春（HOI XUAN）水电站项目总承包（EPC）合同，总金额1.1亿美元。该项目位于越南清化省马江（SONG MA）上游，设计功率为10.2万千瓦（3×34兆瓦），工期42个月，预计项目将于2014年年底建成并发电。2012年2月，越南松邦4水电站成功截流。这一项目是越南国家一级水电项目，位于越南中部岘港市西南方向96千米的松邦河上，项目枢纽由碾压混凝土坝、坝面溢洪道、引水隧洞、发电厂房、开关站及导流涵洞等建筑物组成，总装机容量为15.6万千瓦，年发电量为5.90亿度，由越南国家电力公司投资建设，中国电建集团承建。2013年3月，中国广西电力工业勘察设计研究院与广东水电二局股份有限公司联合承包的越南首座绿色水电站在越南宣光省占化县落成。该项目由越南贸易与建设投资股份公司投资建设，投资总额达8700多万美元。该水电站于2009年10月动工，设有总功率达48兆瓦的3个机组，正式运营后，年均发电量可达1.9亿千瓦·时。占化ICT水电站是越南首座低水头水电工程，该工程可以保持河流自然水流，极大降低对自然环境和居民生活环境的影响。

在电力投资合作方面：中国与越南的投资合作相对较多，但在传统能源如石油和天然气方面，中国与越南在南海问题上仍存在矛盾，双方的能源投资合作相对较少。未来，中国与越南双方应积极探索能源投资合作。

5.2.7 中国对缅甸的能源投资

目前，在缅甸的中国能源投资公司有：中石化国际勘探开发公司缅甸石油有限公司、云南电网公司缅甸办事处、中国水利水电建设集团公司、华中电力国际经贸有限责任公司、中海石油（缅甸）有限公司、中国水利电力对外公司。2012 年 11 月，缅甸联邦议会表决通过了外国投资新法案。根据这项新法案，缅甸允许外资投资电力、石油和天然气、矿业、制造业、饭店和旅游业、房地产、交通运输、通信、建筑和其他服务业。该法案更加便利了外国企业对缅甸的直接投资。据统计，截至 2011 年 7 月，有 31 个国家在缅甸 12 个领域共 454 个项目上总投资逾 360 亿美元。其中，电力投资居第一位，占投资总额的 40%，油气投资居第二位，占投资总额的 38%。投资国别排名中中国第一，占外国对缅甸投资总额的 44.11%。

在传统能源方面：近年来，中国加大了对缅甸的能源投资。2009 年 6 月，中国石油天然气集团公司与缅甸正式签署了中缅原油管道项目谅解备忘录。双方同意由中国石油设计、建设、运营和管理原油管道项目，管道设计能力是 2200 万吨/年。随着该项目的建设，中国已经初步形成了东北、西北、西南陆上和海上四大油气进口通道的战略格局，实现能源供应多元化。2011 年中国石化集团国际石油工程公司在缅甸中部发现油气田，预计储有 9090 亿立方英尺天然气（约 257.4 亿立方米）以及 716 万桶原油，这是中石化在缅甸开展多年工作后首次获得重大发现。

在水电方面：南方电网公司、华能集团公司、中国电力投资集团公司、大唐集团公司和水利水电建设集团公司等企业均已在缅甸开展了大量的工作。2009 年 9 月 14 日，中国葛洲坝集团国际工程有限公司与缅甸金山公司在仰光签署关于承建缅甸 Baluchaung No. 3 水电站 CW1 标段引水隧洞施工协议。Baluchaung No. 3 水电站是缅甸 Baluchaung 河梯级开发的第三个水电站，总装机 5.2 万千瓦，该项目由缅甸金山公司自筹资金，协议总额 2104 万美元，合同工期 28 个月。2009 年 5 月，中国对外水电开发最大的 BOT 项目——瑞丽江一级水电站正式竣工。瑞丽江一级水电站的建成投产，标志着中国华能集团公司实施“走出去”战略取得又一项重大成果，为促进大湄公河次区域电力合作树立了典范。2012 年 9 月，中国云南澜沧江国际能源有限公司、缅甸 Htoo 公司与缅甸电力二部电力司在缅甸首都内比都共同签署仰光燃气蒸汽联合循环电厂项目可行性研究谅解备忘录。该电厂预计装机 500 兆瓦，由中缅双方按 BOT 方式投资开发。

与东盟其他国家相比，中国对缅甸的投资力度在不断加强，中国已经成为对缅甸的最大直接投资国，合作的空间仍然比较大，但却面临着现实问题：2010 年 4 月中国电力投资集团公司和缅甸亚洲世界有限公司在伊洛瓦底江上游联合承建的水电工程发生一系列爆炸事件，2011 年 9 月伊洛瓦底江密松水电站项目被缅甸政府叫停等，这些不利事件严重影响了中国与缅甸的能源投资合作。

5.2.8 中国对老挝的能源投资

中国对老挝的能源投资主要集中于水电投资领域。2011 年 6 月，中国水电集团所属老挝水泥工业有限公司与老挝计划投资部正式签署老挝沙拉湾省东兰县煤炭普查勘探协议，开展资源风险勘探阶段的资源普查、勘探详查、勘探报告、资源评估，编制煤炭开发可行性研究报告等各项工作。2012 年 2 月，中国水电建设集团国际公司与老挝政府在万象签订了南乌江流域开发（七级电站）第一期 2 级、5 级、6 级项目的电价谅解备忘录以及南康 3 水电站项目 EPC 总承包协议。南康 3 项目位于老挝北部琅勃拉邦省，装机容量为 60 兆瓦，建后年发电量 2.4 亿度。合同总额约 1.27 亿美元，由中国进出口银行提供优惠贷款。2012 年 12 月，中国水利水电建设集团公司在老挝投资建设的首个水电站 BOT 项目南俄 5 水电站正式投产发电。该水电站项目由中国水电与老挝国家电力公司共同投资开发，于 2008 年 10 月开工，总装机容量 12 万千瓦。2012 年 9 月，中国水电国际公司在万象与老挝电力公司签署谅解备忘录，将承建老挝北部丰沙里省总长约 51 千米的双回输变电线路。该项目投资约 5000 万美元，为双回输变电线路，总长度约 51 千米，将为南欧江水电输出提供有力保障。2012 年，中国东方电气集团有限公司继成功签约、实施老挝南椰、赛纳、南芒河等水电项目后，又与老挝南杉水电站签约。老挝南杉水电站总装机容量为 115 兆瓦，根据合同要求，东方电气将承担该项目包括设计、土建施工、机电设备供货以及安装调试等全部 EPC 工作。

老挝属于欠发达国家，自然资源比较丰富，但目前我国对其能源领域的投资集中于水电，这是由于我国水电领域的投资相对于老挝而言具有明显的优势。未来，我国需要继续加强对其能源领域投资，加大投资领域。

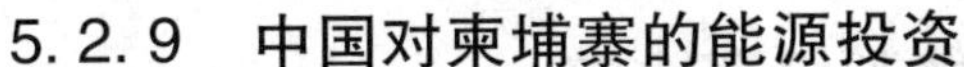

5.2.9 中国对柬埔寨的能源投资

近年来，中国对柬埔寨能源方面的投资主要集中于电力投资。2010 年 7 月，甘再项目 PH2 电站正式供电；2010 年 4 月 27 日，中国水电签订柬埔寨斯登沃代水电站施工合同；2010 年 10 月，中国水电所属水电十五局中标华电集团在柬埔寨王国投资的额勒赛下游水电站项目引水隧洞及厂房工程。额勒赛下游水电站由相距约 8 千米的上、下电站两个梯级组成，总装机容量 338 兆瓦，项目总投资 5.58 亿美元，是华电集团境外投资开发装机容量最大的水电站，也是柬埔寨国内装机容量最大的水电站。中国国家电网公司下属的国网新源国际投资有限公司投资的基里隆 3 号水电站，装机容量为 18 兆瓦，于 2009 年 3 月开工建设，至 2012 年 4 月投产发电，共耗资 4710 万美元，至 2012 年年底已为柬埔寨输入电力达 8000 万千瓦·时。

近年来，中柬两国经贸关系发展较快，合作领域不断拓宽。中国已经成为柬埔寨最大的投资者，但对柬埔寨能源领域的投资仍比较少，尤其是对其传统能源的投资。在电力方面的投资，中国积极为柬埔寨建设电力、电网、电站等，推动柬埔寨的快速发展。

5.2.10 中国对文莱的能源投资

在传统能源方面：2013 年 2 月，恒逸石化投资文莱 PMB 石油化工项目，投资额为 43.2 亿美元。该公司在文莱投资建设年加工 800 万吨原油的石化项目，建设内容包括 800 万吨常减压装置、220 万吨加氢裂化装置、150 万吨芳烃联合装置、150 万吨柴油加氢装置、100 万吨煤油加氢装置，以及码头、罐区、电站、海水淡化等配套工程建设，并同意项目总投资 43.2 亿美元。

2010 年 1 月，中国水电建设集团国际工程公司与文莱发展部在文莱首都班达斯里巴加湾帝国酒店正式签署合同额 4.37 亿元人民币的“文莱都东水坝项目”合同。这一项目是文莱近年来建设的最大的水坝工程项目，是文莱的“三峡”工程，是中国水电集团进入文莱市场的第一个项目，该项目的签约填补了中国水电集团在文莱国的市场空缺。

目前，我国对文莱的能源投资规模较小，投资项目较少。未来，我国企业积极开展对未来的投资，并成为对文莱的最大直接投资国。

5.3 金融危机前后中国对东盟能源投资比较

5.3.1 中国越来越重视对东盟的能源投资

首先，中国积极为加强能源投资合作提供政策支持。例如，中国《可再生能源发展“十二五”规划》阐述了“十二五”期间可再生能源发展的指导思想、基本原则、发展目标、重点任务和实施机制等，是“十二五”期间可再生能源发展的重要依据。在这些政策支持下，在能源投资领域方面，煤炭、石油、天然气等传统能源仍然成为中国投资东盟的重要领域；在能源投资数量方面，中国能源国际合作取得新突破，与40多个国家和地区开展了能源资源勘探开发合作，海外油气权益产量超过9000万吨油当量（刘铁男，2012）①。

其次，中国越来越重视对东盟国家的能源投资。在对比金融危机前后两个不同时期中国对东盟能源投资状况后不难看出，东盟国家作为中国重要的经贸合作伙伴，加上自身相对丰富的能源资源，中国越来越重视并加强对东盟国家的能源投资，对东盟能源投资领域从传统能源领域扩大到新能源领域和可再生能源领域。实际上，新能源和可再生能源将成为全球能源投资的重点。正如理查德·琼斯所言：“未来全球能源体系会不断地调整结构，可再生能源技术、智能电网、先进的交通运输设施方面有巨大的商机。”②

最后，中国对东盟中的欠发达国家能源投资已经全面展开。在东盟国家中，缅甸、老挝和柬埔寨经济发展水平最为落后，在金融危机前中国就尝试对这些国家进行能源投资，但能源投资比较单一。例如，2007年1月，中国石油天然气勘探开发公司与缅甸石油天然气公司签订正式合同，获得缅甸3个深水区块的石油天然气勘探开采权。2007年1月中国第一个在缅甸投资的水电BOT项目——缅甸瑞丽江一级水电站开发运营合资协议在缅甸内比都签署。老挝水电丰富，但是电网建设滞后，全国仍有1/6的农村不通电。从

① 刘铁男．新形势下中国能源发展的战略思考［EB/OL］．中国政府网，2012-07-02.

② 资料来自于2010年11月2日国际能源署副署长理查德·琼斯在第二届中国对外投资合作洽谈会主论坛上的讲话。

1989—2008 年的 20 年时间里，中国对老挝投资累计逾 40 亿美元，中国对老挝能源投资集中于水电领域，对其他能源领域的投资比较少。金融危机之后，中国对东盟欠发达国家能源投资取得全面进展。例如，中柬能源合作领域不断拓宽，中国成为柬埔寨最大的投资者，特别是在电力方面的投资，中国积极为柬埔寨建设电力、电网、电站等，推动柬埔寨经济的快速发展。

可见，在后金融危机时代，无论是在能源投资的政策还是在能源投资领域、投资规模，中国越来越重视对东盟的能源投资。中国对东盟能源投资已经跨出了划时代的脚步，加快中国对东盟的能源投资，能够推动中国及东盟各国能源产业的快速发展。

5.3.2 能源资源禀赋存在差异，中国对东盟能源投资的重点不同

中国对东盟能源投资的实际结果表现出非常大的国别差异，这种差异源于东盟国家能源资源禀赋不同。例如，东盟中的印度尼西亚、马来西亚和文莱，其传统能源如石油和天然气比较丰富，因而中国对其能源投资的重点在很长时期内均为传统能源投资。东盟中的缅甸、老挝和柬埔寨，其水利资源比较丰富，因而中国对其能源投资的重点在于水利水电投资。例如，2011 年中国水电集团所属老挝水泥工业有限公司与老挝计划投资部正式签署老挝沙拉湾省东兰县煤炭普查勘探协议，2012 年中国水电建设集团国际公司与老挝政府在万象签订了南乌江流域开发项目的电价谅解备忘录，以及南康 3 水电站项目 EPC 总承包协议。2012 年年末，中国水利水电建设集团公司在老挝投资建设的首个水电站 BOT 项目南俄 5 水电站正式投产发电。中国对东盟中的其他国家，如新加坡和泰国等的能源投资的重点在于新能源领域的投资。可见，东盟能源资源禀赋存在差异，中国对东盟能源投资的重点不同。

5.3.3 中国对东盟传统能源领域投资比较困难，能源投资领域越来越宽

首先，中国对东盟传统能源领域的投资比较困难。一方面，由于东盟是世界上经济发展最为活跃的地区之一，因而成为世界各国投资关注的焦点。在传统能源领域，东盟面临着来自发达国家激烈的能源投资竞争，这无形中加大了中国能源企业进入东盟市场的难度，导致对东盟能源投资变得越发困

难。另一方面，东盟国家能源产量表现出比较明显的下降趋势。东盟五国的石油产量从2002年的135.1百万吨减少到2012年的115.3百万吨，10年内下降了19.8百万吨（见表4-29）。其中，下降幅度最大的是印度尼西亚，作为东盟十国中的最大产油国，石油产量从2002年的68.2百万吨减少到2012年的44.6百万吨。尽管泰国石油产量在增加，但其所占比重相对较小，难以弥补石油生产减少的缺口。随着东盟传统能源数量的减少，加上自身所面临的能源需求缺口扩大问题，为中国进入东盟能源市场带来一定程度的障碍。

其次，中国不断加强与东盟国家电力领域的投资合作，能源投资领域越来越宽。金融危机之后，中国与东盟双边在电力投资、技术合作、工程承包等领域取得了丰硕的成果。中国与东盟十国以不同形式实现了电力合作，在电网互联，电力贸易，电力设施的施工建设、技术和设备支持等方面取得全面进展。具体来看，中国以股权并购、BOT建设、特许经营等为主要形式，投资领域包括火电厂、水电和电网等。南方电网以BOT形式投资越南永兴燃煤电厂（2×60万千瓦）；华能集团收购新加坡淡马锡公司拥有的大士能源公司100%股权；华电集团投资印度尼西亚巴厘岛一期（42.6万千瓦）燃煤电厂；国家电网公司获得菲律宾国家输电网25年特许经营权。此外，中国以EPC火电和水电总承包为主，涉及电网领域工程。此外，中国水利水电对外公司进一步加强与东盟国家在水电投资建设上的合作。截至2012年年底，该公司已在东盟地区承揽了30余个承包项目，营业额累计超过10亿美元，内容涵盖水电站、灌溉、防洪疏浚、城市洪水等多种类型①。

5.3.4 中国能源开发技术水平不高，但越来越注重新能源投资

中国的能源技术开发水平整体上在不断提升，一批拥有自主技术优势的企业和投资项目不断涌现，但与发达国家相比较，仍然存在较大差距。在对传统能源的利用方面，我国能源加工转换效率仍然比较低，总效率基本上保持在70%左右，其中发电及电站供热转换效率仅为40%②。我国能源开发利用效率较低，以煤炭等传统能源消费为主。在技术的研发方面，技术装备明

① 石昊．中水电称将加强与东盟水电项目合作［EB/OL］．新华网，www.xinhuanet.com，2013-02-23.

② 原始数据来源于《中国统计年鉴2011》，在此略。

显落后，这不仅在于国家专门的能源研发机构相对较少，自主研发的高端技术缺乏，更在于专业技术人才缺乏，创新明显不足。

对于东盟国家而言，在金融危机之前，东盟国家新能源推广阻力较大，受到众多因素的影响，如政府经济成本、管理成本、市场营销、技术突破、融资和社会文化矛盾等。东盟部分国家居民大多还处在国家贫困线水平以下，对新能源技术使用的敏感度和认知度不高。金融危机之后，东盟国家积极制定政策。东盟国家中的 6 个如马来西亚、新加坡、越南、菲律宾、泰国和印度尼西亚已为积极使用新能源制订了中长期发展计划，部分国家还专门设定了“碳减排”目标。例如，2011 年马来西亚开始推广上网电价补贴政策；2010 年印度尼西亚开始采用上网电价政策，政府把补贴政策应用到地热能领域。

据全球咨询公司毕马威（KPMG）于 2011 年 6 月 8 日发布的调查显示，美国、中国、印度将是全球可再生能源产业兼并与收购投资的前三大目的地，中国在全球新能源领域的角色日益重要。与传统能源领域投资相比，在新能源领域和可再生能源领域，由于中国越来越注重新能源技术研发，加上中国对外直接投资中很大一部分采用对外承包工程方式，并结合东盟的现实资源状况，中国对东盟新能源领域的投资越来越多。例如，2012 年 7 月，中国航天机电公司与印度尼西亚矿能部可再生能源司、印度尼西亚巴塞尔公司签署了《关于太阳能能源发展谅解备忘录》，各方将建立战略合作关系，以在印度尼西亚采用更加高效和更低成本的方式建设太阳能项目。

5.4 东盟对中国能源投资

与中国对东盟能源投资相比，东盟对中国的能源投资相对较少。新加坡由于经济比较发达，对中国的能源投资相对较多。2011 年 3 月，新加坡兴隆集团在湄洲湾先期投资 50 亿元人民币，用于建设亚洲规模最大的石油仓储基地，以及福建子公司福兴润滑油公司的新址。项目首期工程兴建的库区基地为 60 万立方米，还包括数个 5000 吨级至 5 万吨级不等的码头泊位和一个大型润滑油工厂。同年，新加坡石油巨头洛矶山石油集团来渝建高档润滑油基地。该公司将陆续在双桥工业园投资建设油品研发中心、润滑油生产和主题市场三个项目，总投资约15亿元。目前，油品研发和润滑油生产两个项目已正式开始建设，总投资约5亿元。2012年8月，新加坡RH Petrogas公司位于中国吉林省松辽盆地陆上扶余-1区块阶段开发经过修改以后的总体开发方案获得中国石油天然气集团公司的批准。一旦获得中国国家发展和改革委员会的批准，扶余-1区块的油田开发和商业生产将立即开始。

东盟中的其他国家也在投资中国能源。例如，2004年马来西亚国家石油公司就先行将润滑油引入中国市场，并在深圳成立了马来西亚国家石油公司贸易（中国）有限公司。2010年12月22日，马来西亚国家石油公司出资1.98亿元正式收购了山东潍坊圣马力润滑油有限公司，组建了马石油润滑油（山东）公司，这是马来西亚国家石油公司在华第一个并购项目，而且也是外资首次在山东并购石化企业。2010年9月，印度尼西亚三林集团与福州市签订协议，将在福州建设以煤炭为主要原料的一体化综合化工园区，倾力打造福建省外向型先进煤化工产业基地和绿色新能源供应基地。印度尼西亚三林集团致力于在能矿资源和农业及可再生能源领域拓展投资规模，印度尼西亚三林集团将福建作为投资重点区域，在福州沿海临港区参与新型产业基地的建设，打造年运输能力6000万吨的国际物流链，项目投资总额达15亿~20亿美元。2011年6月，菲律宾第一光伏投资公司与通用硅太阳能电力（南昌）有限公司在南昌国家级高新技术产业开发区签署投资合作协议。该项目一期注册资金600万美元，投产后将形成年产多晶硅100吨的规模；二期注册资金会增加到1000万美元，形成500吨单晶硅生产能力。

5.5 本章小结

本章主要研究了金融危机前后中国对东盟的能源投资，对两个不同时期的能源投资进行了比较，并研究了东盟对中国的能源投资。研究发现，中国对东盟的能源投资远远超过东盟对中国的直接投资，东盟已经成为中国重要的世界能源投资地。由于中国积极实施“走出去”战略，中国的主要能源企业具有非常强的竞争力，同时中国在新能源开发方面水平相对比较高，中国与东盟国家之间的经贸合作，为中国走进东盟、开拓东盟的能源市场奠定了非常良好的基础。

6 中国与东盟能源投资合作的效应

“柬埔寨工业、矿藏和能源大臣隋森于2012年9月13日表示，中国公司在柬埔寨投资水电和电网等项目，有助于促进柬能源领域和经济社会的发展。中国在柬埔寨能源领域的投资对柬经济社会发展和减贫起到关键性作用。”

——新华网金边2012年9月13日电

上一章已经分析了金融危机前后中国与东盟能源投资合作问题，能源投资已经成为中国与东盟能源合作的重要方式之一。那么，中国与东盟能源投资合作会产生怎样的效应？可以说经济增长问题一直以来都是经济学家研究的核心内容。学者们从资源约束的视角研究经济增长主要包括两种观点：一种观点认为，在经济发达区域，由于资源的有限供给，经济发展受限于资源赋存状况，资源对经济发展具有约束作用；另一种观点认为，资源丰裕的地区，由于资源产业“挤出效应”“荷兰病效用”等的存在，资源对经济增长反而产生限制作用（王迪等，2009）①。因此，在能源资源有限的情况下，加强能源投资就显得非常必要。本章将从经济增长、就业、技术外溢和福利四个层面来研究中国与东盟能源投资合作的效应。

6.1 中国与东盟能源投资合作的经济增长效应

6.1.1 关于对外投资的经济增长效应问题研究

国内外学者研究对外直接投资的经济增长效应主要集中于研究 FDI 对经

① 王迪，聂锐，李强，等．资源约束对经济增长的作用机制研究［J］．煤炭经济研究，2009（10）：31－33.

济增长的影响。具体来看，Balasubramanyam（1996）研究发现，FDI对经济增长有正的外溢效应，但这一效应只限于东道国采用出口导向政策的国家。相反，采用进口替代政策将削弱FDI对经济增长的正效应①。Laura Affaro等人（2004）利用1975—1998年的跨国数据，研究发现具有完美金融市场的国家从FDI中获益更多②。国内学者刘一欧，苏红莉（2012）③ 采用1983—2010年的数据，运用协整检验和误差修正模型研究方法，实证研究了外商直接投资与经济增长之间的关系，发现FDI促进经济增长，但经济增长对吸引更多外资的作用不显著。因此，需要改善外商投资环境，加强外资的产业与区域导向，拓宽引进外资的渠道。武力超（2013）④ 研究表明，发展中国家FDI和劳工汇款对经济增长有明显的促进作用，当有更好的政府治理环境时，这一正向影响有所加强。

实际上，外商直接投资通过多种渠道促进经济增长。Solow（1956）⑤ 提出的新古典增长模型表明，通过增加资本存量，FDI促进经济增长。Rivera Batiz和Romer（1991）指出了两种技术的传导渠道：一是脱离商品交易而实现；二是通过包含该项技术的中间投入和资本品实现⑥。包群（2007）⑦ 引入技术模仿，比较考察了自主创新与技术模仿两类基本创新模式对长期经济增长的作用。傅元海、唐未兵和王展祥（2010）⑧ 研究了本地企业在FDI的溢出效应下选择不同的技术进步路径对经济增长绩效的影响，发现内资企业技术能力、价值增值率水平、外资聚集水平和行业集中度会影响FDI技术转移或

---

① Balasubramanyam, V. N., Salisu, M. and Sapsford, D (1996), Foreign direct investment and growth in EP and IS countries. The Economic Journal. 106: 92 - 10.

② Alfaro Laura, Chanda Areendam, Kalembi - Ozcan Sebnem, Sayek Selin, FDI and economic growth: the role of local financial markets. Journal of International Economics 64 (2004): PP. 98 - 105.

③ 刘一欧，苏红莉．外商直接投资与经济增长关系研究［J］．2012（8）：105 - 108.

④ 武力超．国外资本的流入是否总是促进经济增长［J］．统计研究，2013（1）：53 - 60.

⑤ Solow, R. A Contribution to the Theory of Economic Growth. Quarterly Journal of Economics. 1956, 70: 65 - 94

⑥ Rivera - Batiz Luis A and Paul M. Romer, (1991) "Economic Integration and Endogenous Growth", The Quarterly Journal of Economics 106, 531 - 555.

⑦ 包群．自主创新与技术模仿：一个无规模效应的内生增长模型［J］．数量经济技术经济研究，2007（10）：25 - 34.

⑧ 傅元海，唐未兵，王展祥．FDI溢出机制、技术进步路径与经济增长绩效［J］．经济研究，2010（6）：92 - 104.

溢出效应对经济增长绩效的作用。然而，FDI 对国内投资也会产生挤出效应。例如，Agosin 和 Machado（2005）① 认为，不同种类的 FDI 如兼并和收购对于资本存量没有明显影响，仅是将资源从国内向国外居民转移，无法通过溢出效应对国内生产率产生影响。彭红枫和鲁维洁（2011）研究发现，FDI 对全国国内资本产生挤出效应②。Gorg 和 Greenaway（2003）研究表明，25 个研究对象中只有 6 个发现外资企业对内资企业有正向的溢出效应③。

6.1.2 能源投资合作的经济增长效应

1. 有利于促进中国经济增长

首先，保障经济安全。目前，我国传统能源供给不足，加强对东盟能源投资，充分利用东盟这一海外资源，实施资源开发类企业“走出去”战略，寻求和建立东盟稳定的能源资源供应基地，已经成为保障我国经济安全，促进我国国民经济可持续发展的必然选择。

其次，加快对东盟的能源投资步伐，能够避开贸易壁垒。近年来，发达国家在能源领域采取贸易保护主义措施的倾向越来越明显，我国能源企业加快实施“走出去”战略，积极布局成立海外生产基地，以应对挑战。此外，随着中国－东盟自由贸易区的不断深入发展，各种关税壁垒越来越少，非关税壁垒则不断加强。我国加强对东盟的能源投资，不仅可以开拓东盟本土市场，还能避开通过贸易而导致的各种壁垒问题，对双方均产生有利影响。

再次，加强对东盟能源投资，能够充分发挥对外直接投资与贸易的创造效应。著名的“小岛清模式”指出，对外直接投资应该从本国已经处于或即将处于比较劣势的产业及边际产业依次进行，这些产业是东道国具有明显或潜在比较优势的部门，如果没有外来的资金、技术和管理经验，东道国这些优势就不能被利用。通过边际产业转移，投资国对外直接投资就

① Agosin Mamuel R. & Roberto Machado, Foreign Investment in Development Countries: Does it Crowd in Domestic Investment? [J]. Oxford Development Studies, Vol. 33, No. 2, 2005.

② 彭红枫，鲁维洁．外商直接投资的动态挤入挤出效应——基于全国及地区差异的分析和检验[J]．世界经济研究，2011（2）：59－64.

③ Gorg, Greenaway, H., D. Much Ado about Nothing? Do Domestic Firms Really Benefit from Foreign Direct Investment [J]. IZA Discussion Paper 2003. No. 944.

可以充分利用东道国的比较优势并扩大两国的贸易。能源投资属于资源开发型直接投资，这与我国的对外贸易是互补的。我国资源开发型投资项目主要集中在资源稀缺、成本低廉或出于战略需要的部门，为我国海外建立资源供应基地。同时，带动我国的生产设备、制成品、技术和劳务的输出，尽管会带动一定程度的进口贸易增长，但从整体上仍然会促进我国出口贸易的增长。

最后，加强对东盟能源投资，能够促进我国经济持续稳定增长。随着中国－东盟自由贸易区的快速发展，东盟已经成为我国对外投资的重要地区。加强对东盟的能源投资，能够保障我国的能源安全，而能源是经济发展所需要的重要战略资源，能源安全能够从长远保障我国经济平稳快速发展。此外，东盟中的新能源领域存在较多的投资机会，涉及行业广，影响面大，存在着拉动未来经济新增长的巨大潜力。

2. 有利于促进东盟经济增长

当前，东盟国家仍然保持着良好快速发展之势，也是世界上积极吸引外资的重要地区。加强对东盟能源投资，在开发东盟国家能源资源的基础上，拉动东盟国家的就业水平，加上我国在新能源领域的技术水平比较高，也有助于提升东盟国家的技术水平，从长远促进东盟国家的经济增长。目前，东盟国家对新能源和可再生能源的需求在不断上升。据预测，到2020年东盟国家对能源的需求将占世界能源总需求的32%。为了实现这一目标，东盟国家正在实施能源计划，积极加强与其他国家能源机构的合作。其中，中国是东盟寻求能源合作的重要国家。这是由于中国在新能源与可再生能源领域积累了丰富的经验，新能源产业的可持续发展已上升为中国的国家战略。

总之，面对全球日益突出的资源环境问题，加快探索可持续发展的新路径，推动科技进步，大规模地开发可再生能源，提高新能源利用已成为中国与东盟能源投资合作的重要目的。2011 年我国出台了新兴能源产业规划，规划提出在2011—2020 年间将累计增加投资 5 万亿元，重点涉及太阳能、风能、生物质能和核电这些新能源资源的开发利用。加强与东盟能源投资合作，不仅有助于填补我国资金短缺的境况，促进我国经济增长，对东盟也百利而无一害，实现双方“共赢”。

6.2 中国与东盟能源投资合作的就业效应

6.2.1 对外直接投资的就业效应

目前，国内外学者关于对外直接投资对投资国的就业效应影响分析主要围绕对外直接投资的替代效应、促进效应和不确定效应三个层面来展开。

一是替代效应：就业替代理论认为，在投资国资本、资源有限的情况下，对外投资将替代国内投资或国内消费，如果资本流出并没有增加出口或减少进口来匹配，就会产生对就业的负效应。例如，Jasay（1960）最早研究了对外直接投资对母国就业的影响。他认为，当母国的资本、资源有限时，如果对外直接投资没有随出口的增加或进口的减少，那么其将替代国内的一部分投资或消费，对母国就业产生替代效应①。Ruttenberg（1968）等人也认为，如果母国的资本资源有限，进行对外直接投资的资金流出没有相应的增加出口或减少进口，那么对外直接投资将替代国内投资或消费，对母国就业产生替代效应②。

二是促进效应：就业促进理论认为，如果对外投资属于防御性投资，即企业投资国外是为了开发国内得不到的资源或是由于关税壁垒妨碍其出口而导致对外横向投资时，对外投资将补充或促进国内投资或消费。这类投资往往能增加国外子公司对母国资本设备、中间产品或辅助产品的需求，而对国内就业产生正效应。Hawkins（1972）认为，从投资与贸易互补的角度进行考虑，在防御性投资的情况下，对外直接投资会因为国外子公司对母国资本设备、中间产品或辅助产品的需求增加而对国内就业产生促进效应③。

三是不确定效应：就业数量、就业质量及就业区位的影响都不同。由于国际环境日益复杂，加上每个国家的实际情况都存在较大的差别，跨国公司

---

① Jasay, A. E. "The Social Choice between Home and Oversea Investment". Economic Journal, 1960, (70): 277.

② Ruttenberg W. B. Effects of U. K. "Direct Investment Overseas". Cambridge University Press, 1969, 408.

③ Hawkins, R. G., Job Displacement and Multinational Firm: A Methodological Review, Washington: Center of Multinational Studies, 1972: 198.

对就业数量、质量和就业区位在投资国和东道国之间的配置越具有主动性和灵活性，开展对外投资的投资国的就业效应就越具有不确定性。在就业组合效果方面，通过比较美国与瑞典的海外直接投资的差别，认为对外直接投资既存在正效应，也存在负效应，其最终结果取决于力量的对比与国际直接投资的产业分布等。

6.2.2 能源投资合作的就业效应

1. 有利于增加投资国的就业水平

在当今世界经济一体化的背景下，各种生产要素在全球范围内进行配置，给一国的就业带来了深远的影响。对外直接投资对投资国的就业影响主要通过对外贸易、国内投资、技术进步、产业结构调整、国际收支、人力资本、市场化进程等关键性因素实现，通常具有双重作用（钞鹏，2011）①。

从中国对东盟能源投资的企业来看，要想成功进入东盟能源市场，首先需要具备非常强的竞争实力。能源企业规模越大，就越能够进入东盟市场。随着中国能源企业规模的增加，需要吸纳更多的人员甚至是高素质人才进入，这本身就为国内就业水平的增加带来正面效应。其次，加强对东盟能源投资，能够增加就业水平。由于对外投资是集资金、技术、经验于一体的重要经济交往方式，对东盟能源投资，能够带动相关人员（管理人员或技术人员）出国就业，这将导致国内企业原有相关人员不足，企业只有不断吸纳新血液，才能保障足够人员。从东盟对中国能源的投资来看，由于中国能源技术水平比东盟国家相对较高，东盟投资中国能源的目的是为了获得先进的能源发展技术，为发展本国能源产业获得必备的能源技术水平，而这也有利于促进本国的就业水平。

2. 有利于拉动引资国的就业水平

从中国对东盟能源投资来看，其一，中国企业在东盟进行能源投资，直接采取在东道国投资建厂的方式，所需的人员主要来自于东盟当地，这是由于需要吸纳熟悉其体制和文化的人才，聘请当地具有资质的资深经理人负责

① 钞鹏．对外直接投资对母国的就业效应及其传导机制［J］．广西社会科学，2011（3）：58－61.

运作，加上东盟拥有大量价格低廉的劳动力，这直接增加了东道国的就业机会，促进其经济发展；其二，加强对东盟能源投资，能够带动相关产业的快速发展，间接拉动就业水平的提升。东盟国家已成为中国企业“走出去”的主要目的地，中国企业在东盟国家参与建设了一批道路、桥梁、通信等与能源投资合作密切相关的基础设施合作项目，促进了东盟国家经济发展，增加了就业；其三，加强对东盟能源投资，会对东盟国家政府产生一定的影响，这会促进本国就业水平的提升。外资进入本国会加大本国能源领域的竞争程度，为了应对激烈竞争，政府会积极制定相应措施加以应对，其中之一便是大力发展本国民族产业，促进本国能源产业的快速发展。政府积极制定的政策措施，有助于促进本国能源行业就业水平的增加。

6.3 中国与东盟能源投资合作的技术外溢效应

6.3.1 对外直接投资与技术外溢

1. 对外直接投资的技术外溢效应研究

技术外溢是指外商投资、跨国贸易等对东道国相关产业或企业的产品开发技术、生产技术、管理技术、营销技术等产生的提升效应。技术外溢主要包括两种类型，一是对当地竞争企业的技术创新的示范、刺激与推动的平行外溢；二是对当地上下游关联企业的技术进步和示范、援助与带动的垂直外溢。1960 年，MacDougall 在研究 FDI 的一般福利效应时，首次将技术外溢效应作为 FDI 的一个重要现象进行分析，认为 FDI 对国内投资具有技术示范效应，有利于国内投资的技术效应提升①。随后，国内外学者对 FDI 的技术外溢效应进行了深入研究。例如，Caves（1974）② 根据技术扩散对当地厂商的不同影响，全面地将跨国公司对东道国的技术外溢效应分为 3 类，这种效应可以在行业内或行业间发生，而行业间的竞争示范正是以具有前后较强的联动

① MacDougall G D A. The benefits and costs of private investment from abroad: A theoretical approach [J]. Economic Record, 1960 (36): 13 -35.

② Caves R. Multinational Firms, Competition and Productivity in Host-Country Markets. Economica, 1974 (41): 176 -193

性为基础的。Romer（1990）构建了著名的内生经济增长模型，着重强调了技术扩散对发展中国家经济持续增长具有决定性作用，而FDI作为技术扩散的主要渠道，其重要性越发显著[①]。Kokko（1994）归纳了4种技术外溢效应的作用机制，其一即是外资企业将相关技术渗透给上游或下游企业[②]。总之，当发生国际资本流动时，接受外资的东道国不仅可以弥补国内资金短缺，还能带来技术外溢效应。

2. 对外直接投资的逆向技术外溢效应研究

20世纪90年代之后，学术界开始关注基于对外直接投资的逆向技术溢出现象。Kogut和Chang（1991）[③]最先系统地考察了对外直接投资的逆向技术外溢，他们对技术寻求型投资进行了开创性的研究。通过重点考察1976—1987年间日本企业在美国的直接投资，发现日本企业更倾向于与美国企业建立合资企业以获得美国的技术。当日本企业技术相对落后于美国和欧洲企业时，它们就通过购买美国和欧洲企业进入这些国家，来获取和分享这些国家的先进技术，并且取得了明显的效果。随后，Teece（1992）[④]、Neven和Siotis（1996）[⑤]、Siotis（1999）、Branstetter（2000）[⑥]、Pottelsberghe和Lichtenberg（2001）[⑦]、Braconier和Ekholm（2001）[⑧]、Driffield和James（2003）[⑨]等的研究都认为投资国从事对外直接投资可以产生逆向技术溢出效应，即投资国中

---

① Romer, Paul M. 1990. Endogenous Technological Change. Journal of Political Economy 98 (October, Part 2): S71 – S102

② Kokko A. Technology, Market Characteristics, and Spillovers. Journal of Development Economics, 1994, 27943: 293.

③ Kogut B. & S. J. Chang. Technological capabilities and Japanese foreign direct investment in the United States [J]. Review of Economics and Statistics, 1991, 73 (3): 401 – 413.

④ Teece, 1992, "Competition, Cooperation and Innovation: Organizational Arrangements for Regimes of Rapid Technological Process", Journal of Economic Behavior & Organization, 18: 1 – 25.

⑤ Neven D, Siotis G. Technology sourcing and FDI in the EC: An empirical evaluation [J]. International Journal of Industrial Organization, 1996, 14 (5): 543 – 560.

⑥ Branstetter L. Is foreign investment a channel of knowledge spillovers? [J]. Evidence from Japan's FD I in the United States. NBER Working Paper, 2000.

⑦ B. Van Pottelsberghe de la Potterie, F. Lichtenberg., (2001) "Does Foreign Direct Investment Transfer Technology across Borders", The Review of Economics and Statistics August 83 (3): 490 – 497.

⑧ Braconier, B. H., and K. Ekholm, 2001, "Foreign Direct Investment in Central and Eastern Europe: Employment Effects in the EU", CEPR Discussion Paper No. 3052.

⑨ Driffield N. and James H. Foreign Direct Investment, Technology Sourcing and Reverse Spillovers [J]. The Manchester School, 2003, 71 (6): 659 – 672.

技术落后的企业可以通过对外直接投资获取东道国技术，实现技术进步。从对发达国家的研究来看，发达国家对外直接投资存在明显的逆向技术外溢效应。

近年来，随着我国对外直接投资的快速增长，国内学者越发关注对外直接投资的逆向技术溢出效应，所得的结论表现出明显差异。在正面效应方面，马亚明和张岩贵（2003）① 认为，技术落后的厂商开展对外直接投资的目的主要是为了在地理位置上靠近先进厂商，从而最大可能地获得发达东道国企业的先进知识与技术。姜萌萌、庞宁（2006）② 研究认为，发展中国家应积极开展对外直接投资以弥补技术缺口，而中国通过对外直接投资获取逆向技术溢出具有其独特的传递机理。周春应（2009）③ 研究发现，我国对外直接投资存在显著的逆向技术外溢效应。郭凤华（2011）④ 借鉴 CH 模型，构建了对外直接投资对技术进步影响的模型，并通过分析计算得出定量结果。研究发现，中国企业到技术发达国家投资，通过技术外溢，促进了国内技术进步。仇怡、吴建军（2012）⑤ 研究发现，我国通过对外直接投资渠道获得的国外研发资本存量能给母国带来正的技术外溢效应，是由于我国对外直接投资比吸引外资发展缓慢，因而其技术外溢效应相对较低。在负面效应方面，刘伟全（2010）⑥ 运用 1987—2008 年中国对外直接投资的数据研究对外直接投资对国内技术创新的研发投入和产出水平的影响，发现目前我国对外直接投资对国内技术创新活动有正面影响，但效果并不显著。遇芳（2011）⑦ 研究发现，中国企业技术寻求型 FDI 不仅没有对国内的全要素生产率形成正的促进作用，反而阻碍了中国全要素生产率的提高。目前，中国开展技术寻求型的

---

① 马亚明，张岩贵．技术优势与对外直接投资：一个关于技术扩散的分析框架［J］．南开经济研究，2003（4）．

② 姜萌萌，庞宁．技术缺口与技术寻求型对外直接投资——发展中国家对外直接投资分析［J］．黑龙江对外经济，2006（5）．

③ 周春应．对外直接投资逆向技术溢出效应吸收能力研究［J］．山西财经大学学报，2009（8）．

④ 郭凤华．中国对外直接投资对技术进步的影响探析［J］．国际贸易，2011（10）下：29．

⑤ 仇怡，吴建军．我国对外直接投资的逆向技术外溢效应研究［J］．国际贸易问题，2012（10）：140－152．

⑥ 我国 OFDI 母国技术进步效应研究——基于技术创新活动的投入产出视角［J］．中国科技论坛，2010（3）：

⑦ 遇芳．中国企业技术寻求型对外直接投资研究［J］．商业研究，2011（12）：40－44．

对外直接投资仍处于初级阶段，不能因为其存在问题和不足就否定其对技术进步所带来的促进作用。李茜、薛求知（2012）[①] 研究发现，2003—2008 年期间我国对外直接投资对国内技术进步并没有持续、显著的作用，此期间并不存在逆向技术外溢；2009 年和 2010 年我国的对外直接投资给国内技术进步带来了负熵流，此期间存在逆向技术外溢，并且推动了国内技术向良性方向发展。对外直接投资是一把“双刃剑”，有可能增加我国技术进步的熵值，也可能导致负熵流入，促进我国的技术进步。

总之，国内现有学者关于对外直接投资的技术外溢效应研究尚未得到一致结论。

6.3.2 能源投资合作的技术外溢效应

1. 能源对外投资的技术外溢

从我国对东盟能源投资来看，对东盟能源投资能够产生明显的技术外溢。

首先，产生明显的示范带动作用。对东盟能源投资，我国能源跨国公司为东盟国家生产带来了先进的技术和管理理念，为当地企业提供了良好的示范效应。早在 1998 年，Glass、Saggi 和 Kamal 就研究发现，只有当跨国公司在发展中国家进行生产时，发展中国家才可能模仿这些产品[②]。由于现代科技的发展导致生产分工越加社会化，各生产者之间相互依存加深，发展中国家更加容易观察到跨国公司生产、经营、销售各环节上所运用的技术和手段，可以无偿获取、模仿那些非专利性的基础科学知识与信息。我国跨国公司对东盟能源投资，技术相对先进，这便于东盟当地企业采用相同技术。

其次，增强东盟国家的学习能力。Kokko（1994）研究认为，东道国的技术能力，技术转移需要的存在，以及东道国为了提高生产率，保持利润和市场份额等内生因素，都可以增加 FDI 的技术溢出[③]。我国对东盟 FDI 技

① 李茜，薛求知．中国对外直接投资与逆向技术外溢的关系——基于熵和耗散结构理论［J］．技术经济，2012（7）：47－54.

② Jocelyn Glass. Kamal Saggi International technology transfer and the technology gap，1998（3）.

③ Kokko A. 1994. “Technology，Market Characteristics，and Spillovers.” Journal of Development Economics，43（2）：279－293. 46.

术溢出效应的强弱，取决于东盟国家企业的学习能力，即东盟企业学习能力越强，外资的技术溢出效应越大，反之则越小。东盟能源企业通过“干中学”不断向我国跨国企业学习，吸收掌握先进技术，由此提高自主创新能力。

再次，对东盟能源投资，加大东盟市场竞争，促进技术进步。依靠先进技术，能够提高我国能源企业在东盟的市场占有率，但对东盟本土企业带来极大的市场竞争压力。为了应对激烈的市场竞争，东盟国家能源企业不断提升技术水平，激发自主研发能力。可见，我国能源企业在给东盟企业带来了激烈的竞争，以及示范效应和竞争效应的交互作用下，促使东盟技术水平迅速提高，而这又反过来进一步促进了竞争，由此推动我国企业新技术的更快吸收和创新。东盟市场竞争越发激烈，为了保持竞争优势，就需要转移更多、更先进的技术，从而为东盟企业带来更多的外溢效应。

最后，通过人力资源转移促进东盟企业技术进步。技术外溢效应是一个综合的动态过程，既有进口机器设备、中间品等硬件技术的转移，也有技术服务咨询、技术人才培训、组织管理技能和企业家精神培养等软技术的渗透和扩散。我国对东盟能源投资，人力资源开发和管理的转移也同时进行，将越来越多地利用东盟国家的管理人员，有利于东盟获得掌握先进技术所需要的知识和管理技能，促进技术进步。

2. 能源对外投资的逆向技术外溢

从对外直接投资的类型来看，企业技术寻求型的对外投资属于逆优势的投资行为，其目的是从长期发展战略的角度出发，争取充分利用反向技术外溢效应，获取先进技术，培育和创造出自身新的竞争优势。我国对东盟国家能源投资对我国技术进步具有积极效应，即存在逆向技术外溢。通过对东盟能源进行直接投资，一方面可以获得稳定的资源供给，优化资源配置，降低生产成本，提高产业竞争力，增加母公司的利润，而这又可以促进我国跨国公司增加研发投入，购买先进技术及引进高技术人才，以提高自主研发能力，促进跨国公司的技术进步。另一方面，我国跨国公司可以绕开贸易壁垒，免除关税，直接在东道国市场就地生产，就地销售，促使东道国企业的利润增加，进而增加研发投入，并将研究成果反馈给我国跨国公司，促进跨国公司的技术进步（见下图）。

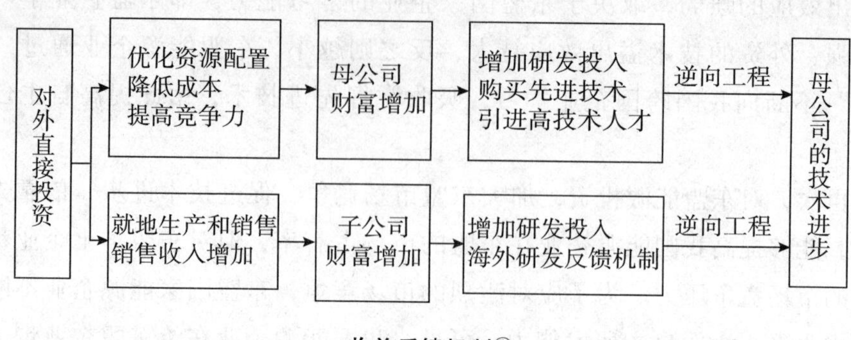

收益反馈机制①

6.4 中国与东盟能源投资合作的福利效应

6.4.1 提高我国的社会福利水平

在当前世界经济全球化背景下，能源已经成为各国经济发展所需要的关键性战略资源。当前，我国能源资源供给不足，能源进口依存度在增加，进行对外能源投资凸显战略意义。加强对东盟的能源投资，是我国解决能源供给不足的重要途径，也能够为我国带来巨大的福利效应，提高我国的社会福利水平。

6.4.1.1 模型分析

1. 模型设定

考虑竞争市场环境，公司将以一定的价格销售其产品。为了生产产品，公司需要拥有一定的资源，如资本投资。公司生产产品受到单位产品成本的影响，这又会影响资本投资，进而影响公司产出的最优化和投资程序。公司价值受到众多因素影响，其中产品价格、投资和可用资源是最重要的因素。

假定价格 P 的变动满足布朗运动，在等价鞅测度条件下，价格遵循以下公式。

$$dP/P = (r - c)dt + \sigma dW \tag{6-1}$$

① 贾县民，王喜莲. 对外直接投资与母国技术进步的机理分析与实证 [J]. 求索，2012 (2): 38-40.

在到期日，公司产出期货合同的价值为 F（P，τ），可以用如下差分方程表示：

$$0.5F_{PP}P^2\sigma^2 + PF_P(r-c) - F_\tau = 0 \tag{6-2}$$

上述方程满足初始条件：

$$F(P,\ 0) = P \tag{6-3}$$

于是，可以解出：

$$F(P,\ \tau) = Pe^{(r-c)\tau} \tag{6-4}$$

为了得到微分方程保证公司价值，使用 Ito 引理，即：

$$\mathrm{d}V(P,\ I,\ Q) = V_P\mathrm{d}P + V_I\mathrm{d}I + V_Q\mathrm{d}Q + 0.5V_{PP}P^2\sigma^2\mathrm{d}t \tag{6-5}$$

公司获得瞬时的现金流：

$$[q^P(P-a) - q^I]\mathrm{d}t \tag{6-6}$$

对组合进行的套利活动所获得的收益等于无风险折现率：

$$\mathrm{d}V + [q^P(P-a) - q^I]\mathrm{d}t - \frac{V_P}{F_P}\mathrm{d}F = rV\mathrm{d}t \tag{6-7}$$

在最优政策下通过替代得到公司价值的贝尔曼方程：

$$\max_{q^P,q^I}\left\{\frac{1}{2}V_{PP}P^2\sigma^2 - p^PV_Q + q^IV_I + [q^P(P-a) - q^I] + (r-c)PV_P - rV\right\} = 0 \tag{6-8}$$

对于这一最大化问题，最优条件意味着获得控制变量值 q^P 和 q^I 以最大化公司价值，即：

$$V_I - 1 = 0 \tag{6-9}$$

$$P - a - V_Q = 0 \tag{6-10}$$

由于产品的单位成本 a 被假定为状态变量 I 和 Q 的函数，而不是产出率和投资率的函数，因此公司要么以最大比率进行生产（投资），要么就不进行生产（投资）。式（6-9）意味着如果投资额外 1 元的边际收益大于其边际成本，那么将以最大比率进行投资。式（6-10）意味着只要额外 1 单位产出的边际收益大于由于减少 1 单位累积资源而导致的价值损失，则将以最大比率进行生产。

令 P_p^*（Q，I）和 P_I^*（Q，I）分别表示公司最优生产和投资的关键现货价格，为了得到最优解，需要设定初始和边界条件。

首先，当公司无法获得资源时，其价值为零，即：

$$V(P,\ I,\ 0)=0 \tag{6-11}$$

其次，当累积投资达到最大值时，则：

$$V(P,\ \bar{I},\ Q)=W(P,\ Q) \tag{6-12}$$

再次，当现货价格为零时，公司的价值同样为零：

$$V(0,\ I,\ Q)=0 \tag{6-13}$$

最后，当现货价格趋向无穷大时，公司将以最大比率进行生产和投资，因此区分生产和投资水平的最优值将为零，此时公司价值是现货价格的线性函数。

$$V_{PP}(\infty,\ I,\ Q)=0 \tag{6-14}$$

2. 模型求解

假定 $P_{\max}$、$Q_{\max}$ 和 $I_{\max}$ 分别表示最大的现货价格，最大的累积产出和最大的累积投入。i、j 和 k 分别表示现货价格、累积产出和累积投入的指数，令 $\Delta P=P_{\max}/n$，$\Delta I=I_{\max}/m$，$\Delta Q=Q_{\max}/p$，于是 $P=i\Delta P$，$I=I_{\max}-j\Delta I$，$Q=k\Delta Q$。采用如下的计算方法：

$$H_P=\frac{H_{i+1,j,k}-H_{i-1,j,k}}{2\Delta P}$$

$$H_{PP}=\frac{H_{i+1,j,k}-2H_{i,j,k}+H_{i-1,j,k}}{\Delta P^2}$$

$$H_I=-\frac{H_{i,j,k}-H_{i,j-1,k}}{\Delta I}$$

$$H_Q=\frac{H_{i,j,k}-H_{i,j,k-1}}{\Delta Q}$$

利用上述的差分方法代替式（6-8），不难得出：

$$a_iH_{i-1,j,k}+b_iH_{i,j,k}+c_iH_{i+1,j,k}=d_iH_{i,j,k-1}+e_iH_{i,j-1,k}+f_i \tag{6-15}$$

其中：$a_i=\frac{1}{2}i^2\sigma^2-\frac{(r-c)\ i}{2}$，$b_i=-i^2\sigma^2-\frac{q^I}{\Delta I}-\frac{q^P}{\Delta Q}-r$，$c_i=\frac{1}{2}i^2\sigma^2+\frac{(r-c)\ i}{2}$，$d_i=-\frac{q^P}{\Delta Q}$，$e_i=-\frac{q^I}{\Delta I}$，$f_i=-\ (q^P\ (i\Delta P-a)\ -q^I)$

式（6-11）和式（6-12）可以进一步表示如下：

$$H_{i,j,0}=0\quad (i=0,\cdots,n;\ j=0,\cdots,m) \tag{6-16}$$

$$H_{i,0,k} = W(i\Delta P, k\Delta Q) \quad (i = 0,\cdots,n;\ k = 0,\cdots,p) \tag{6-17}$$

式（6－13）可以进一步表示如下：

$$a_0 = 0, b_0 = 1, c_0 = 0, d_0 = 0, e_0 = 0, f_0 = 1 \tag{6-18}$$

使得式（6－14）中 $V_{PP}=0$ 的最大值 P 需要满足：

$$b_n = b_n + 2c_n$$

$$c_n = 0 \tag{6-19}$$

$$a_n = a_n - c_n$$

当累积投资达到最高上限以及当投资完成时可以求出公司价值，即在式（6－15）中当 $k=1$，$j=1$ 以及 $i=0$，…，n 时，可以求出公司价值。以此类推，可以进一步求出对于不同状态变量 P，Q，I 下公司的价值。为了求出式（6－15），需要知道 P_p^* 和 P_I^*，式（6－15）的系数值依赖于由最优政策决定的 q^P 和 q^I，即如果价格大于 P^*，产出（投资）将处于最大值，反之，产出（投资）将为零。对于任何关键的现货价格的套利组合，都可以求解式（6－15）并得到公司的价值。对于每一水平的产出 Q 和投入 I，需要反复计算得到最优值 P_p^* 和 P_I^*，直到使得满足公司价值最大化的条件。

总之，上述研究表明，最优的生产和投资安排由关键的现货价格所决定。公司价值随着现货价格和可用资源的增加而增加，同样随着累积投资的增加而增加，因此一个具有更高累积投资的公司具有更高的产出能力，也可以拥有更高价格，公司价值也将越高。

6.4.1.2 结果分析

借鉴前述研究的结论，对于一国对外能源投资具有重要启示，即一国对外能源最优生产和投资将受到能源价格的影响，而一国通过对外能源投资获得的福利水平又受到能源价格、可用资源和累积投资的影响，能源价格越高、可用资源和累积投资越多，则福利水平越高。可见，加大投资能够为公司带来更大福利。

对我国而言，对东盟能源投资能够为我国带来巨大的作用，提升我国的福利水平。首先，获取重要能源战略资源。我国能源储量不足，需要通过大量进口得以满足。然而，国际油价波动较大，加上能源本身属于敏感的关键战略资源，各国对能源贸易往往非常谨慎，也设置了大量的关税和非关税壁垒。东盟是我国的近邻，通过加强对其能源投资，充分利用东盟能源资源，获得长期价格公道、稳定的能源供应，弥补国内能源资源的不足。其次，获取先进技术。东盟中的新加坡、泰国等，在能源方面的技术水平比较高。对其进行能源投资，通过控股方式控制这些国家某些掌握先进核心技术的企业，可以以比较少的投资获得先进的技术和管理方法，提高我国企业的综合竞争力。再次，在中国－东盟自由贸易区内获取比较经济利益。由于能源资源分布具有不均衡特性，东盟国家中的印度尼西亚、泰国能源相对比较丰富，具有能源区位优势。我国能源企业通过跨国投资能够获得较好的能源资源和区域比较经济利益。最后，有利于减轻环境破坏程度，实现“美丽中国”。长期以来，我国能源消费以煤炭消费为主，煤炭开发推进过程中造成大量不良后果，如环境破坏、地表漏水渗水、瓦斯爆炸等。“美丽中国”的实现，需要在合理开发和利用资源的过程中保护环境。加强对东盟能源投资，能够减轻对我国环境的破坏。同时，随着我国与东盟国家能源投资合作的不断深入，新能源领域的投资合作越来越成为重点，新能源开发利用能够减轻传统能源使用对环境的污染，改善东盟国家的环境，为双边更深层次领域的投资合作奠定坚实基础。

6.4.2 提高东盟的社会福利水平

东盟能源已经成为世界能源重要的投资领域之一，加强对东盟能源投资，不仅为东盟国家带来了技术水平的提升，也促使世界其他国家加强对东盟能源投资，抢占东盟能源地盘。因此，外来投资者激烈的竞争将有利于东盟国家福利水平的提升。下面，分别采用一阶密封拍卖模型和讨价还价模型分析被投资企业的价格。

1. 一阶密封拍卖模型

假定外国投资企业分别为 A_1，A_2，…，A_n，B 为东盟国家能源企业，由于外国投资企业不止一家，此时 B 企业可以采用一阶密封拍卖模型。具体规则如下：各外国投资企业同时将自己的投资价格写入并装入一个信封，密封之后交给 B 公司，B 公司打开信封，出价最高者则为最终的投资中标者，投资中标价格即为其出资价格。每一个外国投资企业采取的策略是根据自身对被投资企业价值的评价和其他投资者评价的判断来选择出价，投资中标的外国投资企业所获得的收益是其对被投资企业的评价扣除其真实出价，其他投资者的支付为零。

令 P_1，P_2，…，P_n 分别为 n 个外国投资企业的投资出价，V_1，V_2，…，V_n 分别为 n 个外国投资企业对被投资企业的评价，V_i 只有 i 自己知道，假定均匀分布函数，定义区间为［0，1］，于是可以得到贝叶斯纳什均衡：

$$P^*(V) = \frac{n-1}{n} \times V \qquad (6-20)$$

不难看出，随着外国投资企业数量的增加，被投资者能够获得的价格将越高；当 n 趋于无穷大时，被投资企业将得到投资者估价的全部。因此，外国投资企业越多，将为被投资者带来更大的国家利益。

2. 讨价还价模型

当外国投资公司只有 A_1 一家时，投资者与被投资者之间的博弈也决定着最终的投资价格。假定 A_1 投资者声称绝不会为 B 公司投资超过 P_1 的投资价格，而 B 公司声称绝不会以低于 P_2 的价格接受投资公司的投资，其中 $P_2 > P_1$。实际上，A_1 公司和 B 公司做出的决策都是不可置信威胁。由不可置信威胁可以引出信息经济学中一个很重要的概念，即“承诺行动”，即投资者与被投资者使自己的威胁策略变得可置信的行动。那么，怎样才能使这种威胁变得可置信呢？只有投资者和被投资者在不实施这种威胁时，就会遭受更大损失的时候。如果投资公司 A_1 通过某种承诺使自己的威胁变得可置信，其会考虑自身利益，接受 B 公司所出的价格 P_2。而且，威胁的置信度越强，讨价还价能力就会越强。

对于外国投资企业，其投资的意愿非常强，而被投资者接受投资的意愿比较低，那么此时最终投资价格将提高。实际上，外国投资企业与被投资企业之间的博弈符合供求原理，即当需求提高时，将拉动均衡价格。投资价格的提高，也能够为被投资者带来更大的国家利益。

3. 结果分析

对外直接投资可以提高现有生产技术的转化能力，促进广义的技术进步，从而提高全要素生产率，促进经济发展（宋弘威，王璐璐，2007）①。与东盟相比，我国新能源技术比较高，而且存在大规模的新能源开发和利用。由于

① 宋弘威，王璐璐．对外直接投资对投资国经济效应的文献综述［J］．边疆经济与文化，2007（11）：36－39.

东盟国家拥有丰富的新能源资源，但其技术水平比较落后，因此对东盟国家进行能源投资，不仅可以为其带来先进技术，同时能够带动其相关产业的发展，提高社会福利水平。

6.5 本章小结

本章主要研究了中国与东盟能源投资合作的效应，研究视角分别从经济增长、就业、技术外溢和福利水平四个角度展开。从经济增长来看，加强能源投资合作，能够为投资国与东道国经济起到促进作用。从就业来看，能源产业属于一个国家重要的产业部门之一，加强能源投资，有利于拉动投资国和东道国的就业水平。从技术外溢来看，对外投资本身就是集资金、技术于一体的经济活动，加强能源投资，能够提升东道国的技术水平。由于中国在新能源开发方面的技术水平相对比较高，加强对东盟的能源投资有助于促进东盟中经济发展水平相对落后的国家获得能源开发的新技术，并促进经济增长。从福利的角度来看，加强能源投资合作能够带动相关产业的发展，有助于全社会福利水平的提升。

7 中国与东盟能源投资合作存在的问题分析

经济发展减缓和近期石油价格大跌导致对可替代性能源的投资减少。经济合作与发展组织（Organization for Economic Co-operation and Development，OECD）内发达国家对石油的需求可能已达到顶峰，但如果目前不对可再生能源进行投资的话，问题就会积攒到将来。

国际能源署（International Energy Agency，IEA）表示，即使假设石油需求不会再增长，但 2030 年之前，全世界每天仍要消耗 4500 万桶石油。随着全球经济的复苏，从 2010 年开始，或许会出现石油供应危机。

——2009 年 2 月 17 日中国天气网编译自路透社网站

世界经济发展的历程表明，经济的高速发展往往伴随着高能耗。目前，中国正处于工业发展的中期阶段，经济的快速发展有赖于高投入、高消耗的能源消费模式，能源投入不足又反过来制约着经济的快速发展。能源属于资源的一种，经济增长中的能源约束便是资源约束的典型代表。此外，中国与东盟双边之间的能源投资存在一定的博弈，这在一定程度上严重影响中国与东盟双边能源投资。本章主要就中国与东盟能源投资合作存在问题进行分析，从而更好地提出解决措施。

7.1 能源约束影响经济增长

7.1.1 国内外相关研究

7.1.1.1 资源约束的经济学含义

供求理论指出：在其他条件不变的情况下，需求变动分别引起均衡价格和均衡数量的同方向变动；供给变动引起均衡价格的反方向变动，引起均衡数量的同方向变动。假定某一资源的长期供给曲线及需求曲线如下图所示：当该资源的需求与供给达到均衡时，均衡点为 E 点，均衡价格为 P^*，均衡数量为 Q^*。在均衡时，消费者剩余与生产者剩余为三角形 AEB。由于资源稀缺，将会导致两方面后果：一是会导致资源价格越来越高，当某一资源的价格上升时，如上升到 P_1，此时整个社会的福利将净损失三角形 CDE，这就是资源与经济增长的约束。价格上涨之后，由于短期的价格供给和需求弹性较低，需要经过较长时间才能再次达到平衡。二是对这一资源需求增加，会导致均衡数量及均衡价格同时上升，均衡价格上升导致企业成本投入增加，这又需要投入大量的研究去开发新的资源替代品，以增加资源供给，满足更多的资源需求，而这本身就是在推动经济增长。

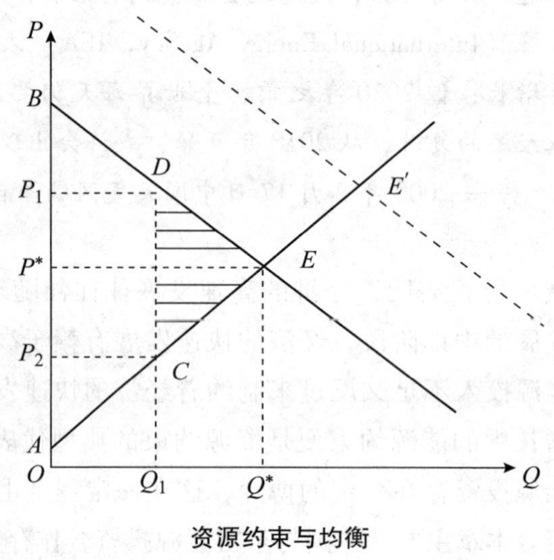

资源约束与均衡

7.1.1.2 古典经济学家的研究

亚当·斯密在《国富论》中指出，只要有合适的市场规模和一定的资本积累，通过劳动分工提高劳动生产率和利润率，增加资本积累，经济增长就能自行持续下去①。可见，经济增长需要一定的要素投入。实际上，经济增长将会由于自然资源的匮乏而无法无限地持续下去。当一个国家的土壤、天时

① 亚当·斯密．国民财富的性质和原因的研究［M］．北京：商务印书馆，2005.

和地理位置的潜力充分利用以后，经济将无法进一步发展，此时经济将处于一个均衡状态。

大卫·李嘉图认为，资本积累增加到一定程度之后，将会导致工资基金的扩大；工资上涨引起人口增长速度加快，从而增加粮食需求。由于耕地的数量有限，加上土地报酬递减规律的作用，粮食价格上涨，又会导致优等土地的地租增加，这会进一步导致工资水平下降。当资本积累完全停止，劳动需求不再增加，工资处于能够维持生活的自然水平，技术不再进展，整个经济处于长期停滞状态①。

马尔萨斯在《人口原理》中认为，由于土地报酬递减规律的作用，使不加节制的人口增长必然超过生产资料的增加，从而引起的粮食短缺，成为阻碍经济增长的直接因素。马尔萨斯推理：人口不受限制时将按照几何级数增长，而食物生产将按照数学级数增长。为了防止人口超过可得到的食物供给，就会有周期性的战争、灾难和疾病②。

从古典经济学家的研究中可以看出，他们对经济增长表现出比较消极的态度，他们认为物质资本投入是经济增长的唯一决定因素，没有看到技术进步在其中的重要作用。

7.1.1.3 经济增长的限制

1. 经济增长的自然限制

在经济增长的自然限制研究中，罗马俱乐部的研究最具有代表性。1972年，“罗马俱乐部”在《增长的极限》这一报告中，采用系统动力学方法，研究了经济增长的极限问题。他们认为，经济增长受有限资源制约而不可能长期持续增长，因而保护资源有必要人为降低经济增长速度③。

罗马俱乐部运用动态系统世界经济模型来研究经济增长，即从人口、农业、资本和工业生产、不可再生资源与污染五个子系统，分别对世界人口增长、粮食供应、资本投资、环境污染和资源消耗等经济增长因素做了基本假定，并进行了定量模拟。研究表明：在公元2100年之前，由于资源的迅速耗竭，迫使工业增长变慢甚至倒退，最终整个世界经济由于资源危机而崩溃。

---

① 大卫·李嘉图. 政治经济学及赋税原理［M］. 北京：华夏出版社，2005.
② 马尔萨斯. 人口原理［M］. 朱泱，胡企林，朱和中，译. 北京：商务印书馆，1996.
③ 庄起善. 世界经济新论［M］. 2版. 上海：复旦大学出版社，2009.

2. 经济增长的社会限制

在经济增长的社会限制研究中，希尔斯的研究最具有代表性。1976 年，希尔斯在《增长的社会限制》一书中深入研究了经济增长的有限性①。

希尔斯将旅游、假期别墅和对其他个人服务的需求称为地位商品需求。地位商品给予消费者的满足来源于社会稀缺性，当商品被广泛普遍使用时才能使消费者得到满足，但同时地位商品的效应也将下降。地位商品的可得性要受到环境的限制，为了获得好的地位商品，必须对社会环境进行限制，从而限制经济增长。

总之，无论是经济增长的自然限制还是社会限制，都非常注重自然资源对经济增长的限制，而忽视了技术进步对经济增长的作用。尽管如此，随着当前人口、资源和环境问题日益突出，罗马俱乐部和希尔斯等人的研究仍然具有一定的意义。

7.1.1.4 考虑资源或环境的研究

从现有研究文献来看，学者们从资源或环境的角度来研究经济增长问题，并将资源或环境纳入到各种类型的经济增长模型之中。

首先，大多数学者在新古典经济增长模型的基础上，从不同角度研究了最优增长路径问题。例如，Stiglitz（1974）② 研究表明，在一定技术条件下，即使自然资源存量有限，人口增长率为正，人均产出持续增长仍有可能，技术进步是长期经济增长的源泉。Dasgupta 和 Heal（1979）③ 将效用函数引入新古典增长模型中，以消费者无限时域上跨期效用最大化为目标，利用最优控制方法求出经济最优增长路径。Chichilinsky（1994）④ 研究表明，由于污染的负外部效应，使完善的产权保护与有效的市场交易体制成为决定环境是否随经济增长不断恶化的关键因素；当环境质量存量作为投入要素进入生产函数时，最优污染税或环境标准是维持最优环境质量水平的必要条件而非充分

① 庄起善．世界经济新论［M］．2 版．上海：复旦大学出版社，2009.

② Stiglitz J. Growth with exhaustible natural resources：Efficient and optimal growth paths［J］．Review of Economic Studies，1974，41（Symposium）：123 – 137.

③ Dasgupta P S，Heal G. Economic Theory and Exhaustible Resources［M］．Cambridge：Cambridge University Press，1979：32 – 58.

④ Chichilnisky G. G lobal environment and north south trade［J］．American Economic Review，1994，84（4）：851 – 874.

条件。

其次，将资源或环境融入到内生增长模型中进行研究。20 世纪 80 年代之后，Romer、Lucas、Grossman 和 Helpma、Aghion 和 HowittL 等人的研究成为内生增长理论的重要代表。他们通过运用 AK 模型、人力资本积累模型、R&D 模型等将技术进步内生化来研究经济增长的内生机制。Selden 和 Song（1994）① 研究表明，环境变化、污染排放影响产出与消费偏好的变化，从而作用于经济增长。Bovenberg 和 Smulders（1995）② 通过对技术进步内生化处理，放松新古典增长模型要素边际报酬递减的假设，将资源和污染引入生产函数，把环境质量引入效用函数，考察生态环境与长期经济增长的关系。研究表明，最优污染控制需要降低稳态增长率，效用函数形式也会影响最优均衡解。

最后，将资源或环境纳入宏观理论模型中进行研究。例如，Romer（2001）基于新古典经济学理论，提出了一个资源和土地对经济增长限制的模型。Antweiler、Copland 和 Taylor（2001）③ 利用小国开放一般均衡模型，从开放经济角度考察环境与经济增长的内在关系。Chen、Lai 和 Shieh（2003）④ 利用 AK 模型对环境污染与经济持续增长问题进行研究。Grimaud 和 Rouge（2003）⑤ 将环境污染和不可再生资源引入模型，考察资源环境对可持续发展的影响。

总之，考虑资源或环境经济增长问题的研究主要围绕经济增长模型展开，在经典经济增长模型中融入资源或环境，从而研究最优经济增长路径问题，拓宽了经济增长研究的视野，为经济增长相关问题的研究提供了一

---

① Selden T, Song D. Enviromental quality and development: Is there a Kuznetz curve for air pollution emissions [J]. Journal of Environmental Economics and Management, 1994, 27 (2): 147 - 162.

② Bovenberg A S, Smulders S. Environment quality and pollution augmenting technological change in a two sector endogenous growth model [J]. Journal of Public Economics, 1995, 57 (3): 369 - 391.

③ Antweiler W, Copeland B R, Taylor M S. Is free trade good for the environment [J]. American Economic Review, 2001, 91 (3): 877 - 908.

④ Chen J H, Lai C, Shieh J Y. Anticipated environmental policy and transitional dynamics in an endogenous growth model [J]. Environmental and Resource Economics, 2003, 25 (2): 233 - 254.

⑤ Grimaud A, Rouge L. Non renewable resources and growth with vertical innovations: Optimum, equilibrium and economicpolicies [J]. Journal of Environmental Economics and Management, 2003, 45 (2): 433 - 453.

定的参考。

7.1.1.5 国内学者的研究

国内不少学者对资源约束问题进行了比较深入的研究。王海建（2000）[①]指出，为达到经济可持续增长，人力资本增长率与资源投入增长率之比应大于资源与人力资本产出弹性之比，且消费跨期替代弹性应小于1。马利民、王海建（2001）[②]研究发现，通过增加R&D部门劳动投入来推动技术进步会减缓资源消耗速度。彭水军等（2006）[③]认为，在内生人力资本和内生技术进步模型中，无限制的增长是可持续的，且在环境污染约束下人力资本投资和研发创新是经济可持续增长的决定因素，如果经济中有足够的人力资本积累和较高的R&D产出效率，则可以保持经济最优可持续增长。于渤等（2006）[④]指出，可持续增长的必要条件是消费跨期替代弹性小于1和经济增长速度与能源消耗递减速度之比大于1。系统资源约束理论认为：一切系统资源皆有现实或潜在的利用价值，系统产出要依赖系统资源支持，同时受其约束。不同的生产技术水平、资源利用程度、组织运行效率、学习知识能力等，对应不同产出量曲线。在系统资源约束条件下，（相对）独立系统内经济体的发展在可用资源限制下呈“逻辑蒂克曲线”型增长（赵建华，2007）[⑤]。陶建格、薛惠锋（2008）[⑥]研究了我国的能源约束与经济增长的矛盾，指出化石能源面临枯竭，不足以支持我国经济增长的事实；针对我国可再生能源开发利用潜力巨大，得出开发利用可再生能源可以保障我国能源安全、有利于保护环境和实现经济的可持续发展的结论；分析了我国在可再生能源开发利用过程中存在的问题；最后对解决我国可再生能源开发利用提出相关对策和建议。李

---

① 王海建．资源约束、环境污染与内生经济增长［J］．复旦学报：社会科学版，2000（1）：76－80.

② 马利民，王海建．耗竭性资源约束之下的R & D内生经济增长模型［J］．预测，2001（4）：62－64.

③ 彭水军，包群．环境污染、内生经济增长与经济可持续发展［J］．数量经济技术经济研究，2006（9）：114－126.

④ 于渤，黎永亮，迟春洁．考虑能源耗竭，污染治理的经济可持续增长内生模型［J］．管理科学学报，2006（4）：12－17.

⑤ 赵建华．系统资源约束理论与实践［M］．北京：中国时代经济出版社，2007.

⑥ 陶建格，薛惠锋．能源约束与中国可再生能源开发利用对策［J］．资源科学，2008（2）：199－205.

影、沈坤荣（2010）[①] 在经济增长“尾效”假说的基础上，对我国经济增长中能源约束程度进行了度量。研究表明，不同能源品种对经济增长的制约程度有着明显的差异性，我国能源利用的主要矛盾是结构性约束，这也成为我国未来能源问题的软肋。于雪霞（2011）[②] 以能源为例，考察了中国经济高增长背后隐藏着的高能耗。作为最大的发展中国家，中国现阶段担负着实现工业化的历史使命，工业化又将导致经济增长对能源的依赖加大。实现资源的高效利用是经济增长的必然选择，低碳时代在资源约束的条件下中国经济增长的路径在于技术创新和资源的优化配置。谭鑫、赵鑫铖（2011）[③] 以罗默（2011）的“增长阻力”分析框架为基础，选取我国各省1986—2008年的能源与经济数据，着重分析能源对我国东中西部三个经济区域的经济增长阻力。研究发现，能源对三个不同经济区域的经济增长阻力各不相同：能源对西部地区的增长阻力最大为1.37%，对东部地区的增长阻力次之为1.0%，对中部地区的经济增长阻力最小为0.54%。向仁康、曾伟（2012）[④] 研究发现，土地资源约束对经济增长的阻力大小一方面取决于行业属性，另一方面囿于国家经济的整体状况；在土地资源有限的客观经济的现实约束下，人均可用土地资源的不断减少势必使经济增长回归到由资本和有效劳动所决定的稳态增长路径中，因此土地资源在平衡增长路径下是动态无效率的；更多依赖于土地或者其他自然资源投入的经济增长方式不可持续。涂涛涛、马强（2012）[⑤] 研究发现，资源供给约束的存在削弱了不同部门间的关联性，从而减弱了无资源约束下主导产业对整体国民经济的带动作用。同时，随着资源约束苛刻性的增加，主导产业的范围将呈逐渐减少的趋势。原毅军、芦云鹏（2014）[⑥] 研究发现，金融发展、人力资本

---

① 李影，沈坤荣．能源约束与中国经济增长——基于能源“尾效”的计量检验［J］．经济问题，2010（7）：16－20．

② 于雪霞．低碳时代经济增长与资源约束［J］．2011（4）：139－143．

③ 谭鑫，赵鑫铖．能源对中国东中西部经济增长阻力的对比研究［J］．经济问题探索，2011（1）：160－164．

④ 向仁康，曾伟．土地资源在经济增长中的影响效应研究［J］．技术经济与管理研究，2012（12）：89－95．

⑤ 徐涛涛，马强．资源约束与中国主导产业的选择——基于垂直联系视角［J］．产业经济研究，2012（6）：51－59．

⑥ 原毅军，芦云鹏．金融发展、环境污染与经济可持续最优增长路径［J］．科技与管理，2014（3）：1－7．

积累和技术进步是经济可持续发展的关键因素。金融发展作为增长模型的外生因素，能够通过投资规模的增大来提高人力资本积累速度和技术创新效率，从而提高经济的稳态增长率，降低最终产品的污染排放强度，增强消费者的环保意识，保证经济沿着最优的可持续增长路径发展。吕铁（2004）① 指出，我国为了缓解资源约束矛盾，根本出路在于提高资源利用效率，大力降低工业化进程中累积的资源消耗量，走出一条不同于传统发展模式的新型工业化道路。

当前，中国、东盟国家经济增长大都过度依靠资源、资金和物质投入带动。随着生产要素成本的上升、资源环境的约束和国际竞争格局的变化，这种粗放的发展模式已难以为继，必须加强经济结构调整（邱询旻，李敏，石新波，2011）②。然而，经济增长的影响因素较多，既包括传统的要素如劳动和资本，也包括技术进步、资源或环境。其中，能源便是其中最为重要的因素之一。下面，将构建一个考虑自然资源约束（如能源）的经济增长动态模型，分析自然资源约束下经济的可持续增长问题，并基于 Sachs 和 Warner（1995）③、Papyrakis 和 Gerlagh（2004）④ 的研究模型，实证研究我国与东盟能源约束对经济增长的影响。

7.1.2 理论模型分析

20 世纪 70 年代连续两次出现的“石油危机”，世界各国开始意识到资源约束对经济增长的重要影响。众多经济学家从理论与实证两层面研究在资源约束下的最优增长路径问题，如 Vousden（1973）、Dasgupta 和 Heal（1974）、Solow（1974）和 Stiglitz（1974）、Common 和 Perring（1992）、Smulders（1995）和 Schou（1996）等，资源约束所导致的稀缺资源最优配置问题越来越重要（余江，叶林，2008）⑤。2001 年，Romer 基于新古典经济学理论，考

---

① 吕铁．缓解资源约束，促进产业发展［J］．中国社会科学院院报，2004.

② 邱询旻，李敏，石新波．中国东盟战略性新兴产业发展简论［J］．贵州财经学院学报，2011（2）：78－82.

③ SACHS，J. D. and WARNER，A. M.，Natural Resource Abundance and Economic Growth［R］. National Bureau of Economic Research Cambridge，MA.，NBER Working Paper，1995，No. 5398.

④ PAPYRAKIS，E. and GERLAGH R.，The Resource Curse Hypothesis and its Transmission Channels［J］. Journal of Comparative Economics，2004（32）：181－193.

⑤ 余江，叶林．资源约束、结构变动与经济增长——基于新古典经济增长模型的分析［J］．经济评论，2008（2）：22－24，转 52.

虑了资源和土地对经济增长的限制，提出了资源约束下的经济增长模型[①]。Romer 采用 C－D 生产函数：

$$Y_t = K_t^{\alpha} R_t^{\beta} T_t^{\gamma} [A_t L_t]^{1-\alpha-\beta-\gamma} \tag{7-1}$$

其中：$\alpha>0$，$\beta>0$，$\gamma>0$，$\alpha+\beta+\gamma<1$。

考虑能源约束这一影响因素，可以对式（7－1）改写如下：

$$Y_t = K_t^{\alpha} E_t^{\beta} [A_t L_t]^{\gamma} \tag{7-2}$$

其中：Y、K、L、A 和 E 分别表示产出、资本、劳动、劳动的有效性和能源消费；α 是资本－产出弹性，β 是能源－产出弹性。借鉴索洛模型的动态性研究，得到资本、劳动与劳动的有效性的动态性如下：

$$\dot{K}_t = sY_t - \delta K_t \tag{7-3}$$

$$\dot{L}_t = nL_t \tag{7-4}$$

$$\dot{A}_t = gA_t \tag{7-5}$$

其中：s 为储蓄率，δ 为资本的折旧率，n 为劳动的增长率，g 为技术进步的增长率。由于能源消费将减少能源的数量，因此有：

$$\dot{E}_t = -bE_t \quad (b>0) \tag{7-6}$$

其中：b 为能源消费速度。由式（7－3）可以变形得到：

$$\frac{\dot{K}_t}{K_t} = s\frac{Y_t}{K_t} - \delta \tag{7-7}$$

在平衡增长路径，平衡增长路径所需要的 K 与 Y 均以一个不变的速率增加。而从式（7－7）来看，要使 K 的增长率保持不变，Y/K 就必然不变，K 与 Y 的增长率必然相等，即有 g_Y/g_K。

分别对式（7－2）两边取自然对数，再对时间求导得到：

$$g_{Y_t} = \alpha g_{K_t} + \beta g_{E_t} + \gamma [g_{A_t} + g_{L_t}] \tag{7-8}$$

其中：g 表示增长率。当经济处于平衡增长路径时，将能源消费、劳动的有效性和劳动的增长率带入式（7－8）得：

$$g_Y^{*} = \frac{\gamma(g+n) - \beta b}{1-\alpha} \tag{7-9}$$

① Romer D. Advanced Macroeconomics (Second Edition). The Mc－Hill Companies, 2001.

其中：$g_Y{}^*$ 表示均衡经济增长率。这一结果表明，能源消费率越大，经济增长率将越小，这意味着能源消费对经济增长的约束作用将越大。因此，控制能源消费的过快增长对经济增长具有非常重要的作用。总之，在当前低碳经济发展的宏观形势下，控制能源消费的过快增长是一条非常重要的途径。

7.1.3 对中国的实证分析

1. 模型设定

由于资源供给有限，假定能源供给数量保持不变，因而随着能源开发强度不断增加，能源约束就越明显。基于 Sachs 和 Warner（1995）[①]、Papyrakis 和 Gerlagh（2004）[②] 的研究，可以建立如下模型来研究能源开发强度和经济增长之间的关系，并利用相关数据，实证研究能源开发强度对经济增长的作用，从而探究能源约束对经济增长的影响。

$$rjgdp_t = \beta_0 + \beta_1 \ln RJGDP_{t-1} + \beta_2 E_t + \beta_3 X_t + \varepsilon_t \quad (7-10)$$

其中，$rjgdp_t$ 表示第 t 期的人均 GDP 增长率，$\ln RJGDP_{t-1}$ 表示滞后一期的人均 GDP 的自然对数，用于控制经济增长的收敛效应。E 表示能源开发强度，X 表示其他控制变量。具体选择控制变量时，考虑如下的几个控制变量。

E：在研究中国问题方面，分别用五大行业工业总产值占行业工业总产值的比重来衡量能源开发强度；在研究东盟问题方面，由于数据缺乏，采用能源消费量占能源产量的比重来衡量能源开发强度。

IN：固定资产投资占 GDP 的比重，用来衡量物质资本投入。

$TRADE$：进出口贸易总额占 GDP 的比重，用来衡量对外开放程度。

FDI：吸引的外商直接投资总额占 GDP 的比重，用来衡量经济吸引力。

CZ：表示政府财政支出占 GDP 的比重，用来衡量政府支出水平。

DK：表示金融机构贷款占 GDP 的比重，用来衡量金融支出水平。

JY：表示就业人口占 GDP 的比重，用来衡量就业水平。

---

① SACHS, J. D. and WARNER, A. M., Natural Resource Abundance and Economic Growth [R]. National Bureau of Economic Research Cambridge, MA., NBER Working Paper, 1995, No. 5398.

② PAPYRAKIS, E. and GERLAGH R., The Resource Curse Hypothesis and its Transmission Channels [J]. Journal of Comparative Economics, 2004 (32): 181－193.

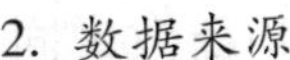

2. 数据来源

由于数据的限制，研究的对象区间为1985—2011年，具体数据来源如下。

（1）能源开发强度：具体的五大行业包括：1992年之后的五大行业为煤炭开采和洗选业，石油和天然气开采业，石油加工、炼焦及核燃料加工业，电力、热力的生产和供应业，燃气生产和供应业。具体数据来源于历年的《中国统计年鉴》，根据原始数据计算得到。1991年之前的五大行业为煤炭采选业，石油和天然气开采业，石油加工业，炼焦、煤气及煤制品业，电力、蒸汽、热水生产和供应业。

（2）全国人均GDP增长率、人均GDP、GDP、全社会固定资产投资、进出口总额、外商直接投资、历年财政支出、历年各项贷款总额、历年就业水平均来自中宏数据库。人民币汇率水平来自各年度的《中国统计年鉴》，利用人民币汇率将进出口总额和外商直接投资数据转换为以人民币表示的数据。

3. 模型估计及结果分析

从实证结果来看式（7-11），以五大行业工业增加值占行业工业增加值的比重进行估计的结果不明显，大多数解释变量都没有通过5%的显著性水平检验。而在以四大行业工业总产值占行业工业总产值的比重进行估计的结果中，在剔除了外商直接投资、贷款和就业水平这三个不显著的解释变量之后，得到如下估计结果：

$$rjgdp = 0.22 - 0.05\ln RJGDP_{-1} + 0.42E + 0.26IN + 0.15TRADE + 1.10FDI \tag{7-11}$$

(0.0000) (0.0029) (0.0434) (0.0042) (0.0077) (0.0100)

其中：$R^2 = 0.8795$，调整的 $R^2 = 0.7794$，$D.W = 1.7646$。可以看出，滞后一期的人均GDP对人均GDP增长率的影响为负，表明经济增长存在收敛效应。能源开发强度对我国经济增长具有非常明显的正效应，系数为0.42，这表明随着我国能源开发强度的提升，将促进我国经济增长。实际上，在能源资源有限的前提下，随着能源开发强度的提升，能源资源对经济增长的约束将越来越强。那么，能源约束到底对经济增长具有怎样的影响呢？经济学中的供求理论指出，商品消费均衡数量以及均衡价格是由市场上商品的供求关系所决定的。在其他条件保持不变的前提下，需求的变动引起均衡价格与均衡数量同方向变动；供给的变动引起均衡价格反方向变动，均衡数量同方向变动。下面，从供给和需求两个层面来展开分析。

首先，从能源供给的角度来看，能源供给数量对经济增长具有较大的影响。能源供给不足，将抑制经济增长，而能源供给过量，又会造成能源浪费。在人类历史发展过程中，资源约束与经济增长的关系表现出不同的形式，资源约束更多的是以“流量约束”的形式表现出来，并受到技术经济条件的制约，无法全面地由潜在资源向现实资源转化。当资源存量非常有限时，资源约束就转化成另一种约束形式——“存量约束”，此时资源供给存在可持续性问题。从传统的能源供给来看，以煤炭、石油和天然气为主的能源属于不可再生资源，其开采受到技术、自然条件的限制。加上世界上主要的能源尤其是石油产区在中东地区，这些国家控制着全球的能源供给，出于自身的利益，在全球经济繁荣的时候，减少能源供给，使供不应求，提高价格，获取更大利润。反之，在全球经济处于萧条阶段，则大量提供能源供给以推动经济增长。因此，从经济利益的角度来看，能源供给行为将会影响能源价格水平，即当能源价格水平偏低时，经济增长速度较快，反之，当能源价格偏高时，经济增长就会放慢。

当前，自然资源短缺是我国经济发展的主要约束条件之一。市场供求关系变化导致资源稀缺的结构性变迁与地域性转移，东部沿海能源与矿产等资源短缺地区资源约束递增的压力，中西部尤其是能源与矿产资源富集地区资源配置力与经济竞争力明显递增，从而出现地区经济收敛趋势（傅允生，2006）①。我国资源能源形势严峻，能源比较缺乏，能源自给率低，煤炭自给率仅为30%，石油对外依存度达到57%。我国煤炭、石油和天然气的人均占有量仅为世界平均水平的67%、5.4%和7.5%，能源安全形势比较严峻。

其次，从能源的需求角度来看，对能源需求欲望的无限扩大将导致能源消费的大量增加，而这又对能源供给造成巨大的压力。对能源需求的增加，必然导致能源的过度开采以及自然环境的大量破坏，而这又将降低劳动者的生产能力和生产率。正如郭熙保（2002）② 所言，环境的破坏对发展的消极

---

① 傅允生．资源约束与地区经济收敛——基于资源稀缺性与资源配置力的考察［J］．经济学家，2006（5）：33－40.

② 郭熙保．试论人口、资源、环境与经济发展的关系［J］．当代财经，2002（11）：3－8.

影响和阻碍作用是巨大的，保护环境却能提高资源和劳动的生产率，促进增长和发展。当前，我国工业化程度在不断加快，2011 年我国重工业总产值占工业总产值的比重达到 71.85%①。我国工业发展仍然是一种高度依赖自然资源的生产方式，重工业发展对能源的需求非常大。

7.1.4 对东盟的实证分析

1. 东盟国家能源约束状况

首先，从东盟 5 国石油产量与探明储量之比来看（见表 7－1），除了泰国之外，文莱、印度尼西亚、马来西亚和越南的石油产量与探明储量之比表现出比较明显的下降趋势，这表明东盟国家越来越重视石油这一战略性资源，减缓了石油开发强度，资源约束在起着重要作用。实际上，早在 2009 年 3 月，东盟各国就应对能源危机签署了《东盟石油安全协定》。该协定建议，一旦出现石油短缺，东盟各国首先要采取降低国内石油需求的短期措施，并在成员国之间建立紧急反应机制，即在任何一个成员国遭遇石油短缺时，其他成员国应在自愿的原则基础上向这个国家提供一定量商业石油。

表 7－1　东盟国家石油产量与探明储量之比

国别	2001 年年度	2010 年年底	2011 年年底	2012 年年底
文莱	0.0617	0.0571	0.0551	0.0526
印度尼西亚	0.0993	0.0872	0.0860	0.0895
马来西亚	0.0540	0.0397	0.0354	0.0641
泰国	0.1162	0.3048	0.3148	0.3631
越南	0.0581	0.0265	0.0272	0.0289

注：探明储量和生产量的原始数据来源于《BP 世界能源展望统计数据 2013》。探明储量的单位为 10 亿桶，生产量的单位为千桶/日，按照一年 365 天折算。

其次，从东盟国家石油消费与产量之比来看（见表 7－2），除了泰国之外，印度尼西亚、马来西亚和越南的这一指标都表现出了比较明显的上升趋势。其中，印度尼西亚从 2001 年的 0.7968 增加到 2011 年的 1.4123，马来西

① 规模以上工业企业的数据。

亚从2011年的0.7051增加到2011年的1.0113，越南从2001年的0.5263增加到2011年的1.0377。石油消费与产量比值的上升意味着石油消费超过石油生产，一方面表明这些国家随着经济快速增长，对石油的消费也在不断增加；另一方面，这些国家的石油产量增长缓慢，甚至出现石油产量下降趋势，如2008年之后马来西亚石油产量从当年的27.1百万吨下降到2011年的26.9百万吨。东盟国家确实存在一定程度的石油资源约束。东盟国家已经意识到石油资源的有限性，放缓石油产量。

表7-2　　2001—2012年东盟国家石油消费与产量之比

年份	印度尼西亚	马来西亚	泰国	越南
2001	0.7968	0.7051	4.8267	0.5263
2002	0.8921	0.7301	4.7195	0.5665
2003	1.0000	0.6802	4.3333	0.5932
2004	1.096	0.6845	4.956	0.601
2005	1.1205	0.727	4.2778	0.6387
2006	1.182	0.7929	3.8559	0.6897
2007	1.2484	0.8612	3.648	0.811
2008	1.198	0.8442	3.3233	0.9156
2009	1.2651	0.866	3.3285	0.8343
2010	1.3499	0.896	3.3188	0.9742
2011	1.4123	1.0113	3.3669	1.0377
2012	1.6048	1.0027	3.2315	0.9764

注：原始数据来源于《BP世界能源展望统计数据2013》。

2. 模型设定与数据来源说明

仍然采用（7-10）模型，其中对于能源开发强度，由于数据缺乏，采用能源消费量与能源生产量之间的比值来衡量，这一比值越大，则表明能源用于出口的数量将越少，能源资源约束将会越来越明显。

由于数据的限制，研究的对象区间为2001—2011年，具体数据来源如下。

（1）能源开发强度：石油产量和石油消费量（单位百万吨），天然气产量和天然气消费量（百万吨油当量）的原始数据均来源于《BP 世界能源展望统计数据 2013》。

（2）人均 GDP 增长率、人均国民总收入和 GDP：2000—2010 年的数据来源于《中宏数据库》，2011 年的数据来源于世界银行数据库。

（3）货物和服务进出口总额：2001—2009 年的数据来源于《中宏数据库》，其余数据通过百度搜索得到。

（4）外商直接投资数据：2001—2010 年的数据来源于《国际统计年鉴》，2011 年的数据通过百度搜索得到。其中，2002 年的数据缺乏，采用平均 2001 年和 2003 年的数据计算得到。

（5）私人贷款占国内生产总值比重。2000—2010 年的数据来源于《国际统计年鉴》，2001 年和 2002 年的数据缺乏，采用将 2000 年和 2003 年的数据进行等分计算得到；2011 年的数据采用平均 2000—2010 年的数据计算得到。

3. 模型估计及结果分析

从实证结果来看（见 7-12 式），在剔除了货物与服务进出口总额占 GDP 的比重和私人贷款占国内生产总值比重这两个不显著的变量之后，以石油消费占石油生产的比重来衡量能源约束，得到如下估计结果：

$$rjgdp = 10.4363 - 0.9755\ln RJGDP_{-1} - 0.0667E + 34.3986FDI$$
$$(0.0006) \quad (0.0119) \qquad (0.0755) \quad (0.0137) \qquad (7-12)$$

其中：$R^2 = 0.8952$，调整的 $R^2 = 0.8424$，$D.W = 2.0206$。可以看出，滞后一期的人均 GDP 对人均 GDP 增长率的影响为负，表明经济增长存在收敛效应。能源消费占能源生产的比重的系数为 -0.0667，这表明在东盟能源产量一定的条件下能源消费增加不利于东盟经济增长，而能源消费的快速增长本身意味着能源存在一定程度的约束。因此，东盟国家存在能源约束，进而影响东盟经济增长。

以天然气消费占天然气生产的比重来衡量能源约束，得到如下估计结果：

$$rjgdp = 11.3801 - 1.0393\ln RJGDP_{-1} - 0.8534E + 38.7099FDI$$
$$(0.0006) \quad (0.0119) \qquad (0.0755) \quad (0.0137) \qquad (7-13)$$

其中：$R^2 = 0.9079$，调整的 $R^2 = 0.8559$，$D.W = 2.0385$。可以看出，滞后一期的人均 GDP 对人均 GDP 增长率的影响为负。实际上，在能源资源有限的前提下，随着能源开发强度的提升，能源资源对经济增长的约束将越来越强。以天然气为代表的能源约束对经济增长的影响更为明显。

7.2 能源投资合作存在博弈

7.2.1 博弈的基本设定

博弈是指在一定的游戏规则约束下，基于直接相互作用的环境条件，各参与人依靠所掌握的信息，选择各自策略（行动），以实现利益最大化和风险成本最小化的过程。在现实中，存在各种类型的博弈均衡，如纳什均衡、子博弈精炼纳什均衡、贝叶斯均衡、精炼贝叶斯均衡、序贯均衡、颤抖手均衡等。在此，集中于研究序贯均衡。在博弈中，存在博弈双方的行动和策略，博弈双方的行动和策略依赖于现有的限定政策，以及自然人的影响。其中，自然人基于预先确定的概率分布，随机选择策略，基本假定如下。

（1）假定博弈双方分别是生物燃料生产商和炼油厂，分别代表新能源生产商和传统能源生产商。生物燃料和炼油的原料来源分别是农作物和原油，其产品则为乙醇和汽油。

（2）农作物和原油的价格变化对生物燃料生产商和炼油厂选择的行动和策略都有重要的影响，价格越低，投资就越积极。此外，政府政策是否支持也会影响博弈双方的投资决策及投资收益。

（3）支付收益则是投入价格、产出价格和政府政策实施的函数。

（4）由于传统能源生产在一国中占主体地位，在其能源市场中占有重要地位，面对后进者如生物燃料生产商的投资行为所导致的激烈竞争，将采取接受和反对这两种策略。

（5）行为主体都是理性的，其目标为利润最大化，为了实现这一目标，博弈双方进行激烈竞争。

由于生物燃料生产商和炼油厂的行动和策略与原料价格变动有关，于是不难得到博弈双方 4 种类型的博弈：高原油价格、低农作物价格；高原油价格、高农作物价格；低原油价格、低农作物价格；低原油价格、高农作物价格。按照假定（3），不难得到生物燃料生产商和炼油厂的支付收益函数分别为：

$$biofuel = \alpha p_{ethanol} + \beta - cost \quad (7-14)$$

$$refiner = \eta \cdot oil - \alpha p_{ethanol} - \beta \quad (7-15)$$

其中：α 表示生物燃料生产商的投资积极性，取值0.5或0.2，分别表示投资积极和投资不积极。$p_{ethanol}$表示乙醇价格，取值为5或者3。β 表示政府政策支持发展生物燃料的力度，如果政府强烈支持发展生物燃料，则取值为2，否则取值为1。*cost* 表示生产生物燃料的成本，即农作物的价格，价格高时取2，价格低时取1。*oil* 表示原油价格，当原油价格高时，取值为4，低时取值为2。η 为系数，取值为2，$\eta \cdot oil$ 表示1单位的原油进行加工获得的利润。对于式（7－14），生物燃料生产商的支付收益由3部分构成，即乙醇产品的价格、政府支持和农作物成本。对于式（7－15），$\alpha p_{ethanol}$可以表示机会成本，即如果生物燃料生产商生产出来的乙醇产品销售很高，则对炼油厂生产出来的汽油产品形成明显的竞争，甚至成为其替代品。因而 $\alpha p_{ethanol}$的变化会影响炼油厂的收益。此外，式（7－15）中扣除 β 主要基于政府对生物燃料发展的支持，其支持力度越强，就越影响传统能源生产企业的发展。

7.2.2　博弈分析

类型一：高原油价格、低农作物价格

分别利用式（6－14）和式（6－15）计算在高原油价格和低农作物价格下生物燃料生产商和炼油厂的支付收益。在（高投资，接受）组合中，由于农作物价格比较低，生物燃料生产商进行高投资（具有积极性），政府大力支持，其支付收益为（$0.5\times5+2-1=3.5$）；此时，由于原油价格高，炼油厂将不进行投资，其产出没有收益，但生物燃料生产商的生产是其机会成本，加上政府对生物燃料生产商的支持，此时炼油厂的支付收益为（$0-0.5\times5-2=-4.5$）。在（高投资，反对）组合中，由于来自炼油厂的反对，政府碍于炼油厂的面子，对生物燃料生产商的支持力度下降，生物燃料生产商的支付收益为（$0.5\times5+1-1=2.5$）；炼油厂的支付收益为（$0-0.5\times5-1=-3.5$）。在（低投资，接受）组合中，政府的支持力度不变，但生物燃料生产商投资积极性不高，导致其产品乙醇价格下降，其支付收益为（$0.2\times3+2-1=1.6$）；炼油厂的支付收益为（$0-0.2\times3-2=-2.6$）。在（低投资，反对）组合中，生物燃料生产商的支付收益为（0.2×3+1-1=0.6），炼油厂的支付收益为（0-0.2×3-1=-1.6）。具体汇总结果见表7-3，利用画线法找出生物燃料生产商和炼油厂博弈的均衡结果，不难得到纳什均衡为（高投资，反对），生物燃料生产商的收益为2.5，炼油厂的收益为-3.5。

对生物燃料生产商而言，其最佳策略就是遵循高投资，如果炼油厂能够接受生物燃料生产商的这一决策，将能够为生物燃料生产商带来更大的收益，但这时却会进一步减少炼油厂的收益。很显然，最终结果只能是（高投资，反对）。

表7-3　高原油价格、低农作物价格博弈

		炼油厂			
		接受		反对	
生物燃料生产商	高投资	3.5	-4.5	2.5	-3.5
	低投资	1.6	-2.6	0.6	-1.6

类型二：高原油价格、高农作物价格

高原油价格和高农作物价格下，其产品价格也将较高，政府将出台政策控制产品价格。在分别利用式（7-14）和式（7-15）计算在高原油价格和高农作物价格下生物燃料生产商和炼油厂的支付收益。在（高投资，接受）组合中，由于农作物价格比较高，尽管政府大力支持，生物燃料生产商进行高投资，但其成本较高，其支付收益下降为（0.5×3+2-2=1.5）；此时，由于原油价格高，炼油厂将不进行投资，其产出没有收益，但生物燃料生产商的生产是其机会成本，加上政府对生物燃料生产商的支持，此时炼油厂的支付收益为（0-0.5×3-2=-3.5）。在（高投资，反对）组合中，由于来自炼油厂的反对，政府碍于炼油厂的面子，对生物燃料生产商的支持力度下降，生物燃料生产商的支付收益为（0.5×3+1-2=0.5）；炼油厂的支付收益为（0-0.5×3-1=-2.5）。在（低投资，接受）组合中，政府的支持力度不变，但生物燃料生产商投资积极性不高，其的支付收益为（0.2×3+2-2=0.6）；炼油厂的支付收益为（0-0.2×3-2=-2.6）。在（低投资，反对）组合中，生物燃料生产商的支付收益为（0.2×3+1-2=-0.4），炼油厂的支付收益为（0-0.2×3-1=-1.6）。具体汇总结果见表7-4，利用画线法找出生物燃料生产商和炼油厂博弈的均衡结果，不难得到纳什均衡为（高投资，反对），生物燃料生产商的收益为0.5，炼油厂的收益为-2.5。与类型一相比较，由于农作物价格高，意味着生物燃料生产商的投入成本增加，再加上政府对能源产品价格的控制，生物燃料生产商的支付收益将减少（0.5<2.5）；但对于炼油厂而言，成本的变化影响了生物燃料生产商的投入，这对于炼油厂而言是利好消息，结果其支付收益增加（-2.5>-3.5）。

表7-4　　高原油价格、高农作物价格博弈

		炼油厂	
		接受	反对
生物燃料生产商	高投资	1.5　-3.5	0.5　-2.5
	低投资	0.6　-2.6	-0.4　-1.6

当农作物价格高时，投资生物燃料生产将成为生物燃料生产商面临的一个重大挑战，其利润被挤压，很可能使他们不会进行高投资。此时，炼油厂将受益，他们获得非正常利润。

类型三：低原油价格、低农作物价格

低原油价格和低农作物价格下，这对于炼油厂和生物燃料生产商而言都面临着良好的发展前景，但由于传统能源与生物燃料两者之间存在一定的替代性，企业之间的竞争会变得更加激烈。分别利用式（7-14）和式（7-15）计算在低原油价格和低农作物价格下生物燃料生产商和炼油厂的支付收益。在（高投资，接受）这一组合中，政府积极支持，但原油和农作物价格较低，其产品的价格也将较低，生物燃料生产商的支付收益为（0.5×3+2-1=2.5）；此时，由于原油价格低，炼油厂将进行生产，其支付收益为（2×1-0.5×3-2=-1.5）。在（高投资，反对）组合中，由于来自炼油厂的反对，政府碍于炼油厂的面子，对生物燃料生产商的支持力度下降，生物燃料生产商的支付收益为（0.5×3+1-1=1.5）；炼油厂的支付收益为（2×1-0.5×3-1=-0.5）。在（低投资，接受）这一组合中，政府的支持力度不变，但生物燃料生产商投资积极性不高，其支付收益为（0.2×3+2-1=1.6）；炼油厂的支付收益为（2×1-0.2×3-2=-0.6）。在（低投资，反对）组合中，生物燃料生产商的支付收益为（0.2×3+1-1=0.6），炼油厂的支付收

益为（2×1-0.2×3-1=0.4）。具体汇总结果如表7-5所示，利用画线法找出生物燃料生产商和炼油厂博弈的均衡结果，不难得到纳什均衡为（高投资，反对），生物燃料生产商的收益为1.5，炼油厂的收益为-0.5。与类型一相比较，尽管农作物价格下降，但原油价格同样下降，生物燃料生产商的支付收益下降（1.5<2.5）；由于原油价格下降，有利于炼油厂做出生产的决策，其收益增加（-0.5>-3.5），也大于类型二中的支付收益（-0.5>-2.5）

表7-5　　低原油价格、低农作物价格博弈

		炼油厂	
		接受	反对
生物燃料生产商	高投资	2.5　-1.5	1.5　-0.5
	低投资	1.6　-0.6	0.6　0.4

低原油价格、低农作物价格这一类型对于生物燃料生产商和炼油厂均十分有利，他们面临着相同的低要素投入成本环境。对于生物燃料生产商而言，需要就其抉择进行权衡：低原油价格意味着他们生产的生物燃料价格也将更低，低农作物价格意味着他们可以以低成本购买自己的投入。而对于炼油厂来说，当原油价格较低时，炼油厂将不愿投资于替代能源，因为他们不会面临石油短缺。

类型四：低原油价格、高农作物价格

低原油价格和高农作物价格下，明显不利于生物燃料生产商。高农作物价格意味着其产出乙醇价格必须定价较高才能保障利润，但此时在低原油价格下的汽油价格也将较低，为了增强竞争力，生物燃料生产商只能降低乙醇价格。分别利用式（7-14）和式（7-15）计算在低原油价格和高农作物价格下生物燃料生产商和炼油厂的支付收益。在（高投资，接受）这一组合中，政府积极支持，但原油价格低，农作物价格高，其乙醇价格将较低，生物燃料生产商的支付收益为（0.5×3+2-2=1.5）；此时，由于原油价格低，炼油厂将进行生产，其支付收益为（2×1-0.5×3-2=-1.5）。在（高投资，反对）组合中，由于来自炼油厂的反对，政府碍于炼油厂的面子，对生物燃料生产商的支持力度下降，生物燃料生产商的支付收益为（0.5×3+1-2=

0.5)；炼油厂的支付收益为（2×1-0.5×3-1=-0.5）。在（低投资，接受）这一组合中，政府的支持力度不变，但生物燃料生产商投资积极性不高，其支付收益为（0.2×3+2-2=0.6）；炼油厂的支付收益为（2×1-0.2×3-2=-0.6）。在（低投资，反对）组合中，生物燃料生产商的支付收益为（0.2×3+1-2=-0.4），炼油厂的支付收益为（2×1-0.2×3-1=0.4）。具体汇总结果如表7-6所示，利用画线法找出生物燃料生产商和炼油厂博弈的均衡结果，不难得到纳什均衡为（高投资，反对），生物燃料生产商的收益为0.5，炼油厂的收益为-0.5。与其他类型相比较，生物燃料生产商的支付收益最低（仅为0.5，与类型二的支付收益相同），炼油厂的支付收益最高（为-0.5，与类型三的支付收益相同）。

表7-6　　低石油价格、高玉米价格博弈

		炼油厂	
		接受	反对
生物燃料生产商	高投资	1.5　-1.5	0.5　-0.5
	低投资	0.6　-0.6	-0.4　0.4

在这种情况下，博弈双方在现有规则和当前环境下有策略的定位，炼油厂不会增加容量投资，生物燃料生产商进行高投资，但其收益将最小。

7.2.3　综合结果分析及启示

从上述四种类型的博弈结果来看，不难发现：①对于生物燃料生产商而言，其最理想的投资为在高原油价格和低农作物价格这一类型，在获得最大收益的同时，能够使对方（炼油厂）的投资收益最小；相反，对于炼油厂而言，其最理想的投资为在低原油价格和高农作物价格这一类型，在获得最大收益的同时，能够使对方（生物燃料生产商）的投资收益最小。②四种类型的博弈均衡结果都是（高投资、反对），这意味着博弈双方似乎并没有实现共同目标的意愿，而宁愿采取单方面行动。

目前，中国越来越注重对东盟的能源投资，尤其是在新能源领域的投资。中国新能源领域的发展水平相对比较高，扮演着新能源投资者的角色。东盟国家的政府也通过积极制定各种措施，加强与中国新能源领域的投资合作。

但东盟中的传统能源企业，已经在本国市场中站稳脚跟，扮演着先行者的角色。可见，中国对东盟新能源的投资与东盟国家传统能源企业正如上述博弈分析中的生物燃料生产商和炼油厂，其最终博弈结果均为（高投资，反对）。一方面，东盟国家农作物丰富，自然条件好，价格便宜，加上中国对其进行大量的新能源投资，这明显有利于新能源的生产和发展，对传统能源的生产和发展产生了重大冲击；另一方面，东盟传统能源生产者寄希望于原油价格下降，即投入成本下降，但国际原油价格波动较大，意味着存在明显的不确定性。因此，在信息不充分的前提下，东盟中的传统能源生产企业只好选择反对这一策略。

7.3 其他存在问题

7.3.1 面临东盟国家安全战略的考虑

自“9·11”事件之后，国家安全问题越来越成为国际社会关注的热点之一。国家经济安全是整个国家安全的重要组成部分，其核心是国家经济能否持续、稳定和健康发展。能源是国民经济的命脉，能源供给不足将引起各种经济生活以及政治、军事冲突，能源安全与经济安全同等重要。2005 年中国对尤尼克石油收购破产本身就已经表明国外对中国海外能源战略存在很大的戒心。

在第 29 届东盟能源会议中，东盟国家就提出了要加速实现东盟的能源合作，充分表明东盟国家在能源领域合作的紧迫感。东盟能源合作的设想主要包括如下三个方面：①考虑到未来 5 年内东盟将成为油气能源的纯进口国，因此东盟内部有必要从统一行业规章和管理标准、明确合作分工及协调机制等方面入手，加快区域内的能源连接与合作，其中最为重要的是在完善基础设施的前提下，提高整体能源安全系数，以及加快电力、石油和天然气行业的区域连接，挖掘潜力并打开新的市场，促进投资和服务贸易等相关行业的齐头并进。②主动调整能源结构，大力发展新能源。目前东盟国家的工业和生活能源主要还是依靠煤炭和石油天然气。为了应对日益增加的能源挑战，确保东盟抗灾能力和促进可持续发展，东盟必须调整现有的传统能源供应结构并大力发展新能源，积极研发推广风能、太阳能、地热、潮汐、煤炭清洁及再生能源等新能源技术，争取在2030年左右将东盟的能源结构稳定在一个相对合理的水平。③加强国际能源合作。东盟能源合作不仅是东盟国家经济发展的机遇，也是亚洲和全球能源企业界的一个合作发展机会。东盟将就如何稳定石油供应市场、防止能源供应链中断、发展可靠廉价和清洁的新能源等课题加强区域或全球合作。其中包括，在东盟国家实施能源计划过程中，加强与国际能源机构的合作，并争取更多的支持和帮助；充分利用东盟与中、日、韩关于粮食安全和生物能源发展战略计划，确保东盟的粮食和能源安全；在全球范围内积极寻求合作伙伴，有效推动东盟能源管理评审计划、东盟能源节约和效益推广计划、东盟能源管理认证、东盟可再生能源中心计划、东盟-德国可再生能源联盟项目、“东盟+3”的清洁发展机制、核能合作支持计划等项目的顺利落实或实施①。

目前，东盟国家出于不同安全战略的考虑，影响能源投资合作。例如，虽然印度尼西亚的整体经济发展水平相对比较落后，中国对印度尼西亚能源的投资尚处于初期发展阶段，尚未被认为对印度尼西亚国家安全构成威胁，而且中国一向倡导双边合作共赢为目标，这有利于双边的共同发展。然而，当前中国与印度尼西亚两国之间的政治互信度不高，加上中国在南中国海问题上与周边国家存在一定的分歧，这都会影响印度尼西亚对中国在战略决策上的判断，影响中国对印度尼西亚的能源投资。

7.3.2　面临发达国家激烈的竞争

近年来，发达国家越来越看重东盟的能源市场，纷纷开展与东盟国家的能源合作。2007年7月，韩国向印度尼西亚能源矿产行业投资85亿美元。2007年8月，日本和印度尼西亚签署了“印度尼西亚—日本经济伙伴协定”。协定规定：即使未来印度尼西亚有新条规限定印度尼西亚能源的出口，印度尼西亚方面也将确保供应给日本的液化天然气不会中断；日本则将鼓励日本商家投资于印度尼西亚的能源发展项目。2009年11月，GE充分利用亚洲可再生能源的发展机遇，向印度尼西亚最大的地热发电厂提供贷款。2012年2月，日本住友商事考虑未来四年投资印度尼西亚能源项目100亿美元。此外，

① 李国章．东盟加快能源合作步伐，提高整体能源安全系数［N］．经济日报，2012-01-09.

日本企业有意到泰国投资替代能源产业（包括太阳能、生物和生物质能源）和生物塑料产业等新兴产业，这是由于泰国在发展新兴产业方面的潜力，如泰国拥有有利于利用太阳能的气候，是木薯、甘蔗等重要原材料产地。2010—2011 财年前四个月，韩国对缅甸投资较以往增加了十倍，投资集中在矿产开发和石油天然气领域。截至 2010 年 7 月，各国对缅甸石油天然气领域投资 134. 47 亿美元，对电力开发投资 113. 41 亿美元。从自身的能源开放来看，2013 年 4 月缅甸开放约 25 块离岸石油和天然气，向国际投资者公开招标。缅甸政府也将于 2014 年 1 月再开放 18 块陆上油气田，今后 5 年计划开发 300 口新的油井。缅甸政府不断加快对国际投资开放缅甸油气开发的步伐。可见，面对东盟能源市场，各国都在竞相争夺，在这样的背景下中国对印度尼西亚的能源投资形势不容乐观。

7. 3. 3 东盟国家能源发展存在困境

首先，东盟国家能源分布不均衡。例如，石油和天然气资源集中分布在印度尼西亚、马来西亚、文莱和越南，煤炭则只分布在印度尼西亚和越南。其次，东盟部分国家能源供给不足。以印度尼西亚为例，2008 年 9 月欧佩克奥地利维也纳会议决定从 2009 年 1 月 1 日开始暂停印度尼西亚在欧佩克的成员国资格。按照当前日均开采 96 万桶原油的速度，印度尼西亚的石油储量可能将在 12 年内枯竭，天然气储量估计能满足印度尼西亚大约 59 年的能源需求。新加坡是典型的零能源储量和产量的国家，柬埔寨、老挝、菲律宾、缅甸和泰国能源产量也不多，难以满足自身消费需求。可见，东盟的能源发展已经存在不少问题，由于能源供应已不能满足日益高涨的需求，出现了一系列能源危机，逐渐成为制约东盟经济发展的一大瓶颈。再次，东盟能源消费以传统能源为主。石油是东盟国家主要的能源资源和能源消费形式，在 2000—2010 年，东盟石油消费量约占能源消费总量的 45%，天然气和煤炭分别占约 30% 和 14%，三者之和占能源消费总量的 90% 左右。相比之下，水电等可再生能源仅为 10% 左右（见表 7 -7）。尽管目前东盟国家积极发展新能源，但其太阳能、风能、地热、生物质能和核能等清洁能源在短时间内难以替代石油、煤炭和天然气这三种常规能源。由于资源约束，东盟国家单一的能源结构必将影响其未来长远发展。最后，东盟能源消费日益强劲，能源产量在逐渐减少，能源缺口越来越大。从表 7－8 可见，东盟四国（印度尼西亚、马来西亚、泰国和越南）的石油消费量总和从 2001 年的 118.9 百万吨增加到 2012 年的 170.5 百万吨，能源消费总量逐年递增。而从石油生产量来看（见表 4－29），东盟四国石油生产量则表现出明显下降趋势，东盟国家能源已经出现无法自足状况。以印度尼西亚为例，印度尼西亚能源需求日趋强劲，在未来几年印度尼西亚有可能超过越南成为亚洲最大液化石油气净进口国[①]。印度尼西亚在世界能源市场上的未来取决于其作为天然气生产国的潜力。印度尼西亚的天然气储量是其石油储量的 3 倍，也是世界上最大的液化天然气出口国，印度尼西亚对天然气的需求在未来十年有可能迅速增加。可见，印度尼西亚能源结构目标的实现任重道远，这是由于印度尼西亚国内需求刚性，能源需求结构在短时间内很难转变（林建坤，于晓璐，2011）[②]。

表 7－7　**东盟国家各类能源消费情况**　单位：%

年份 能源类型	1990	1995	2000	2005	2010
石油	65.5	60.6	54.1	48.9	44.4
天然气	18.8	22.3	26.5	30.9	32.0
煤炭	9.2	9.9	11.2	12.4	14.5
水电	5.6	6.1	7.0	6.9	8.3
其他	1.0	1.1	1.2	1.0	0.8

注：资料转引自郑慕强（2010）：东盟国家能源经济的总体特征、问题及展望［J］．东南亚纵横，2010（8）：30－33.

表 7－8　**2001—2012 年东盟主要国家的石油消费量**　单位：百万吨

年份 国家	2001	2002	2003	2004	2005	2006	2007	2008	2009	2010	2011	2012
印度尼西亚	54.1	56.2	57.3	60.5	59.5	57.8	59.3	58.7	60.6	65.2	71.1	71.6
马来西亚	22.5	24.7	24.5	25.5	25.0	26.6	29.2	28.8	28.3	28.4	29.1	29.8

① 印度尼西亚将成为亚洲最大液化石油气进口国［N］．印度尼西亚商报，2009－07－09.

② 林建坤，于晓璐．当前印度尼西亚的能源困境及对策分析［J］．东南亚南亚研究，2011（2）：49－54.

续 表

国家\年份	2001	2002	2003	2004	2005	2006	2007	2008	2009	2010	2011	2012
泰国	33. 3	36. 9	40. 1	43. 5	44. 3	44. 4	44. 4	44. 3	47. 2	47. 1	50. 5	52. 4
越南	9. 0	9. 8	10. 5	12. 5	12. 2	12. 0	13. 3	14. 1	14. 1	15. 1	16. 5	16. 6
合计	118. 9	127. 6	132. 3	142. 0	141. 0	140. 8	146. 3	146. 0	150. 3	155. 8	167. 2	170. 5

注：资料来源于《BP 世界能源展望统计数据 2013》。

7. 3. 4 中国与东盟能源开发技术均有待进一步提升

目前，我国新能源领域的投资开发正如火如荼地开展。然而，与新能源领域“制造环节过热”形成鲜明对比，我国在新能源领域的基础性研发、终端应用环节的投入与政策安排明显滞后（梁鹏，2009）①，我国能源开发技术仍然比较落后。首先，我国在关键技术方面的瓶颈始终未有大的突破。例如，我国在基础研发领域投入明显不足，自主研发不成熟，核心技术空心化，没有形成有效的产学研技术开发体系。其次，我国技术水平不高，洁净煤技术开发与应用落后。最后，我国能源利用效率低于世界先进水平，能源工业技术水平低下劳动生产率较低。我国能源利用效率低下，究其原因在于粗放型经济增长方式，结构不合理，技术装备落后，管理水平低（刘天山，2008）②。

东盟国家的能源开发技术有待提高。从东盟国家电力输送及配电损耗比率来看（见表 7 -9），由于经济发展水平不同，东盟国家电力输送及配电损耗比率存在较大差距，如经济发展水平比较落后的柬埔寨、缅甸等，比率非常高。从东盟平均值来看，2008 年的这一比率仍超过 10% 以上。电力输送及配电损耗比率较高，表明东盟国家在能源开发技术方面比较落后，能源开发技术有待提高。

表 7 -9　　电力输送及配电损耗比率　　单位:%

地区\年份	2000	2001	2002	2003	2004	2005	2006	2007	2008
文莱	1. 14	11. 90	12. 59	12. 28	3. 74	3. 52	5. 34	4. 86	4. 79
柬埔寨	18. 85	23. 13	16. 96	14. 49	22. 22	22. 50	13. 33	12. 45	13. 14

① 梁鹏，杨希伟，张洪河，等. 中国新能源开发现状调查［N］. 新华网，2009 -09 -06.

② 刘天山. 中国能源利用情况［N］. 中国价值网，2008 -08 -04.

续 表

年份 地区	2000	2001	2002	2003	2004	2005	2006	2007	2008
印度尼西亚	10.86	13.20	16.14	16.35	11.85	11.80	11.24	10.59	10.06
马来群岛	7.82	3.11	4.10	4.64	3.85	1.34	1.32	1.74	2.71
缅甸	31.30	31.14	27.05	24.84	26.09	34.90	27.13	27.12	27.12
菲律宾	14.01	12.14	12.32	12.87	12.92	12.05	12.12	12.77	12.63
新加坡	3.64	6.01	6.56	5.51	5.89	5.03	4.92	5.03	5.05
泰国	7.91	9.20	7.26	7.31	7.94	8.11	8.06	6.46	6.07
越南	13.77	13.86	14.00	12.88	10.49	10.98	11.35	11.24	10.08
东盟平均	12.14	13.74	13.00	12.35	11.67	12.25	10.53	10.25	10.18
中国	6.92	7.02	7.12	6.5	6.32	6.75	6.34	5.99	5.55

注：数据来源于《中宏数据库》。

7.4 本章小结

本章分别从能源约束影响经济增长、能源投资合作存在博弈以及其他存在问题来研究中国与东盟能源投资合作存在的主要问题。

在能源约束影响经济增长方面，在构建理论模型分析的基础上，建立实证模型，分别对中国和东盟能源约束影响经济增长进行实证分析。在理论模型分析中，借鉴 Romer（2001）的研究，考虑能源消费对经济增长的约束，得出能源消费增长率越快，经济增长率将会越慢这一结论，这意味着能源消费的过快增长将导致经济增长放慢。实证研究方面，在能源资源有限的前提下，随着我国能源开发强度的提升，能源资源对经济增长的约束将越来越强。东盟国家仍然存在能源约束，进而影响东盟经济增长。

在能源投资合作博弈方面，中国越来越注重对东盟的能源投资，扮演着新能源投资者的角色，但东盟中的传统能源企业，扮演着先行者的角色，中国对东盟新能源的投资与东盟国家传统能源企业最终博弈结果均为（高投资，反对），这意味着博弈双方并没有实现共同目标的意愿，而宁愿采取单方面行动。

在其他方面，中国与东盟能源投资会面临东盟国家安全战略的考虑，面临发达国家激烈的竞争，加上东盟国家能源发展存在困境，以及中国与东盟能源开发技术均有待进一步提升。可见，中国与东盟能源投资面临的现实问题仍然较多，需要制定措施加以解决。

8　加强中国与东盟能源投资合作的相关建议

能源安全问题敲响中国经济发展警钟。如何解决石油短缺、保障能源安全已成为中国能否成功地实现经济战略目标的关键。

世界银行发展研究部的经济专家茨马拉克·沙利兹指出，中国目前能源需求开始超过国家的供给能力。在今后十年或更长一段时间内，中国能源消费的增长速度可能接近于国内生产总值的增长速度。能源短缺正在形成的压力可能阻碍近期和长期的经济增长。

中国必须将开发与节约并重，一方面实现能源及其来源多元化，积极寻找新的能源，另一方面大力节能，才能弱化持续飞涨的需求与持续短缺的能源之间的矛盾。中国可大力发展风能、太阳能、生物质能、地热能和海洋能等各类新型能源，同时必须走节能型道路。

——中安网，2005 年 9 月 7 日

第七章从资源约束的视角研究了能源消费与经济增长之间的关系，指出能源消费过快增长将不利于经济快速增长，因此需要控制能源消费。实际上，控制能源消费仅仅是发展低碳经济中的一种不可缺少的方式，新能源的开发和利用则是另一种非常重要的方式。所谓“新能源”，是指那些刚刚开始开发利用或正在积极研究、有待推广的能源。相对于传统能源，新能源普遍具有污染少、储量大的特点（谢晶莹，2010）①。从全球经济发展来看，从战略角度抢占未来经济发展制高点，这必然对世界经济格局产生重大而积极的影响。

① 谢晶莹．新能源：世界各国拉动经济增长的新引擎［J］．农业工程技术（新能源产业），2010（1）：12－14.

随着新能源的广泛使用，必将引发新一轮技术革命和工业革命，这也是未来最大的历史性机遇与社会发展方向（晓扬，2009）①。可见，新能源产业正成为世界能源革命的强大引擎。在后金融危机时代，如何加强中国与东盟能源投资合作？针对这一问题，本章主要从如下三个层面展开研究。

8.1 加强新能源投资解决能源约束

8.1.1 基本假定

在开放经济条件下，影响产出的因素非常多，不仅包括国内资本、劳动等传统的生产要素，还包括自然资源的限制，如能源投入的影响，甚至还包括外资。其中，外商直接投资（FDI），以控制经营管理权为核心，以获取利润为目的，是与国际间接投资相对应的一种国际投资基本形式。外商直接投资是集中资本和技术为一体的投资方式。不妨假定：②

（1）存在两个生产部门，即产品生产部门 Y 和新能源生产部门 N；

（2）投入的生产要素包括国内资本、外资和新能源，不考虑劳动投入。其中，国内资本包括国内物质资本、人力资本等，外资仅为外商直接投资；

（3）国内资本与外资具有相同的产出弹性；

（4）生产函数为规模报酬不变的 C－D 生产函数形式。于是，对于产品生产部门和能源生产部门，产品产出和新能源的增加可以设定如下形式：

$$Y = A(K_y + FDI_y)^{\alpha}N^{1-\alpha} \qquad 0 < \alpha < 1 \tag{8-1}$$

$$\dot{N} = B(K_n + FDI_n)^{\beta}N^{1-\beta} \qquad 0 < \beta < 1 \tag{8-2}$$

在此，将外资分为两部分，主要是由于引入的外资不仅仅用于产品生产，相当一部分外资也用于新能源生产③。

假定全社会的福利由代表性的家庭体现，于是福利函数为：

① 晓扬．新能源产业：经济增长新出路［J］．浙江经济，2009（10）：52－43.

② DIPANKAR D，1999. Growth versus welfare in a model of non-rival infrastructure［J］. Journal of Development Economics，（58）：359－385.

③ 即能源也加入到国际合作之中，假定能源的生产更多的表现为新能源、清洁能源的生产，体现出低碳经济的发展要求。

$$W = \int_0^{\infty} \frac{C(\theta)^{1-\sigma}}{1-\sigma} e^{-\rho\theta} \mathrm{d}\theta \quad (8-3)$$

其中：$C(\theta)$ 表示家庭在时刻 θ 的消费，ρ 表示折现率，σ 表示瞬时边际效用替代弹性。

8.1.2 两部门最优资本投入比

假定使用 N、K 和 FDI 的价格分别为 r_1、r_2 和 r_3，t 为比例税。对于产品生产部门来说，在完全竞争条件下，要素的边际产品之比等于要素的价格之比，即：

$$\frac{r_1}{r_2} = \frac{A(1-\alpha)\left(\frac{K_y + FDI_y}{N}\right)^{\alpha}}{A\alpha\left(\frac{K_y + FDI_y}{N}\right)^{\alpha-1}} = \frac{1-\alpha}{\alpha}\frac{K_y + FDI_y}{N}$$

$$\frac{r_1}{r_3} = \frac{A(1-\alpha)\left(\frac{K_y + FDI_y}{N}\right)^{\alpha}}{A\alpha\left(\frac{K_y + FDI_y}{N}\right)^{\alpha-1}} = \frac{1-\alpha}{\alpha}\frac{K_y + FDI_y}{N}$$

于是有：

$$K_y + FDI_y = \frac{\alpha}{1-\alpha} N \frac{r_1}{r_2} \quad (8-4)$$

用于生产新能源时，资本投入满足如下约束：

$$r_2 K_n + r_3 FDI_n = r_1 N + t r_2 K \quad (8-5)$$

$$\Rightarrow K_n + \frac{r_3}{r_2} FDI_n = \frac{r_1}{r_2} N + t(K_y + K_n) \quad (8-6)$$

将式（8－4）和式（8－6）两边分别相加得到：

$$K_y + K_n + FDI_y + \frac{r_3}{r_2} FDI_n - t(K_y + K_n) = \frac{r_1}{r_2} N + \frac{\alpha}{1-\alpha}\frac{r_1}{r_2} N \quad (8-7)$$

$$\Rightarrow K_y + K_n = \frac{1}{1-t}\frac{1}{1-\alpha} N \frac{r_1}{r_2} - \frac{1}{1-t}\left(FDI_y + \frac{r_3}{r_2} FDI_n\right) \quad (8-8)$$

由于技术表现出规模报酬不变，产品生产部门中的每一投入要素的边际产品都是确定的，因此，r_1、r_2 和 r_3 都等于各自投入要素的边际产品，于是：

$$r_1 = A(1-\alpha)\left(\frac{K_y + FDI_y}{N}\right)^{\alpha} \quad (8-9)$$

$$r_2 = A\alpha\left(\frac{K_y + FDI_y}{N}\right)^{\alpha-1} = r_3 \quad (8-10)$$

$$\Rightarrow FDI_y + \frac{r_3}{r_2}FDI_n = FDI \Rightarrow K_y + K_n = \frac{1}{1-t}\frac{1}{1-\alpha}G\frac{r_1}{r_2} - \frac{1}{1-t}FDI \quad (8-11)$$

当规模报酬不变时，每一投入要素的份额等于产出乘以相应要素的产出弹性，即：

$$\begin{cases} r_2(K_y + FDI_y) = \alpha Y \\ r_1 N = (1-\alpha)Y \end{cases} \quad (8-12)$$

依据式（8－5）、$r_2 = r_3$ 以及式（8－11），得到：

$$\begin{aligned} r_2(K_n + FDI_n) &= (1-\alpha)Y + tr_2(K_y + K_n) \\ &= (1-\alpha)Y + t\alpha Y - tr_2 FDI_y + tr_2 K_n \end{aligned}$$

移项整理得：

$$\Rightarrow \frac{K_n + FDI_n}{K_y + FDI_y} = \frac{t}{1-t} + \frac{1}{1-t}\frac{1-\alpha}{\alpha} - \frac{t}{1-t}\frac{r_2 FDI}{\alpha Y} \quad (8-13)$$

式（8－13）表明，在其他参数保持不变的情况下，外商直接投资与国内产出的比值越大，那么用于新能源的资本投入越少，而用于产品生产的资本投入越多。用于新能源的资本投入越少，那么新能源增加越少，结果对于产出的影响是不确定的，这就意味着引入外资有可能会造成国内的过度投资现象，这些投资没有能够促进实际产出的增加和新能源的增加。因此，在两部门的生产中需要保持资本投入的适当比例，而保持适当比例的前提是保持引进外资规模要与产出规模相适应。

8.1.3 均衡增长率与两部门最优资本投入比

从需求和供给的角度来看，供给的经济增长率为基础设施增长率，需求的经济增长率等于消费增长率，需求和供给相等，此时经济增长率处于均衡水平。

由于 $r_1 = A(1-\alpha)\left(\frac{K_y + FDI_y}{N}\right)^{\alpha}$，于是 $\frac{K_y + FDI_y}{N} = \left(\frac{r_1}{A(1-\alpha)}\right)^{1/\alpha}$，代入式（8－10）得：

$$r_2 = A\alpha\left(\frac{r_1}{A(1-\alpha)}\right)^{\frac{\alpha-1}{\alpha}} \quad (8-14)$$

依据预算约束 $r_2K_g + r_3FDI_g = r_1N + tr_2K$，又 $r_2 = r_3$，于是，

$$\frac{K_g + FDI_g}{N} = \frac{r_1}{r_2} + t\frac{K_g + K_y}{N} = \frac{r_1}{r_2} + \frac{t}{1-t}\frac{1}{1-\alpha}\frac{r_1}{r_2} - \frac{t}{1-t}\frac{FDI}{N}$$

$$= \left[1 + \frac{t}{1-t}\frac{1}{1-\alpha}\right]\frac{r_1}{r_2} - \frac{t}{1-t}\frac{FDI}{N}$$

又 $$\frac{r_1}{r_2} = \frac{r_1}{A\alpha\left(\frac{r_1}{A\ (1-\alpha)}\right)^{\frac{\alpha-1}{\alpha}}} = \frac{{r_1}^{1/\alpha}}{A\alpha\ (A\ \ (1-\alpha))^{\frac{1-\alpha}{\alpha}}}$$

于是，$$g^s(r_1) = \dot{N}/N = B\left(\frac{K_n + FDI_n}{N}\right)^{\beta}$$

$$= B\left[\left(1 + \frac{t}{1-t}\frac{1}{1-\alpha}\right)\frac{{r_1}^{1/\alpha}}{A\alpha\ (A(1-\alpha))^{\frac{1-\alpha}{\alpha}}} - \frac{t}{1-t}\frac{FDI}{N}\right]^{\beta} \tag{8-15}$$

容易证明，供给的经济增长率是 r_1 的递增函数，并且是凸函数。

在家庭效用最大化的条件下，满足预算约束：

$$C + (\dot{K + FDI}) = (1-t)r_2(K + FDI) \tag{8-16}$$

利用 Hamilton 函数求解最优化问题，即：

$$g^d(r_1) = \dot{C}/C = \frac{(1-t)r_2 - \rho}{\sigma} = \frac{(1-t)A\alpha\ (r_1/A(1-\alpha))^{\frac{\alpha-1}{\alpha}} - \rho}{\sigma} \tag{8-17}$$

可以看出，需求的经济增长率是 r_1 的递减函数，并且是凸函数。当 $g^s(r_1) = g^d(r_1)$ 时，供求平衡，可以求出均衡时的经济增长率和 r_1。

此外，由式（8-15）也可以看出：一方面，外商直接投资对经济增长率的作用为负，因此外商直接投资增加，会减少供给的经济增长率，使供给曲线向下平移，最终使均衡的经济增长率下降，r_1 增加。因此，需要保持外商直接投资的适度增加。另一方面，新能源进入式（8-15），新能源的增加有助于均衡经济增长率的增加和 r_1 的下降，这就是说，增加新能源，可以从根本上促进经济均衡增长。

由式（8-15）得：

$$\frac{K_n + FDI_n}{N} = \left(\frac{g^s(r_1)}{B}\right)^{1/\beta} \tag{8-18}$$

由式（8－16）得，$r_2=\frac{g^d\ (r_1)\ \sigma+\rho}{1-t}$，利用式（8－1），于是：

$$\frac{K_y+FDI_y}{N}=\left(\frac{g^d(r_1)\sigma+\rho}{(1-t)A\alpha}\right)^{1/(\alpha-1)} \tag{8-19}$$

式（8－18）与式（8－19）相比，当经济增长率处于均衡水平时，有：

$$\frac{K_n+FDI_n}{K_y+FDI_y}=\left(\frac{g(r_1)}{B}\right)^{1/\beta}\left(\frac{g(r_1)\sigma+\rho}{(1-t)A\alpha}\right)^{1/(1-\alpha)} \tag{8-20}$$

式（8－20）表明，在其他参数保持不变的条件下，均衡的经济增长率越大，要求在新能源方面投入的资本就越多，依据前面的分析，产出也将越多，新能源方面的资本投入与均衡经济增长率之间具有良性循环关系。

依据上述模型及其求解结果，不难得到如下命题。

命题：在保持用于产品生产的资本一定的条件下，将引进的外资更多地用于国内新能源开发，有利于产出的进一步增加。

这一命题同样表明，我国加强对东盟的新能源投资，有助于东盟经济增长。同时，也有助于解决其能源约束。目前，东盟国家对新能源和可再生能源的需求在不断上升。据预测，到2020年东盟国家对能源的需求将占世界总需求的32%。东盟正在调整现有的传统能源结构并大力发展新能源，积极研发推广风能、太阳能、地热、潮汐、煤炭清洁及再生能源等新能源技术，争取在2030年左右将东盟的能源结构稳定在一个相对合理的水平。东盟国家在实施能源计划过程中，正积极加强与其他国家能源机构的合作并争取更多的支持和帮助，而中国是东盟寻求能源合作的重要国家。2011年我国出台了新兴能源产业规划，规划提出在2011—2020年间，将累计增加投资5万亿元人民币，重点涉及太阳能、风能、生物质能和核电这些新能源资源的开发利用。我国在新能源与可再生能源领域里积累了丰富的经验，新能源产业的可持续发展已上升为国家战略。

8.2 加强能源技术研发，提高能源利用率

8.2.1 加强能源技术研发，提升企业自主创新能力

发达国家在新能源领域的研发一直走在世界的前沿，引领着世界前进的

脚步。相比之下，尽管我国新能源产业发展迅速，已经成为世界风电装机第一大国、太阳能电池生产第一大国，但基础研发领域投入明显不足，核心技术瓶颈始终存在，这将制约着新能源产业的长远发展。加强新能源技术研发的方向主要包括提高能效，低成本开发可再生能源，加大信息技术在能源领域的应用，以进一步开发智能能源等。

中国能源企业需要积极提升自主创新能力。中国能源企业既要依赖于国外技术，又要参与国际激烈的竞争，但发展新能源所需资金不足以及融资难成为制约其自主创新能力的主要瓶颈，一个有效解决途径就是制定一份详细的融资战略并认真执行（张艳峰，2011）①。以中国石油为例，中国石油为实现新能源发展目标，将建立新能源技术研发体系，加强国内外技术交流与合作，通过引进消化和自主研发，掌握具有知识产权的专有技术，稳步推进非常规能源和可再生能源业务的发展。为了实现这一目标，中国能源企业需要形成拥有自主知识产权的能源技术发展能力，带动国际社会共同参与到新能源发展中，共享新能源创新成果。

我国需要加强能源技术研发，我国能源产业发展也必须要迎合世界能源产业发展的趋势，以新技术研发为核心，抢占能源发展制高点，提升自主创新能力。

8.2.2 优化能源结构，提高能源利用率

2007 年党的十七大报告首次提出了“建设生态文明，基本形成节约能源资源和保护生态环境的产业结构、增长方式、消费模式”的理念。2012 年党的十八大报告则再次提出：“建设生态文明，是关系人民福祉、关乎民族未来的长远大计。面对资源约束趋紧、环境污染严重、生态系统退化的严峻形势，必须树立尊重自然、顺应自然、保护自然的生态文明理念，把生态文明建设放在突出地位，融入经济建设、政治建设、文化建设、社会建设各方面和全过程，努力建设美丽中国，实现中华民族永续发展。”可见，党中央非常关注低碳经济的发展。

目前，我国能源消费结构不合理，发电用煤占煤炭消费总量的比重达

① 张艳峰．我国新能源企业的融资战略研究［J］．企业活力，2011（12）：10－13.

55%，远低于欧洲和美国的发电用煤比重；煤炭在中国终端能源消费中的比重高达48%，石油达到24%，电力仅占20%，煤炭的低效利用加大了能源的消费总量，而且也增加了环境污染。此外，我国能源消费呈现明显的区域化差异。我国沿海及经济发达地区缺煤、缺电，超出了电网错峰调节能力；城乡能源分配不均，农村经济发展和人们生活水平的提高使农村用能水平增长较快，电力供应不足和燃料价格的大幅上涨影响了农民收入的增长。因此，我国需要优化能源结构，其中很重要的是开发“绿色能源”，即太阳能、地热能、风能、海洋能、核能以及生物能等。

除了优化能源结构之外，还需要从管理和技术两个方面着手提高能源利用率。在管理方面，需要制定各行业节能降耗的标准、目标和政策措施，对各行业的耗能情况进行监督和奖罚等，促使企业不断提高能源利用率。在技术方面，通过高新技术改造、提升传统产业生产，发展和推广节能新技术，提高原煤和原油利用率，并加强在煤炭洗选加工、型煤、燃煤脱硫、使用清洁能源等方面的投资。

总之，转变传统高能耗、高污染的经济增长方式，大力推进节能减排，发展以低能耗、低排放为标志的低碳经济，实现可持续发展，已经成为我国经济发展的选择。

8.3 积极支持新能源发展，加强新能源国际投资合作

8.3.1 继续加大对新能源产业发展的政策支持

新能源产业发展离不开国家政策支持。自2009年以来，我国对新能源产业发展所持态度从“积极引导”提升为“战略高度重视”。2010年，《关于加快培育和发展战略性新兴产业的决定》将新能源产业作为战略性新兴产业之一，新能源产业同时被确定为国民经济先导产业之一。2011年6月发布实施的《产业结构调整指导目录（2011年版）》首次将新能源作为单独门类列入。“十二五”期间，我国新能源发展的总体目标是建立初步适应大规模新能源发展的电网等重大基础设施体系，推动新能源装备制造业的壮大和升级，促进新能源市场的不断扩大，争取到2015年将非化石能源在能源消费中的比重提

高到12%左右。预计到2020年，除水电外，可再生能源占一次能源消费比重将升至6%以上。国家将投入超过3万亿元的资金，推动包括太阳能、风电、生物质能等新能源的开发利用。为了实现这一目标，我国需要继续加大对新能源产业发展的政策支持。

8.3.2 积极加强新能源投资合作

在《中共中央关于制定国民经济和社会发展第十二个五年规划的建议》中确定了“十二五”期间我国七大战略性新兴产业，其中生物质能在新能源产业中得到重视。“十二五”期间，我国要加快推进水电、核电建设，积极有序做好风电、太阳能、生物质能等可再生能源的转化利用，要确保到2015年非化石能源消费占一次能源消费的比重达到11%以上，为实现2020年的长远目标奠定坚实的基础。当前，随着我国经济的快速发展以及工业化进程不断加快，新能源发展也在不断加快。然而，我国能源利用的主体还是传统能源（煤炭、石油），传统能源占能源消费的总量在70%以上。因此，发展新能源需要从长远考虑，需要优先开发利用具有资源优势的新能源，并加强新能源国际投资合作。东盟国家新能源资源品种齐全、数量多，太阳能、风能、生物质能资源等十分丰富，发展新能源有着广阔的前景。我国需要积极加强与东盟新能源投资合作，形成太阳能、风能、生物质能等一条能源链，实现可再生能源发展。

8.4 构建能源投资特区，加强能源投资合作

8.4.1 国内外投资特区概述

1980年8月，全国人大五届常委会第十五次会议作出决定：批准国务院提出的在广东省的深圳市、珠海市、汕头市和福建省的厦门市设置经济特区，并批准了《广东省经济特区条例》，经济特区的开发和建设逐步展开。随后，海南省也得到了国务院批复，成为我国最大的经济特区。实际上，当前我国各省市都存在各自开发区之类的实行特殊经济政策的区域，在某种意义上也是经济特区。经济特区既是对经济特区特殊政策、特殊体制、特殊发展道路

的概括和总结，也是对经济特区承担的历史使命和实际作用的概括和总结。

经济区是在劳动地域分工基础上形成的不同层次和各具特色的地域经济单元，是以中心城市为核心，以农业为基础，以工业为主导，以交通运输和商品流通为脉络，具有发达的内部经济联系，并在全国经济联系中担负某种专门化职能的地域成产综合体。目前，我国的多个经济区已经形成，如环渤海经济区、海西经济区、成渝经济区和北部湾经济区，经济区内的经济活动享受国家优惠政策。以北部湾经济区为例，自2008年1月1日起至2010年12月31日，北部湾经济区内享受国家西部大开发15%税率以及“两免三减半”中减半征收期税收优惠政策的企业，除国家限制和禁止的企业外，免征属于地方部分的企业所得税。此外，还有其他相应的优惠政策。2008年1月1日至2012年12月31日期间，经济区新办的石油化工、林浆纸、冶金、电子信息工业企业，除国家限制和禁止的项目外，自项目取得第一笔生产经营收入起，第一年免征属于地方分享部分的企业所得税，随后年度减半征收；同时在这一时期内，经济区内石油化工、林浆纸、冶金、轻工食品、高新技术、海洋等工业企业，以及物流业、金融业、信息服务业、会展业、旅游业、文化业、广播电视、新闻出版、体育、卫生等服务企业，免征自用土地的城镇土地使用税和自用房产的房产税或城市房地产税。

国外不少国家也在积极构建投资特区。例如，土耳其就已建立三种类型的投资特区。一是技术开发区——技术园区，旨在支持研发活动和吸引高科技领域的投资；二是有组织工业区（OIZ），区内建有现成的基础设施和社会公共设施，旨在让各种公司在良好的投资环境中开展业务；三是免税区，是在国家行政区划之内，但却在关税区域外的特殊区域，旨在增加出口项目的投资数量。

8.4.2 构建能源投资特区以加强能源投资合作

在《国家中长期科学和技术发展规划纲要》（2006—2010年）中指出，能源在国民经济中具有特别重要的战略地位。目前，我国能源供需矛盾尖锐，结构不合理；能源利用效率低；一次能源消费以煤为主，化石能源的大量消费造成严重的环境污染。因此，满足持续快速增长的能源需求和能源的清洁高效利用，需要加强能源国际合作。借鉴土耳其投资特区的构建模式，中国

与东盟可以构建能源投资特区，进一步加强能源投资合作。

一是构建能源投资技术开发区——技术园区。能源投资技术开发区主要是用于支持能源研发活动和吸引高科技能源投资，在此，可以采用“10+1”模式：在中国和东盟十国各自选择一个重要城市作为技术园区，结合本地区的实际能源资源禀赋状况，实行点对点的支持。待时机成熟之后，再将技术园区的模式扩散到中国及东盟内部更广的范围之内。各国技术园区的组建模式可以不同，但能源研发成果尽可能互补，以形成中国与东盟双边的优势互补。

二是构建能源组织工业区。这种模式的构建，可以选择一些经济发展水平相对较高，能源资源禀赋相对丰富的城市作为试点，并辅以政策支持。例如，可以选择东盟中的新加坡、泰国曼谷、马来西亚吉隆坡等城市作为试点，在这些构建的重要工业区中，加强能源基础设施建设和社会公共设施建设，便于能源企业开展投资活动。

三是构建能源投资免税区。构建能源投资免税区的目的是鼓励和吸引能源投资，其能源投资产品的出口免税。具体免税包括免关税、免增值税以及其他直接或间接的进口和销售税、服务税、关税附加税等（与卫生有关的除外）。对于能源投资免税区的构建，可以在边境地区的重要城市开展，以配合边境贸易的快速发展。

8.5 本章小结

本章主要从三个方面来展开分析：首先，加强新能源投资解决能源约束。借鉴 Dipankar（1999）分析在开放经济条件下两部门经济的均衡增长模型，引入新能源和外商直接投资这两个概念，从理论上展开分析。其次，优化能源结构，提高能源利用率。最后，构建能源投资特区，加强能源投资合作。在这一方面，可以构建能源投资技术开发区——技术园区，构建能源组织工业区以及构建能源投资免税区。

9 结束语

9.1 主要结论

本书在后金融危机时代背景下，从理论部分到实证部分，全面而深入研究了中国与东盟能源投资合作问题，研究发现如下。

（1）中国与东盟能源投资合作具有坚实的基础，无论是从资源、经济、相互投资，还是从贸易、技术和社会等基础来看，能源投资基础与各个基础之间相互联系，形成有机统一体。随着中国－东盟自由贸易区的快速发展，中国与东盟双边经贸合作在不断加强，经贸关系越来越紧密，这为能源投资合作提供了良好环境。此外，中国与东盟在资源基础、技术基础和社会基础方面均有较大差异，这为双边开展能源投资合作提供了契机。

（2）由于存在国别差异，中国对东盟国家能源投资的重点不同，并且金融危机之后，中国进一步加强了对东盟国家的能源投资。东盟各国能源资源禀赋存在较大差异，如印度尼西亚传统能源较为丰富，新加坡注重新能源开发，老挝、柬埔寨等国的水电资源比较丰富，中国对东盟各国能源投资的重点不同，投资方式也不同。金融危机之后，中国更加注重自身的能源安全以保障国家安全，因而加大了对东盟国家的能源投资。

（3）无论是中国还是东盟国家，能源约束都影响经济增长。在理论模型分析中，借鉴 Romer（2001）的研究，考虑能源消费对经济增长的约束，得出能源消费增长率越快，经济增长率将会越慢这一结论，这意味着能源消费的过快增长将导致经济增长放慢。在实证研究方面，在能源资源有限的前提下，随着我国能源开发强度的提升，能源资源对经济增长的约束将越来越强。从对东盟的实证研究结果来看，同样表明东盟国家存在能源约束，进而影响东盟经济增长。

(4) 中国与东盟双边存在阻碍能源投资合作的不利因素，需要解决不利因素，促进能源投资合作的良好健康发展。中国与东盟双方之间存在能源投资博弈，能源投资合作会面临东盟国家安全战略的考虑，面临发达国家激烈的竞争，东盟国家能源发展存在困境，中国与东盟能源开发技术均有待进一步提升，这些问题不利于中国与东盟双方能源投资合作。中国与东盟需要积极制定措施解决存在问题。在这一方面，可以加强新能源投资解决能源约束；加强能源技术研发，提高能源利用率；积极支持新能源发展，加强新能源国际投资合作；构建能源投资特区，加强能源投资合作。

9.2 研究展望

本书在研究过程中，按照一定的技术路线开展深入研究，但难免有些遗漏。在未来，本书将继续深入研究如下问题：

(1) 无法涉及新能源研发技术问题。本书从国家层面，利用经济学研究方法对能源投资问题进行研究。其中，涉及新能源技术研发问题，但如何研究新能源？依靠怎样的先进技术研究新能源，似乎在本书中很难涉及。新能源研发问题所需要依靠的技术是化学领域研究的重点，本书未来的研究将有所涉及使用怎样的材料来研发新能源，但其研发过程将不会涉及，本书的研究在这一层面存在一定的缺陷。

(2) 对能源安全问题研究不够。能源安全是指以合理的价格提供足够的燃料和电能，支持国家经济的可持续发展，保障人民生活，并保卫本国领土。为了保障能源安全，能源短缺的国家要谋求石油进口渠道，形成全球性的“能源争夺战”。石油战略家丹尼尔·耶金指出，“能源安全的目标是指以不危及国家价值观和目标的方式，以合理的价格确保充足可靠的能源供应”。本书在研究的过程中，涉及部分的能源安全问题，但涉及面不够。在下一阶段，将以能源安全保障作为研究的重点。

(3) 对能源安全保障、环境保护与经济稳定增长三者之间的研究不够。本书的研究侧重点在于能源投资合作，但实际上能源问题必将带来环境问题，带来经济稳定增长问题。在新形势下我国面临三大现实问题：一是能源安全问题越来越影响我国经济长远发展；二是环境问题越来越凸显；三是经济稳定增长已经成为当前我国经济增长的重要内容。我国经济增长属于典型的资本驱动型和资源驱动型，经济增长波动性很大，受资源环境代价高等因素的影响（任保平，2012）。围绕这三大问题，一系列重大现实问题需要研究：在新形势下如何保障我国能源安全，其对经济稳定增长有何影响？经济稳定增长对环境保护又提出怎样的要求？如何促进能源安全保障、环境保护与经济稳定增长的良性互动？因此，在未来本书研究将紧密结合建设“美丽中国”的目标，全面研究我国能源安全保障、环境保护与经济稳定增长三者的协同；同时，研究制定促进能源安全保障、环境保护与经济稳定增长实现良性互动的政策优化措施，为建设“美丽中国”做贡献。

参考文献

[1] 保罗·萨缪尔森，威廉·诺德豪斯．经济学［M］．北京：人民邮电出版社，2007 第18 版．

[2] 肖莹莹．中国－东盟双向投资已超千亿美元，中国占比扩大［N］．中国新闻网，2013－02－05．

[3] 谭喆，熊聪茹．中国能源国际合作形势面临更多挑战［N］．新华网，2012－09－03．

[4] 马彦琳，郝寿义．经济全球化背景下区域经济研究的若干趋势［J］．华中科技大学学报：人文社会科学版，2002（04）：75－79．

[5] 郭萌．普通高校音乐公选课实施方式的新思考——从美国犹他州立大学音乐公选课实施特点谈起［D］．长春：东北师范大学，2007．

[6] 黄友爱．区域经济合作理论对发展中国家区域经济合作的影响和启示［J］．经济界，2006（01）：82－86．

[7] 豆建民．区域经济理论与我国的区域经济发展战略［J］．外国经济与管理，2003（02）：2－6，转 29．

[8] 亚当·斯密．国民财富的性质和原因的研究［M］．北京：商务印书馆，2005．

[9] 黄卫平，彭刚．国际经济学教程［M］．北京：中国人民大学出版社，2004．

[10] 2015 年越南煤炭出口量将减少至 300 万吨［N］．中商情报网，http：//www. askci. com．

[11] 吕宏芬，郑亚莉．对中国－智利自由贸易区贸易效应的引力模型分析［J］．国际贸易问题，2013（02）：49－57．

［12］杨勇．国际区域经济一体化与中国对外贸易［M］．北京：人民出版社，2011。

［13］Viner, J. 1950. The Customs Union Issue［M］. New York：Carnegie Endowment for International Peace.

［14］黄友爱．区域经济合作对世界经济的影响及中国的对策——区域经济合作利益风险论［D］．厦门大学博士后论文，2005.

［15］小岛清．对外贸易论［M］．天津：南开大学出版社，1984

［16］梁双陆，程小军．国际区域经济一体化理论综述［J］．经济问题探索，2007（01）：40－46.

［17］Raymond Vernon. International Investment and International Trade in the Product Cycle［J］. Quarterly Journal of Economics. 1966（5）：190－207.

［18］宋德勇，胡宝珠．克鲁格曼新经济地理模型评析［J］．经济地理，2005（04）：445－448.

［19］KRUGMAN P. Increasing returns and economic geography［J］. Journal of Political Economy, University of Chicago Press, 1991, 99（3）：483 - 499.

［20］KRUGMAN P. History versus expectations［J］. The Quarterly Journal of Economics, MIT Press, 1991, 106（2）：651 - 667.

［21］KRUGMAN P, VENABLES, ANTHONY J. Integration, specialization and adjustment［J］. European Economic Review, Elsevier, 1996, 40（3－5）：959 - 967.

［22］KRUGMAN P. The role of geography in development［J］. International Regional Science Review, 1999, 22（2）：142 - 161.

［23］刘喆．相互依赖下的中美经济合作研究［D］．华中师范大学，2009.

［24］约瑟夫·熊彼特．经济发展理论——对于利润、资本、信贷、利息和经济周期的考察［M］．北京：商务印书馆，1991。

［25］中共中央马克思恩格斯列宁斯大林著作编译局．马克思恩格斯全集［M］．北京：人民出版社，2007.

［26］殷维藻，陈荫枋．跨国公司概论［M］．北京：人民出版社，1991.

［27］吴琦，曾凡银．国际直接投资理论与实证研究综述［J］．理论建

设，2006（03）：30－33.

［28］郭波．国际投资：理论·政策·战略［M］．北京：中国社会科学出版社，2009.

［29］HAMER. S.．1960，International operation of nation firm：a study of direct foreign investment［D］．Doctoral Dissertation，Massachusetts Institute of Technology.

［30］BUCKLEY，P. J. & Casson，M. C. The Future of Multinational Enterprise［M］．Mcmillan，London 1976.

［31］拉格曼．跨国公司内幕［M］．伦敦：克鲁姆海尔姆出版公司，1981.

［32］VERNON R. International Investment and International Trade in the Product Cycle［J］．Quartly Journal of Economics，1966（80）：190－207.

［33］小岛清．对外贸易论［M］．天津：南开大学出版社，1987.

［34］DUNNING，J，1981. International Production and the Multinational Enterprise［M］．London：Allen & Unwin.

［35］刘易斯·威尔斯．第三世界跨国企业［M］．上海：上海翻译出版公司，1986.

［36］LALL，SANJAYA and MOHAMMAD，SHARIF. Multinationals in Indian big business：Industrial characteristic of foreign investment in a heavily regulated economy［J］．Journal of Development Economics，1983，13（1－2）：143－157.

［37］CANTWELL，TOLENTINO. 1990，Technological Accumulation and Third World Multinationals［R］．University of Reading Discussion Papers in International Investment and Business Studies.

［38］DUNNING，JOHN H.．International Production and the Multinational Enterprise［M］．George Allen and Unwin，London，1981：109－142.

［39］赵晓笛．发展中国家国际直接投资发展之路［J］．中国流通经济，2007（08）：56－58.

［40］OZAWA TERNTOMO. Foreign Direct Investment and Economic Development［EB/OL］．Transnational Corporations，http：//www. unctad. org，1992.

[41] 陈晓丹，孙磊．发展中国家和地区对外投资理论文献综述［J］．临沧教育学院学报，2005（03）：38－42.

[42] 迈克尔·波特．国家竞争优势［M］．北京：华夏出版社，2001.

[43] 王晓天，薛惠锋．可再生能源投资决策行为影响因素实证分析与政策启示［J］．西安理工大学学报，2012（01）：115－120.

[44] 雅各布，瓦伊纳．倾销：国际贸易中的一个问题［M］．3 版．北京：商务印书馆出版社，2000.

[45] KINDLEBERGER. C. P. European Integration and the International Corporation [M]. Columbia Journal of world Business, Vo1. 1. 1966.

[46] 张宏，蔡彤娟．中国东盟自由贸易区的投资效应分析［J］．当代亚太，2007（02）：52－57.

[47] 钱运春．跨国公司与区域经济一体化的互动关系［J］．世界经济研究，2000（05）：33－37.

[48] DUNNING, J. H. The European Internal Market Programme and Inbound Foreign Direct Investment [J]. Journal of Common Market Studies, Vol. 35, No. 2, 1997.

[49] BUCKLEY, PETER J., and Casson, Mark C.. Models of the Multinational Enterprise [J]. Journal of International Business Studies, Washington, Vol. 29, Iss. 1, 1998, p. 21－24.

[50] NEARY, J. PETER. Foreign Direct Investment and the Single Market [R]. CEPR DiscussiOI1 Paper, No. 3419, June 2002.

[51] BALDWIN, R. E., FORSLID, R. & HAALAND, J.. Investment Creation and Investment Diversion: Simulation Analysis of the Single Market Programme [R]. NBER Working Paper, No. 5364, 1995.

[52] GALGAU, OLIVIA and KHALID SEKKAT. "The Impact of the Single Market on Foreign Direct Investment in the European Union", Exchange Rates, Economic Integration and the International Economy [J]. Edited by Leo Michelis and Mark Lovewell, Toronto: APF Press, 2004.

[53] BENDE NABENDE, A., FORD, J. L.. SLATER, J. R. The Impact of FDI on the Economic Growth of the ASEAN－5 Economics, 1970－1994: A

Comparative Dynamic Multiplier Analysis from a Small Model with Emphasis on Liberalization [R]. Department of Economics, University of Birmingham in its series Discussion Papers with number 97 -18, 1999.

[54] BUSAKORN CHANTA SASAWAT, K. C. Fung, Hitomi Iizaka and Alan Siu, Foreign Direct Investment in China and East Asia [M]. unpublished manuscript, National University of Singapore, UC Santa Cruz and University of Hong Kong, Nov. 2004.

[55] Beno it Mercereau, FDI Flows to Asia: Did the Dragon Crowd out the Tigers? [M]. unpublished manuscript, IMF, Mar. 2005.

[56] BARRY EICHENGREEN and HUI TONG. "Is China's FD I Coming at the Expense of Other Countries?" [R]. NBER Working Paper No. 11335. http://www. nber. Org/papers/w 11335, 2006.

[57] 张帆．建立中国－东盟自由贸易区贸易与投资效应分析［J］．国际经贸探索，2002（05）：63－66.

[58] 杜群阳，宋玉华．中国－东盟自由贸易区的FDI效应［J］．国际贸易问题，2004（03）：51－54.

[59] 李皖南．东盟自由贸易区的投资效应分析［J］．当代亚太，2004（09）：38－43.

[60] 范兆斌、苏晓艳、李晓玲．跨国公司、区域一体化与社会福利——一个垄断模型的扩展［J］．财经研究，2006（11）：5－16.

[61] 徐建娟．中国－东盟自由贸易区经济效应研究［D］．天津：天津大学，2007.

[62] 于海桓，滕福星．区域投资效应基本理论与评价模型研究［J］．科学管理研究，2007（06）：77－80.

[63] 陈霜华、查贵勇．CAFTA框架下投资效应的实证分析［J］．经济问题探索，2008（11）：29－34.

[64] 邱立成、马如静、唐雪松．欧盟区域经济一体化的投资效应研究［J］．南开学报：哲学社会科学版，2009（01）：1－9.

[65] 邵秀燕．区域经济一体化进程中东盟投资效应分析［J］．世界经济与政治论坛，2009（05）：43－50.

[66] 李颖洁．中国对东盟直接投资的贸易效应实证研究 [J]．经济论坛，2009（18）：45－47.

[67] 林家旭．CAFTA 背景下广西的投资效应分析 [J]．金色通道，2009（12）：4－5.

[68] 姜文仙，许娇丽．中国－东盟自由贸易区的经济效应分析 [J]．东南亚南亚研究，2010（01）：51－57，转 93.

[69] 刘志雄，高歌．CAFTA 框架下中国对东盟投资效应的实证研究 [J]．东南亚纵横，2011（01）：20－26.

[70] 刘志雄．东盟对华投资现状及投资效应的实证研究 [J]．东南亚纵横，2011（10）：26－31.

[71] 房剑，张素芳．跨国公司对外直接投资博弈均衡分析及启示 [J]．现代电力，2004（04）：90－93.

[72] 刘毅，陈伟，于丽艳．跨国公司投资与东北地区承接投资的博弈研究 [J]．现代管理科学，2008（11）：42－43，转 58.

[73] 刘今朝，杨兴礼，孙枉霞，熊小庆．大国在伊朗的能源博弈及中国的对策 [J]．重庆工学院学报，2006（06）：81－84.

[74] 李卫杰，杨兴礼．中国与欧盟在伊朗的能源博弈 [J]．重庆工商大学学报：社会科学版，2009（05）：27－30.

[75] 原丽红．对中美能源博弈的思考 [J]．华北电力大学学报：社会科学版，2007（03）：19－22.

[76] 赵殿玉．中美两国能源博弈的研究 [J]．经济师，2008（02）：24－27.

[77] 赵殿玉．中日之间能源战略的博弈 [J]．内蒙古煤炭经济，2008（02）：13－15.

[78] 赵殿玉．中印两国能源战略的博弈 [J]．经济师，2008（05）：235－237.

[79] 刘晓玲，刘朝峰．俄美中亚－里海能源博弈分析 [J]．西伯利亚研究，2006（06）：40－42.

[80] 丁占文，田立新，杨宏林．东西部能源经济系统可持续发展博弈分析 [J]．数学的实践与认识，2005（08）：29－35.

[81] 王克霞. 博弈生存：新时期中国石油外交解读 [J]. 胜利油田党校学报，2007（04）：88－90.

[82] 孙丽朝. 我国海外能源投资再提速 [N]. 北京商报，2012－10－16.

[83] 赤旭，姚睿. 我国利用外资政策探析 [J]. 金融理论与实践，2004（11）：24－26.

[84] 中共中央文献编辑委员会. 《邓小平文选》第三卷 [M]. 北京：人民出版社，1993.

[85] 崔新建. 中国利用外资三十年 [M]. 北京：中国财政经济出版社，2008.

[86] 赤旭，姚睿. 我国利用外资政策探析 [J]. 金融理论与实践，2004（11）：24－26.

[87] 杨大楷. 国际投资学 [M]. 上海：上海财经大学出版社，2004.

[88] 刘忠良. 世界经济低迷不振的三大真正根源 [N]. 深圳商报，2012－07－06.

[89] 姜崴. 人民币升值对我国对外直接投资的影响及对策 [J]. 商业经济，2012（01）：1－2.

[90] 张金杰. 中国能源与资源对外投资 [J]. 中国金融，2013（01）：53－55.

[91] 刘宏杰. 中国能源（石油）对外直接投资研究 [M]. 北京：人民出版社，2010.

[92] 吴磊. 中东能源结构性矛盾与中国——中东石油合作 [J]. 阿拉伯世界研究，2009（06）：19－30.

[93] 哈维尔·布拉斯. 里海油气宝藏将揭开面纱 [N]. 中国能源报，2010－11－22.

[94] 史戌冬，赫鹏飞. 中国对俄能源投资问题的若干分析 [J]. 中国矿业，2011（04）：20－23.

[95] 吕致文. 我国能源安全的结构性分析 [J]. 宏观经济管理，2005（09）：33－34.

[96] 张磊、郑丕谔. 我国能源安全面临的问题及应对策略 [J]. 价格理

论与实践，2006（01）：17－19.

［97］余敬，王小琴，张龙．2AST 能源安全概念框架及集成评价研究［J］．中国地质大学学报：社会科学版，2008（9）：31－32.

［98］He Fan Qin Donghai，2006. China's Energy Policy in the 21st Century［J］. China and World Economy，March 2006.

［99］刘立涛．能源安全合作中的中国与东盟［N］．中国—东盟博览会官方网站，www. caexpo. org.

［100］张广荣．关于我国的资源能源类境外投资的政策思考［N］．商务部国际贸易经济合作研究院网站，http：//www. caitec. org. cn/c/cn/news/2009－08/10/news_ 1555. html.

［101］MUTINELLI，M.，& PISCITELLO，L.（1997）. Understanding the strategic orientation of Italian foreign investment in Central and Eastern Europe［J］. International Business Review，6/2，185－205.

［102］葛晓春，徐惠娟．中国企业对外投资战略资源及其原因——基于跨国并购的视角［J］．现代物业，2009（11）：42－43，78.

［103］田凤岐．区位选择理论综述［J］．辽宁行政学院学报，2006（12）：57 转 59 页.

［104］孙倩，张守芳．对外直接投资区位选择理论文献综述［J］．商场现代化，2008（21）：18.

［105］DUNNING，J. H. The multinational enterprise［M］. London：George Allen and Unwin，1971.

［106］RICHARDSON，H，W. Growth Pole Spillovers：the Dynamics of Backwash and Spread［J］. Regional Studies，1976，10（S）：27－34.

［107］江英心，路正南．国际直接投资的区位选择与政策调整［M］．北京：科学出版社，2009.

［108］周铁军，刘传哲．中国能源企业对外直接投资区位选择的实证研究［J］．南方金融，2010（06）：56－59.

［109］刘志雄．后金融危机时代中国对东盟能源投资的障碍及对策［J］．中国矿业，2013（01）：30－33.

［110］JIM LYNCH. Bioenergy Policy Analysis［M］. Copenhagen Biofuel

Assessment Conference, June 4 ~ 5, 2007.

[111] 浮爱青，焦红光. 生物质型煤燃烧特性概述 [J]. 洁净煤技术，2006 (2): 63 - 66.

[112] 林伯强. 短期应抑制需求 [N]. 中国产经新闻，2008 - 09 - 10.

[113] MARITJE HUTAPEA. Energy and Climate Change in Indonesia, Workshop on Climate Change and Energy Bangkok [Z]. 2009.

[114] SOLARZOOM. 泰国光伏市场前景分析 [N]. SEMI 中国，www. semi. org. cn, 2012 - 03 - 14.

[115] 刘晓闻. 石油天然气致富，文莱经济发展多元化 [N]. 中国经济网，2007 - 02 - 23.

[116] 王勤. 论经济全球化与东南亚经济发展 [J]. 厦门大学学报：哲学社会科学版，2007 (02): 61 - 66.

[117] 王勤. 东盟经济增长的波动及其趋势 [J]. 南洋问题研究，2003 (02): 24 - 29.

[118] 魏达志. 东盟经济一体化进程与发展趋向 [J]. 开放导报，2007 (02): 37 - 40.

[119] 慕海平. 东盟国家的经济发展趋势及与我国的经济关系 [J]. 世界经济与政治，1992 (04): 18 - 22.

[120] 陈霜华，查贵勇. CAFTA 框架下投资效应的实证分析 [J]. 经济问题探索，2008 (11): 29 - 34.

[121] 李世泽. 基于 OLI 模式的中国对东盟直接投资的动因分析 [J]. 中国与东盟，2007 (03): 18 23.

[122] 刘文正. CAFTA 框架下中国 - 东盟相互投资的特征分析 [J]. 东南亚纵横，2009 (10): 15 - 19.

[123] 刘文正. CAFTA 框架下中国 - 东盟相互投资的特征分析 [J]. 东南亚纵横，2009 (10): 15 - 19.

[124] 陈立敏. 外商来华直接投资与中国企业对外投资的差异分析 [J]. 亚太经济，2008 (08): 52 - 56.

[125] 方慧玲. 自贸区效应促中国企业加大投资东盟——中国 - 东盟自贸区两周年相互投资述评 [N]. 广西日报，2012 - 03 - 29.

[126] 刘慧，丁刚．印度尼西亚：吸引外资的新星［N］．人民日报，2012－04－30.

[127] 林梅．中国企业在印度尼西亚投资的现状与前景［J］．南洋问题研究，2007（04）：1－6.

[128] 张立军．中国成柬埔寨最大投资方，华资企业热衷六大领域［N］．新华网，2005－10－20.

[129] 李欣广．中国与东盟经济双向开放中的产业转移（之二）——中国与东盟国家双向投资中的产业转移［J］．东南亚纵横，2007（11）：15－19.

[130] 刘志雄．东盟对华投资现状及投资效应的实证研究［J］．东南亚纵横，2011（10）：26－31.

[131] 张蕴岭．亚洲现代化透视［M］．北京：社会科学文献出版社，2001 年。

[132] 王林生．跨国经营理论与实践［M］．北京：对外贸易教育出版社，1994 年。

[133] 薛娜，魏浩，阎鸿飞．“中国－东盟自由贸易区”建立对中国双边贸易影响的实证研究［J］．经济与管理，2007.8：5－9

[134] 唐文琳，范祚军．中国－东盟双边贸易结构分析与政策建议［J］．中国流通经济，2005（07）：44－47

[135] 谢忠考，林建坤．中国－东盟石油合作新领域及前景分析［J］．世界地理研究，2010（03）：50－56.

[136] 王勇，郭建民．对中国创新能源开发利用模式的思考［J］．经济与管理研究，2011（09）：116－119.

[137] 王雁雄．新加坡智能电网技术对大理智能电网建设的启示［J］．战略性新兴产业的培育和发展——首届云南省科协学术年会论文集，2011.

[138] 张征宇．新能源将成为加快转型重要支撑［N］．人民日报，2011 年 04 月 18 日.

[139] 李永强．能源将成为中国对外投资主要方向［N］．中国能源报，2011－5－4.

[140] 刘志雄，黄寒．中国对印尼能源投资存在问题的分析及对策［J］．

江苏商论，2012（12）：44－48.

［141］刘铁男．新形势下中国能源发展的战略思考［N］．中国政府网，2012－07－02.

［142］石昊．中水电称将加强与东盟水电项目合作［N］．新华网，www. xinhuanet. com，2013－02－23.

［143］王迪，聂锐，李强，倪蓉．资源约束对经济增长的作用机制研究［J］．煤炭经济研究，2009（10）：31－33.

［144］BALASUBRAMANYAM，V. N.，SALISU，M. and SAPSFORD，D（1996）．Foreign direct investment and growth in EP and IS countries［J］．The Economic Journal. 106：92－10.

［145］ALFARO LAURA，CHANDA AREENDAM，Kalembi－Ozcan Sebnem，Sayek Selin，FDI and economic growth：the role of local financial markets［J］．Journal of International Economics 64（2004）：PP. 98－105.

［146］刘一欧，苏红莉．外商直接投资与经济增长关系研究［J］．2012（08）：105－108.

［147］武力超．国外资本的流入是否总是促进经济增长［J］．统计研究，2013（01）：53－60.

［148］SOLOW，R. A Contribution to the Theory of Economic Growth［J］．Quarterly Journal of Economics. 1956，70：65－94

［149］RIVERA－BATIZ LUIS A and PAUL M. Romer，（1991）Economic Integration and Endogenous Growth［J］．The Quarterly Journal of Economics 106，531－555.

［150］包群．自主创新与技术模仿：一个无规模效应的内生增长模型［J］．数量经济技术经济研究，2007（10）：25－34.

［151］傅元海，唐未兵，王展祥．FDI溢出机制、技术进步路径与经济增长绩效［J］．经济研究，2010（06）：92－104.

［152］AGOSIN MAMUEL R. & ROHERTO MACHADO. Foreign Investment in Development Countries：Does it Crowd in Domestic Investment？［J］．Oxford Development Studies，Vol. 33，No. 2，2005.

［153］彭红枫，鲁维洁．外商直接投资的动态挤入挤出效应——基于全

国及地区差异的分析和检验［J］. 世界经济研究，2011（02）：59－64.

［154］GORG，GREENAWAY，H.，D. Much Ado about Nothing? Do Domestic Firms Really Benefit from Foreign Direct Investment［J］. IZA Discussion Paper 2003. No. 944.

［155］JASAY，A. E. The Social Choice between Home and Oversea Investment［J］. Economic Journal，1960，(70)：277.

［156］RUTTENBERG W. B. Effects of U. K. Direct investment overseas［M］. Cambridge University Press，1969，408.

［157］HAWKINS，R. G.. Job Displacement and Multinational Firm：A Methodological Review［J］. Washington：Center of Multinational Studies，1972，198.

［158］钞鹏. 对外直接投资对母国的就业效应及其传导机制［J］. 广西社会科学，2011（03）：58－61.

［159］MACDOUGALL G D A. The benefits and costs of private investment from abroad：A theoretical approach［J］. Economic Record，1960，36：13－35.

［160］CAVES R. Multinational Firms，Competition and Productivity in Host－Country Markets［M］. Economica，1974，41：176－193

［161］ROMER，PAUL M. 1990. Endogenous Technological Change［J］. Journal of Political Economy 98（October，Part 2）：S71－S102

［162］KOKKO，TECHNOLOGY，A. Market Characteristics，Spillovers［J］. Journal of Development Economics，1994，27943：293.

［163］KOGUT B. & S. J. CHANG. Technological capabilities and Japanese foreign direct investment in the United States［J］. Review of Economics and Statistics，1991，73（3）：401－413.

［164］TEECE，1992. Competition，Cooperation and Innovation：Organizational Arrangements for Regimes of Rapid Technologi-cal Process［J］. Journal of Economic Behavior & Organization，18：1－25.

［165］NEVEN D，SIOTIS G. Technology sourcing and FDI in the EC：An empirical evaluation［J］. International Journal of Industrial Organization，1996，14（5）：543－560.

[166] BRANSTETTER L. Is foreign investment a channel of knowledge spillovers? [J]. Evidence from Japan's FD I in the United States. NBER Working Paper, 2000.

[167] B. Van Pottelsberghe de la Potterie, F. Lichtenberg. , (2001) Does Foreign Direct Investment Transfer Technology across Borders [J]. The Review of Economics and Statistics August 83 (3): 490 -497.

[168] BRACONIER, B. H. , and K. EKHOLM, 2001. Foreign Direct Investment in Central and Eastern Europe: Employment Effects in the EU [R]. CEPR Discussion Paper No. 3052.

[169] DRIFFIELD N. and JAMES H. Foreign Direct Investment, Technology Sourcing and Reverse Spillovers [J]. The Manchester School, 2003, 71 (6): 659 -672.

[170] 马亚明，张岩贵. 技术优势与对外直接投资：一个关于技术扩散的分析框架 [J]. 南开经济研究，2003 (04): 10 -14，转 19.

[171] 姜萌萌，庞宁. 技术缺口与技术寻求型对外直接投资——发展中国家对外直接投资分析 [J]. 黑龙江对外经济，2006 (05): 35 -36.

[172] 周春应. 对外直接投资逆向技术溢出效应吸收能力研究 [J]. 山西财经大学学报，2009 (08): 47 -53.

[173] 郭凤华. 中国对外直接投资对技术进步的影响探析 [J]. 国际贸易，2011 (10) 下: 29.

[174] 仇怡，吴建军. 我国对外直接投资的逆向技术外溢效应研究 [J]. 国际贸易问题，2012 (10): 140 -152.

[175] 刘伟全. 我国 OFDI 母国技术进步效应研究——基于技术创新活动的投入产出视角 [J]. 中国科技论坛，2010 (03): 96 -101.

[176] 遇芳. 中国企业技术寻求型对外直接投资研究 [J]. 商业研究，2011 (12): 40 -44.

[177] 李茜，薛求知. 中国对外直接投资与逆向技术外溢的关系——基于熵和耗散结构理论 [J]. 技术经济，2012 (07): 47 -54.

[178] Jocelyn Glass. Kamal Saggi International technology transfer and the technology gap [J]. 1998 (03): 97 -98.

[179] Kokko A. 1994. Technology, Market Characteristics, and Spillovers [J]. Journal of Development Economics, 43 (2): 279 - 293. 46.

[180] 贾县民，王喜莲. 对外直接投资与母国技术进步的机理分析与实证 [J]. 求索，2012 (02): 38 - 40.

[181] 宋弘威，王璐璐. 对外直接投资对投资国经济效应的文献综述 [J]. 边疆经济与文化，2007 (11): 36 - 39.

[182] 亚当·斯密. 国民财富的性质和原因的研究 [M]. 北京：商务印书馆，2005.

[183] 大卫·李嘉图. 政治经济学及赋税原理 [M]. 北京：华夏出版社，2005.

[184] 马尔萨斯著，朱泱，胡企林，朱和中译. 人口原理 [M]. 北京：商务印书馆，1996.

[185] 庄起善. 世界经济新论 [M]. 上海：复旦大学出版社，第二版，2009.

[186] STIGLITZ J. Growth with exhaustible natural resources: Efficient and optimal growth paths [J]. Review of Economic Studies, 1974, 41 (Symposium): 123 - 137.

[187] DASGUPTA P S, HEAL G. Economic Theory and Exhaustible Resources [M]. Cambridge: Cambridge University Press, 1979: 32 - 58.

[188] CHICHILNISKY G. G lobal environment and north south trade [J]. American Economic Review, 1994, 84 (4): 851 - 874.

[189] SELDEN T, SONG D. Enviromental quality and development: Is there a Kuznetz curve for air pollution emissions [J]. Journal of Environmental Economics and Management, 1994, 27 (2): 147 - 162.

[190] BOVENBERG A S, SMULDERS S. Environment quality and pollution augmenting technological change in a two sector endogenous growth model [J]. Journal of Public Economics, 1995, 57 (3): 369 - 391.

[191] ANTWEILER W, COPELAND B R, Taylor AYLOR M S. Is free trade good for the environment [J]. American Economic Review, 2001, 91 (3): 877 - 908.

[192] CHEN J H, LAI C, SHIEH J Y. Anticipated environmental policy and transitional dynamics in an endogenous growth model [J]. Environmental and Resource Economics, 2003, 25 (2): 233 - 254.

[193] GRIMAUD A, ROUGE L. Non renewable resources and growth with vertical innovations: Optimum, equilibrium and economicpolicies [J]. Journal of Environmental Economics and Management, 2003, 45 (2): 433 - 453.

[194] 王海建. 资源约束、环境污染与内生经济增长 [J]. 复旦学报: 社会科学版, 2000 (1): 76 - 80.

[195] 马利民, 王海建. 耗竭性资源约束之下的 R&D 内生经济增长模型 [J]. 预测, 2001 (4): 62 - 64.

[196] 彭水军, 包群. 环境污染、内生经济增长与经济可持续发展 [J]. 数量经济技术经济研究, 2006 (09): 114 - 126.

[197] 于渤, 黎永亮, 迟春洁. 考虑能源耗竭, 污染治理的经济可持续增长内生模型 [J]. 管理科学学报, 2006 (04): 12 - 17.

[198] 赵建华. 系统资源约束理论与实践 [M]. 中国时代经济出版社, 2007.

[199] 陶建格, 薛惠锋. 能源约束与中国可再生能源开发利用对策 [J]. 资源科学, 2008 (02): 199 - 205.

[200] 李影, 沈坤荣. 能源约束与中国经济增长——基于能源"尾效"的计量检验 [J]. 经济问题, 2010 (07): 16 - 20.

[201] 于雪霞. 低碳时代经济增长与资源约束 [J]. 2011 (04): 139 - 143.

[202] 谭鑫, 赵鑫铖. 能源对中国东中西部经济增长阻力的对比研究 [J]. 经济问题探索, 2011 (01): 160 - 164.

[203] 向仁康, 曾伟. 土地资源在经济增长中的影响效应研究 [J]. 技术经济与管理研究, 2012 (12): 89 - 95.

[204] 徐涛涛, 马强. 资源约束与中国主导产业的选择——基于垂直联系视角 [J]. 产业经济研究, 2012 (06): 51 - 59.

[205] 原毅军, 芦云鹏. 金融发展、环境污染与经济可持续最优增长路径 [J]. 科技与管理, 2014 (03): 1 - 7.

[206] 吕铁．缓解资源约束，促进产业发展［J］．中国社会科学院院报，2004：

[207] 邱询旻，李敏，石新波．中国东盟战略性新兴产业发展简论［J］．贵州财经学院学报，2011（02）：78－82.

[208] SACHS，J. D. and WARNER，A. M.，Natural Resource Abundance and Economic Growth［R］．National Bureau of Economic Research Cambridge，MA.，NBER Working Paper，1995，No. 5398.

[209] PAPYRAKIS，E. and GERLAGH R.，The Resource Curse Hypothesis and its Transmission Channels［J］．Journal of Comparative Economics，2004（32）：181－193.

[210] 余江，叶林．资源约束、结构变动与经济增长——基于新古典经济增长模型的分析［J］．经济评论，2008（02）：22－24，转52.

[211] ROMER D. Advanced Macroeconomics（Second Edition）［M］．The Mc－Hill Companies，2001.

[212] SACHS，J. D. and WARNER，A. M.，Natural Resource Abundance and Economic Growth［R］．National Bureau of Economic Research Cambridge，MA.，NBER Working Paper，1995，No. 5398.

[213] PAPYRAKIS，E. and GERLAGH R.，The Resource Curse Hypothesis and its Transmission Channels［J］．Journal of Comparative Economics，2004（32）：181－193.

[214] 傅允生．资源约束与地区经济收敛——基于资源稀缺性与资源配置力的考察［J］．经济学家，2006（05）：33－40.

[215] 郭熙保．试论人口、资源、环境与经济发展的关系［J］．当代财经，2002（11）：3－8.

[216] 李国章．东盟加快能源合作步伐，提高整体能源安全系数［N］．经济日报，2012－01－09.

[217] 林建坤，于晓璐．当前印尼的能源困境及对策分析［J］．东南亚南亚研究，2011（02）：49－54.

[218] 梁鹏，杨希伟，张洪河，李兴文．中国新能源开发现状调查［N］．新华网，2009－09－06.

［219］刘天山．中国能源利用情况［N］．中国价值网，2008－08－04．

［220］谢晶莹．新能源：世界各国拉动经济增长的新引擎［J］．农业工程技术（新能源产业），2010（01）：12－14．

［221］晓扬．新能源产业：经济增长新出路［J］．浙江经济，2009（10）：52－43．

［222］DIPANKAR D，1999. Growth versus welfare in a model of non-rival infrastructure［J］．Journal of Development Economics，（58）：359－385．

［223］张艳峰．我国新能源企业的融资战略研究［J］．企业活力，2011（12）：10－13．

后 记

众所周知，能源是现代工业社会的血液，是影响世界经济发展和涉及国家安全的重要而又变幻莫测的因素。随着全球经济的快速发展，能源问题已经越来越突出，世界各国竞争的焦点之一便是能源竞争。能源投资合作已经成为各国解决能源不足，保障能源安全的重要途径。

十八大报告提出“要始终把改革创新精神贯彻到治国理政各个环节”，同时指出“推动能源生产和消费革命，控制能源消费总量，加强节能降耗，支持节能低碳产业和新能源、可再生能源发展，确保国家能源安全”。当前，中国正处于工业化快速发展的重要时期，经济的快速发展带来能源消费不断增加，导致能源供需缺口越来越大。如何满足能源需求，保障国家能源安全？一方面，需要积极加强能源尤其是新能源开发技术，以先进技术带动能源生产以增加能源供给；另一方面，加强能源国际合作，其中加强能源投资合作效果较好。自 2002 年中国 – 东盟自由贸易区成立至今已有十多年时间，在这一背景下，加强与东盟能源投资合作已经成为双边经贸合作的重点。那么，当前中国与东盟能源投资合作的现状是什么？基于这一问题，本书以 2008 年国际金融危机和中国 – 东盟自由贸易区为时代背景，研究中国与东盟能源投资合作问题，本书研究无论是从理论上还是从实践上都具有非常重要的意义。

本书的研究仅仅是对作者近年来思想的一个总结。当本书终于圆满完成的那一刻，回想起无数个奋笔疾书的日日夜夜，既有喜悦，也充满了汗水和泪水，它让我再一次体会到学术道路的艰辛与美好。自博士毕业走上工作岗位已有 4 年时间，尽管每一天繁重的教学和其他日常工作已经占据了大部分时间。然而，坚持就是胜利，唯有永不放弃的精神，对科学研究的孜孜不倦，才能够圆满完成本书。也只有对学术的执着追求，才能够开创一片属于自己的天空。我始终坚信：我能！

本书的圆满完成离不开家人的支持，母亲的日常照顾，姐姐们的体贴温暖，无论是在物质上还是在精神上她们都给了我极大的动力。在此，特向永远支持我的家人致以最真诚的感谢！同时，本书的圆满完成也得到了广西民族大学商学院领导的支持，在此也向关心我的学院领导们致以最忠心的感谢！

苏轼曰：“古之立大事者，不惟有超世之才，亦必有坚忍不拔之志。”周恩来同志也认为：“每一个人要有做一代豪杰的雄心斗志！应当做个开创一代的人。”路漫漫其修远兮，吾将上下而求索……但愿明天会更加美好！

作者

2014 年 8 月于相思湖畔